Josef Neuburg Haas • Kurz und bündig

Josef Neuburg Haas

Kurz und bündig

Kurzgeschichten

FRIELING

Bibliografische Information der Deutschen Nationalbibliothek
Die Deutsche Nationalbibliothek verzeichnet diese Publikation in der Deutschen Nationalbibliografie; detaillierte bibliografische Daten sind im Internet über: http://dnb.d-nb.de abrufbar.

Rheinstraße 46, 12161 Berlin
Telefon: 0 30 / 76 69 99-0
www.frieling.de

ISBN (Print): 978-3-8280-3657-4
ISBN (E-Book): 978-3-8280-3658-1
1. Auflage 2021
Umschlaggestaltung: Emilia Agovic
Bildquelle: Josef Neuburg Haas und pixabay

Printed in Germany

INHALTSVERZEICHNIS

Vorwort 7

Überfall an Silvester 8

Der neue Kalender 11

Der Hühnerstall 15

Missverständnis im Schrebergarten 18

Herbert und seine Katze 21

Frau Daniel und ihr Mops 24

Eine Konferenz mit Brandopfer 29

Der Sonnenhut oder ein Ausflug ins Schwimmbad 33

Der Dackel und der neue Backofen 38

Der Brunnen 41

Der Baron und sein Hahn 46

Die Spende 49

Der Himmelfahrtskorb 56

Die Totenwache 61

Die Angeltour 65

Die Fasanenfütterung 71

Ein Glückspilz 75

Das Chortreffen 86

Der ungeliebte Soldat 90

Der Streithammel 94

Die Wippe 97

Die Rache des Häuslebauers 100

Ein Ereignis der dritten Art 103

Tragödie am Kirchturm 107

Der Hahnenkönig 112

Der Traum 120

Der Mühlenteich 127

Allgemeine Betrachtung über Angler 135

Der Einbruch 136

Die Auskunft am Bahnsteig 142

Schwedenkräuter 144

Das alte Gewehr 149

Karl 153

Sofia 168

Die Erbschaft 190

Ausflug auf der Elde 199

Die Heimfahrt 203

Der Dachhase 208

Cloid 214

Die Flakstellung 226

Die Hausschlachtung 231

Das neue Auto 237

Im Stadtpark 246

Der Familienschatz 259

Vorwort

Der Wille zum Humor lässt Hindernisse des Lebens besser meistern. *„Humor ist, wenn man trotzdem lacht“* (Otto Julius Bierbaum).

Humor als selbstbewusster Akt ist jedem zuzubilligen. Ein jeder von uns hat sicher schon – bewusst oder unbewusst, aus einer Laune oder einer bestimmten Situation heraus – versucht, andere lächerlich zu machen. Humor und Witz können eine starke Macht ausüben; wer schlagfertig und witzig zur rechten Zeit seine Pointe setzt, hat die Lacher auf seiner Seite.

Manchmal müssen wir selbst in unserem Leben Hohn und Spott ertragen; wir sollten das nicht allzu tragisch nehmen. Es ist nun mal so, dass, wer den Schaden hat, für den Spott nicht zu sorgen braucht. Trösten wir uns damit, dass es uns allen im Leben auch einmal passieren kann.

Die nachfolgenden Kurzgeschichten sind aus dem Leben gegriffen. Sie wurden zum Teil selbst erlebt oder aus Erinnerungen Dritter aufgenommen und hier in Kurzform wiedergegeben. Personen, Orte und Landschaften sind mit dem Geschilderten nicht identisch. Sollten Personennamen mit den in den Kurzgeschichten gewählten übereinstimmen, ist dies dem reinen Zufall geschuldet.

Dem Leser wird in den Erzählungen augenzwinkernd mitgeteilt, was alles so im Leben geschehen kann. Vielleicht ist es ja auch so, dass der Leser sich in der einen oder anderen Figur einer Kurzgeschichte wiederfindet.

Plau am See, im September 2014

Überfall an Silvester

Mattes und Karl, zwei Männer im vorgerückten Alter, wollten mal wieder einen auf die Lampe gießen. Um ihren Frauen zu entkommen, war Silvester gerade die richtige Gelegenheit dazu. Sie schlichen sich von zu Hause fort – hin zum Wald.

Es war winterlich, sehr kalt, und in der Nacht zuvor hatte es geschneit. Den beiden machte das Wetter beim Waldspaziergang nichts aus. Neben ihrer Buddel mit Hochprozentigem hatte Mattes seine alte Wehrmachtspistole mitgenommen, um zünftig das neue Jahr anzuschießen.

Mattes und Karl waren schon über eine Stunde durch den Wald spaziert und anscheinend im Dunkeln etwas vom Weg abgekommen. Plötzlich standen sie vor einem Hochsitz, woran unten an der Leiter ein Dackel angebunden war. Der kleine Kerl zitterte vor Kälte. Mattes und Karl wollten sich gerade um den Hund kümmern, als sie von oben aus dem Hochsitz unzweideutige Geräusche eines Liebesspiels von einem Mann und einer Frau vernahmen. Mattes, schon ziemlich alkoholisiert, nahm die Pistole heraus und schoss in die Luft, wobei er ganz laut brüllte: „Sofort runterkommen, oder ich schieße in die Bude da oben!“

Aufgeschreckt durch den Schuss, kam ein Mann oben an der Hochsitztür zum Vorschein, die Hose noch in der Hand. Langsam kam er die Leiter herunter. Dabei erkannten die beiden im Schein ihrer Taschenlampe den Bürgermeister vom Ort. Hinter ihm, bibbernd und notdürftig mit einem Mantel behangen, seine Sekretärin. Geblendet vom Schein der Taschenlampe, konnte der Bürgermeister natürlich nicht erkennen, wer ihn da so abrupt gestört hatte.

„Es ist eine Schweinerei, in so einer kalten Nacht einen Hund im Wald anzubinden, während Sie sich da oben stundenlang vergnügen“, rief Karl den beiden zu. Dabei schoss Mattes noch einmal in die Luft.

Angstvoll band der Bürgermeister daraufhin seinen Hund los, packte die Frau am Arm und rannte mit ihr schnell zu dem Auto, das in der Nähe geparkt war.

Mattes und Karl leerten ihre Buddel. Beim Läuten der Kirchenglocken und beim Geknatter der Raketen schossen sie noch ein paarmal in die Luft, fielen sich lallend in die Arme und machten sich, alte Lieder singend, auf den Heimweg.

Wenige Tage später, morgens beim Frühstück, als Mattes gerade die Zeitung las, fing er plötzlich laut an zu lachen. Das Einsatzkommando der Polizei hatte in der Silvesternacht nach zwei Verbrechern gesucht, die mit einer Schusswaffe den Bürgermeister beim Waldspaziergang überfallen hatten. Der Bürgermeister sei gerade noch entkommen, las Mattes in der Morgenzeitung.

Eines Tages aber standen zwei Polizeibeamte vor der Tür von Mattes; er möge keine Umstände machen und sofort mitkommen. Sein Kumpan Karl hatte wieder mal zu viel getrunken und sich dabei in der Gastwirtschaft gebrüstet, er und Mattes hätten den Bürgermeister kürzlich das Laufen gelehrt. Danach war es für die Polizei ein Leichtes, die beiden Missetäter zu finden und zu verhaften.

Mattes und Karl waren eigentlich gut beleumundet. Keiner im Ort, der die beiden kannte, konnte sich das Geschehene so richtig erklären. Bei der Anzeige hatte der Bürgermeister aber nicht gewusst, dass die beiden ihn und seine Sekretärin erkannt hatten.

Nachdem ihm nun klar wurde, worauf die Gerichtsverhandlung hinauslaufen könnte, wollte er bei der Polizei das Ganze als Missverständnis darstellen und seine Anzeige zurücknehmen.

Dafür war es aber schon zu spät. Die beiden hatten nämlich ihr Vergehen bereits zugegeben, das heißt jenes, mit der Pistole geschossen zu haben, die nicht angemeldet war. Daraufhin wurde das Verfahren eröffnet.

Der Verteidiger von Karl und Mattes stellte die Harmlosigkeit des Geschehnisses heraus, denn die beiden hätten nichts anderes getan, als am Silvesterabend mit der Pistole im Wald das neue Jahr anzuschießen.

Viel größer war die Peinlichkeit für den Bürgermeister und seine Sekretärin, als herauskam, dass sie sich auf dem Hochsitz vergnügt hatten. Die Frau des Bürgermeisters verließ daraufhin mitten in der Verhandlung den Gerichtssaal. Der Ehemann der Sekretärin reichte noch in derselben Woche die Scheidung ein.

Mattes und Karl bekamen eine milde Strafe. Sie wurden verurteilt wegen unerlaubten Waffenbesitzes und groben Unfugs.

Im Ort gab es wieder mal was zu erzählen.

Der Bürgermeister hatte total sein Gesicht verloren und trat von seinem Amt zurück.

Der neue Kalender

Es war kurz vor Mittag, als ein Mercedes älterer Bauart auf dem Hof des landwirtschaftlichen Betriebes vorfuhr. Klaus, der älteste Sohn und Mitarbeiter des elterlichen Bauernhofes, der sich gerade in der Nähe befand, schritt zu dem Mann, der soeben aus dem Auto stieg und einen dicken Stapel Zeitschriften unter dem Arm trug.

Was er denn möchte, fragte Klaus den Fremden. Nun, entgegnete der freundliche, etwas ältere Mann, er komme soeben durch eine ganz besondere Empfehlung der Druckerei und habe einen neuen Jahreskalender zu überbringen. Der hätte in diesem Jahr eine ganz besondere Auflage und enthalte viele neue, technische Anregungen für die Landwirtschaft. Der Mann sagte: „Der Kalender kostet normalerweise 7,50 Euro, aber ich kann ihn jetzt für einen Euro billiger abgeben." „Na", sagte Klaus, „dann geben Sie mal einen her", und drehte sich um, nachdem er den Kalender bezahlt hatte, um zum Haus zurückzugehen.

„Ach, da fällt mir noch etwas ein", sagte der freundliche Fremde. „Ich habe für Ihre Mutter noch eine Nachricht. Könnten Sie mir sagen, wo ich sie finden kann?" „Ja", erwiderte Klaus, „sie ist bestimmt in der Melkkammer." Er wies dem Fremden den Weg und ging weiter in Richtung Haus.

Der freundliche Mann marschierte schnurstracks auf die Melkkammer zu beziehungsweise hinein. Die Bäuerin war gerade dabei, die Milchkannen zu spülen, als der fremde Mann mit gewählter Höflichkeit hereinkam. Er streckte ihr lächelnd die Hand entgegen und begrüßte sie mit gewinnendem Charme, wobei er auf die Frage der Bäuerin, was er denn wünsche, auf seine Kalender hinwies und dabei bemerkte, dass er auf ganz besondere Empfehlung der Druckerei ihr einen von den neuen Jahreskalendern zu übergeben habe und ob sie denn auch gleich bezahlen könne. Er sagte, dass sie den Kalender für einen Euro weniger, als er sonst kostet, erhalten könne. Die Bäuerin, über den Preisnachlass erfreut, nahm den Kalender an sich, holte Geld und bezahlte. Der freundliche Mann bedankte sich höflich und schritt recht schnell auf sein Auto zu.

Er wollte gerade einsteigen, da kam Tante Lisa mit dem Fahrrad auf den Hof gefahren. Sie stieg ab und war erstaunt, wie freundlich und charmant der fremde Herr sie begrüßte. Er sagte ihr, er wäre gerade auf dem Weg zum Haus, um dort den bestellten Kalender abzugeben. Habe sie gleich 6,50 Euro dabei, so könne er sich den Weg zum Haus sparen. Tante Lisa meinte, das könne sie verantworten, zog ihren Geldbeutel aus der Tasche, bezahlte und nahm von dem überaus freundlichen Mann den Kalender entgegen.

Kurz danach – Tante Lisa war gerade im Haus verschwunden – kam der Bauer mit dem Trecker auf den Hof gefahren. Er staunte, welch freundlicher Herr da anscheinend etwas von ihm wollte. Der nette und freundliche Mann meinte zum Bauern, er könne ihm den Gang zum Haus ersparen, denn er, der Vertreter, wäre von der Druckerei, die der Bauer ja sicher kenne, beauftragt worden, ihm den neuen, bestellten Jahreskalender zu überbringen. Nebenbei erwähnte er, dass dieser Kalender viele gute technische Ratschläge, insbesondere für die Landwirtschaft, enthalte und gerade für ihn, als bekanntermaßen guten Landwirt, besonders wichtig sei. „Was kostet denn das gute Stück?“, wollte der Bauer wissen. „Nur 7,50 Euro“, sagte der Mann mit ausgesuchter Höflichkeit. „Na, dann mal her damit“, meinte der Bauer, bezahlte die 7,50 Euro und nahm den Kalender entgegen. Der Bauer stieg wieder auf seinen Trecker und steuerte auf den Geräteschuppen zu, in Vorfreude auf ein gutes Mittagessen. Der überaus freundliche Mann stieg etwas hektisch in seinen Mercedes und versuchte nun schnell vom Hof zu kommen.

In der Zwischenzeit waren – bis auf den jüngsten Sohn, der noch aus der Schule erwartet wurde – alle um den Tisch versammelt. Als der Bauer die vielen Kalender auf dem Küchenschrank sah und erfuhr, wie es dazu gekommen war, dass sie alle gekauft worden waren, überkam ihn eine unbändige Wut auf diesen Betrüger. Er lief rot an im Gesicht und brüllte: „Dieser unverschämte Schweinehund!“

In dem Augenblick ging die Tür auf und der jüngste Sohn Franz kam herein. „He Franz“, rief der Vater seinem Sohn zu, „fahr mal ganz schnell mit deinem Mofa dem fremden Mann in dem alten Mercedes hinterher. Er möchte ganz dringend und schnell noch mal zu uns kommen.“

Gesagt, getan. Der Franz schnappte sich sein Mofa und fuhr wie ein geölter Blitz dem Fremden hinterher. Er hatte Glück, dass er den Mann noch auf der holprigen Hofzufahrt erreichen konnte. Franz hielt den fremden Mann im Mercedes an und richtete ihm aus, dass er unbedingt noch mal auf den Hof zurückkommen solle.

Was man denn von ihm wolle, fragte der Mann, dem die Freundlichkeit inzwischen abhandengekommen schien. „Ich weiß nicht, warum mein Vater mich geschickt hat“, antwortete Franz dem inzwischen aschfahl gewordenen Fremden, worauf sich das Gesicht des netten fremden Mannes gleich wieder aufhellte, denn er schien plötzlich eine neue Idee zu haben.

„Ich glaube, ich weiß, was dein Vater möchte. Hast du 6,50 Euro bei dir?“, fragte der nette Fremde den Franz. „Ja“, erwiderte dieser und fragte: „Wozu?“ „Ich glaube, dein Vater möchte einen Kalender bei mir kaufen, weißt du, diesen hier.“

Weil Franz nun glaubte, seinem Vater eine Freude zu machen, vielleicht auch wegen seiner nicht so guten Mathearbeit, die der Vater noch unterschreiben musste, kaufte er dem Mann einen Kalender ab. Franz wünschte dem Fremden noch eine gute Fahrt und fuhr mit dem Kalender auf dem Gepäckträger nach Hause.

Was für eine Melodie dann anschließend zu Hause gespielt wurde, darüber schweigt des Sängers Höflichkeit.

Der Hühnerstall

Peter und Claudia hatten sich ein schönes Haus am Dorfrand gebaut. Es war noch nicht ganz fertig, der Außenputz fehlte noch.

Eines Tages meinte Claudia: „Sag mal, Peter, könnten wir nicht selbst Hühner halten? Morgens zum Frühstück immer ein frisches Ei zu haben, das wäre doch nicht schlecht, oder?“ „Da bin ich ganz deiner Meinung“, erwiderte Peter. „Ich erinnere mich an die beim Giebelausbau übrig gebliebenen Backsteine auf dem Speicher. Die könnte ich zum Bau eines Hühnerstalls im Hof gut verwenden.“ „Komm aber bloß nicht auf den Gedanken, die Steine im Haus herunterzuschleppen“, meinte Claudia zu Peter. „Keine Sorge“, versicherte ihr Peter, „ich werde die Steine am Giebelfenster herunterlassen.“

Um die Steine vom Speicher zu holen, besorgte sich Peter einen kräftigen Balken, den er oben am Gebälk der Dachgaube befestigte. An dem herausragenden Balkenende brachte er eine eiserne Rolle an, um nun darüber ein dickes Seil zu werfen, das bis auf die Erde reichte. Im Keller fand Peter eine alte Holzwanne, die ihm für den Zweck, die Steine damit herunterzulassen, geeignet schien.

Das Seil band Peter nun über den zwei Auslassen der Wanne fest und zog mit dem Seil die Wanne hoch, bis unter das Gaubenfenster. Er fand unten in der Außenwand einen Haken, woran er nun das Seil festband.

„Du wirst sehen, Claudia, ich mache keinen Schmutz im Haus“, sagte er und verwies mit etwas Stolz auf sein Vorhaben respektive auf seine simple Technik. Auf dem Speicher holte er nun die

Steine, um diese durch das Fenster hindurch in die Wanne zu füllen.

Gewandt und leicht federnd stieg Peter die Treppe im Haus hinunter, zu dem Haken, an dem er das Seil für die Wanne festgemacht hatte. Bevor er nun das Seil vom Haken löste, drehte er es sich noch einmal um die Hand, um es auch gut festhalten zu können. Bis dahin hatte Peter alles gut durchdacht, aber eines hatte er dabei ganz und gar vergessen: nämlich, dass die Wanne voller Steine nun schwerer war als er selbst.

Indem sich das Seil vom Haken löste, nahm nun das Schicksal seinen Lauf. Die Wanne kam wie vorgesehen herunter und Peter wurde nach oben gezogen. Bei der Begegnung „Wanne – Peter“ auf halber Haushöhe schlug ihm die Wanne gegen die Rippen, wobei ihm ein lautes „Aua!“ entfuhr. Damit nicht genug, schlug die Wanne mit voller Wucht auf den Boden auf und verlor dadurch ihren ausgetrockneten Holzboden.

Die Steine fielen nun durch den Boden; damit war Peter wieder schwerer als die Wanne. Entsprechend dem Gravitationsgesetz kam Peter herunter und die Wanne herauf. Bei diesem Begegnungsverkehr schlug ihm die Wanne die andere Rippenseite ein.

Des Unglücks nicht genug, brach sich Peter aufgrund des hohen Falls beim Aufschlagen auf dem Boden ein Bein. Die Wanne knallte mit voller Wucht oben gegen die Rolle und löste sie damit vom Balken.

Nun kam, was kommen musste: Die Rolle fiel mit der Restwanne herunter und hätte Peter fast erschlagen.

Peter, der immer noch das andere Ende vom Seil in der Hand hielt, kam mit beidseitigen Rippenbrüchen, einem Beinbruch und einem Schädelbruch schwer verletzt ins Krankenhaus.

Und das alles nur deshalb, weil es keinen Schmutz im Treppenhaus geben durfte.

Missverständnis im Schrebergarten

Ein gepflegter Garten, um sich darin nach Feierabend oder als Rentner zurückzuziehen, ist für viele Gartenbesitzer das Nonplusultra.

Vor der Kleinstadt gab es solch eine Schrebergartenanlage mit vielen kleinen Gärten. Die meisten Gartenbesitzer waren miteinander befreundet, weil sie Gartennachbarn oder im Gartenbauverein Mitglied waren.

Es war wieder einmal Frühlingszeit, der Schnee war geschmolzen und der Frost aus der Erde. Es war die richtige Zeit, sich wieder um den Garten zu kümmern. Dieses taten auch Lutz und Heiko, die ebenfalls Gartennachbarn waren. Während Lutz seinen Garten aufräumte, war Heiko fleißig dabei, seinen Garten für ein Gemüsebeet umzugraben.

Plötzlich verspürte Heiko, bedingt durch das ständige Bücken, ein eindeutiges Bedürfnis. Sein Bauchgefühl sagte ihm, dass er schnell gehen sollte, denn bis zum Gartenhaus, worin sich das WC befand, blieb keine Zeit mehr, wenn es nicht in die Hose gehen sollte.

Kurz entschlossen und spontan hockte sich Heiko mit heruntergelassener Hose und mit dem Rücken zur Hecke hin, um seinem Bedürfnis freien Lauf zu lassen.

Lutz, auf der anderen Seite der Hecke, war von Heiko nicht bemerkt worden. Er hatte durch eine Lücke im Strauchwerk der Hecke Heikos Anstalten mitbekommen. Da kam ihm, mit dem Spaten in der Hand, ein kurioser Einfall, der im Nachhinein noch Folgen haben sollte.

Er nahm seinen Spaten und schob ihn ganz vorsichtig und ohne ein Geräusch zu verursachen, durch die Hecke. Lutz schob den Spaten unter den Hintern von Heiko, und nachdem dieser seinen Haufen auf den Spaten gemacht hatte, zog Lutz den Spaten ebenso vorsichtig und geräuschlos wieder zurück und stellte sich mit dem Spaten hinter sein Gartenhaus, um nicht von Heiko gesehen zu werden.

Heiko, total erleichtert, zog seine Hose wieder hoch und schaute zurück, wie das wohl jeder normale Mensch tut. Ein Schock fuhr ihm durch die Glieder, als er seinen Haufen nicht fand. Er war sich doch ganz sicher, einen Haufen hinterlassen zu haben, der aber nirgends zu sehen war. Heiko war völlig perplex, denn rechts und links war nichts zu sehen, auch kein Nachbar. Er konnte sich das Geschehen nicht erklären.

Lutz, der mitbekam, wie Heiko seine Exkremente suchte, biss sich hinter seinem Schuppen auf die Zunge, um sich nicht durch sein Lachen zu verraten.

Zu Hause ging Heiko seiner Frau ständig aus dem Weg. Wortkarg und nachdenklich war er nach der Gartenarbeit geworden. Seine Frau spürte, dass mit Heiko etwas geschehen sein musste, denn sein Verhalten war völlig ungewohnt. Eines Tages wurde es ihr zu viel und sie stellte Heiko zur Rede. „Was ist denn los mit dir?“, wollte sie wissen. Heiko beruhigte sie und meinte, er müsse demnächst mal einen Arzt aufsuchen, denn er glaube, dass mit seiner Psyche etwas nicht stimme.

Am nächsten Morgen traf Heikos Ehefrau den Lutz im Supermarkt. Sie waren seit Langem befreundet und deshalb erzählte sie Lutz sorgenvoll von dem merkwürdigen Verhalten ihres

Mannes. Dass Lutz daraufhin einen Lachkrampf bekam, konnte sie nun wiederum nicht verstehen.

Lutz machte ihr den Vorschlag, am nächsten Tag, einem Samstag, bei sich im Garten eine Grillparty zu veranstalten, wozu er sie und Heiko einlud. Er könne dann zur Klärung des merkwürdigen Verhaltens von Heiko beitragen.

Nachdem nun die Party angelaufen war und alle genug Bier getrunken hatten, hielt Lutz die Zeit für angemessen, seine beiden Gäste über die Sachlage vom Vortag aufzuklären.

Als Heiko erfahren hatte, wie alles abgelaufen war, meinte er unter lautem Lachen: „Dass du mich mit meiner Scheiße getäuscht und mir dadurch einen gehörigen Schreck eingejagt hast, werde ich dir nur verzeihen, wenn du kostenlos mein Pflanzfeld umgräbst."

Und so wurde es beschlossen, Lutz stimmte zu. Das sei ihm der Spaß wert, meinte er unter Lachtränen.

Herbert und seine Katze

Herbert war ein Mittvierziger und dank seiner sportlichen Aktivitäten „fit wie ein Turnschuh“.

An einem Morgen war Herbert im Bad mit der Morgentoilette beschäftigt. Nach seinen ritualen Waschungen machte er, wenn er morgens noch etwas Zeit hatte, 20 Liegestütze. Das Bad war relativ klein, deshalb reichten seine Füße im Liegen bis an die Tür, während sein Kopf gerade noch so unter das Handwaschbecken passte.

An jenem Morgen war es etwas anders als sonst, und zwar war der Haustiger, eine weiß-gelb gefleckte Katze, noch in ihrem Körbchen im Bad, was aber nicht weiter aufgefallen war.

Nachdem Herbert mit seinen Übungen begonnen hatte, krabbelte die Katze unbemerkt aus dem Korb heraus und schlich sich blitzschnell unter Herberts Bauch, legte sich auf den Rücken, während sie mit den ausgefahrenen Krallen an Herberts Geschlechtsteil zog.

Aufgeschreckt zuckte Herbert nach oben und schlug dabei mit seinem Hinterkopf gegen den unteren Rand des Handwaschbeckens. Der Kopfstoß war so stark, dass er dadurch bewusstlos wurde und auf den Bauch fiel, auf die Katze, die mit lautem „Miau“ versuchte, sich unter Herbert zu befreien.

Der Katzenschrei drang durch die leicht angelehnte Badezimmertür bis in die Küche, wo Herberts Frau mit dem Frühstück beschäftigt war. Sie rannte ins Bad, um mit Herbert zu schimpfen, denn sie meinte, er hätte die Katze mal wieder geärgert. Das nahm sie auch deshalb an, da Herbert „Mieze“ nicht besonders leiden mochte.

Im Bad lag ihr Mann völlig nackt mit dem Bauch auf dem Fußboden und bewegte sich nicht mehr. Sie dachte zunächst an einen schlechten Scherz, aber auch nachdem sie seinen Rücken betastet hatte, passierte nichts. Herbert lag stocksteif da und rührte sich nicht.

Völlig fassungslos ahnte sie Schlimmes und rief sofort die Notaufnahme des Krankenhauses an. Der Arzt möge doch so schnell wie möglich kommen, denn ihr Mann hätte bestimmt einen Herzinfarkt erlitten.

Das Wort „Herzinfarkt“ ist für die Mitarbeitenden des Notaufnahmeteams immer das Signal, schnell zu handeln; weil sie wissen, dass es dabei um Minuten geht, kommen sie sofort. So war es auch im Falle Herberts.

Herbert bewohnte mit seiner Frau den dritten Stock eines Hochhauses ohne Fahrstuhl. Das bedeutete für die Männer von der Notaufnahme, sechs Treppenlängen mit der Trage hochzusteigen.

Oben angekommen, ergab eine kurze Untersuchung an dem immer noch bewusstlosen Herbert, dass es möglicherweise kein Herzinfarkt war, der ihn ereilt hatte. Die Sanitäter diagnostizierten stattdessen, dass die blutende Wunde am Hinterkopf Herberts die Ursache für seine Bewusstlosigkeit war. Sie schnallten ihn fest auf die Trage, um mit ihm zum Krankenhaus zu fahren.

Beim Heruntertragen erwachte Herbert aus seiner Ohnmacht, fragte ganz erstaunt, was das solle und was da vor sich gehe, wieso er auf der Trage liege. Die Jungs setzten die Trage kurz ab, um Herbert die Situation zu erklären, in der er sich befunden hatte.

Während die Männer Herbert herunterbrachten, erzählte er ihnen, dass seine Katze wohl schuld an der Sache sei, weil sie während der Liegestütze an seinen „Klöten“ gezogen habe. Daraufhin bekamen die Männer einen Lachanfall, infolgedessen ihnen die Trage mit Herbert aus den Händen glitt und die Treppe hinuntersauste. Dabei brach sich Herbert einen Arm. Schließlich wurde er, laut schimpfend und fluchend, doch noch ins Krankenhaus gefahren.

Nachfragen beim Krankenhaus ergaben für Herberts Frau, dass ihr Mann wieder völlig bei Bewusstsein sei, nur am Arm habe er eine schwere Fraktur. Das konnte die Frau überhaupt nicht verstehen.

Nun: *„Mit des Schicksals Mächten ist kein ewiger Bund zu flechten“* – das wusste schon Schiller. Wen es trifft, den trifft es eben. Herbert hatte an diesem Morgen einfach nur Pech!

Frau Daniel und ihr Mops

Die kleine Gastwirtschaft der Eheleute Daniel, an einer Straßenkreuzung gelegen, wurde gut frequentiert. Für viele Gäste aus der Kleinstadt war die Gaststätte „Zum Wegweiser“ eine erste Anlaufstätte für einen kurzen Klön-Snack oder für einen kleinen Imbiss. Hier trafen sich Hinz und Kunz.

Frau Daniel, eine etwas füllige Mittfünfzigerin mit ausladendem Busen, konnte aufgrund ihres Aussehens ihre Jahre nicht verbergen. Die jahrelange schwere Arbeit in Haus, Küche und Gastwirtschaft konnte man auch an ihren Händen ablesen.

Egon, ihr Mann, ein toleranter und äußerst lustiger Gastwirt, war bei den Gästen und in der Stadt sehr beliebt. Sein Reich oder Arbeitsplatz war die Theke.

Dann war da noch Fritz, der Sohn, ein junger Bursche, der gelegentlich in der Gastwirtschaft aushalf. Er kümmerte sich aber hauptsächlich um die kleine Landwirtschaft, die zum Betrieb gehörte. Ein gesunder Betrieb, der nicht nur die Familie auskömmlich ernährte, sondern auch Bilanzen mit guter Gewinnmarge vorweisen konnte.

Gerade waren die Daniels mit der Renovierung des Wohnzimmers beschäftigt, als Frau Daniel meinte, es sei angebracht, dass nun ein schönes Bild an der Wand hängen solle. Man konnte sich aber in der Familie nicht über die Kunstrichtung einigen.

Nach langem Hin und Her sagte Frau Daniel kurz entschlossen, sie werde einen stadtbekannten Künstler beauftragen, ein Porträt von ihr zu malen. Dieses solle dann das Wohnzimmer schmücken.

Sie entschied sich für den Künstler und Archivar Jupp Neuhaus. Dieser war ein in der Region bekannter Künstler und Maler, der alles malen konnte, was ihm unter den Pinsel kam. Außerdem war er für seine Späße bekannt und für manchen Schabernack zu haben.

Er bestellte Frau Daniel zur ersten Vorstellung in sein Atelier. Zu dieser Vorstellung brachte die Dame ihren Hund mit, einen überfütterten Mops mit Glupschaugen und hängenden Ohren. Von ihrem Liebling wollte Frau Daniel sich nicht trennen. Er sollte mit auf das Bild. Den Hinweis des Künstlers, es sei nicht besonders günstig, den Hund mit auf das Porträt zu bringen, ließ Frau Daniel nicht gelten. Also nahm sie ihn auf den Schoß und setzte sich auf den Stuhl, den der Künstler ihr hingestellt hatte.

Jupp Neuhaus meinte, den Hund würde er zunächst nur skizzieren und erst am Schluss der letzten Sitzung ausmalen. Frau Daniel war es recht, wenn er ihr dafür beim Malen ein wenig schmeichelte.

Vierzehn Tage später rief Jupp Neuhaus an und teilte mit, dass das Bild fertig sei. Man könne es nun abholen, wobei er auch den Preis nannte.

Durch den Besuch einer Reisegruppe war Frau Daniel in ihrer Küche mit der Vorbereitung der Mahlzeiten sehr beschäftigt. Sie bat daraufhin ihren Mann, er möge das Bild abholen, und Fritz, der noch nie ein Atelier von innen gesehen hatte, fuhr gleich mit.

Nun hatte es in der Zwischenzeit einen Streit gegeben zwischen dem Künstler und seiner Frau, welche die Arbeiten ihres Mannes verkaufte und auch für das Finanzielle zuständig war.

Jupp Neuhaus war, wie schon beschrieben, für jeden Spaß zu haben. Er hatte sich darüber geärgert und fand es lächerlich, dass Frau Daniel ihren Hund mit auf dem Bild haben wollte. Er hatte das Bild so gemalt, dass eine frappierende Ähnlichkeit zwischen dem Gesichtsausdruck von Frau Daniel und dem Konterfei des Hundes unverkennbar war. Frau Neuhaus schimpfte mit ihrem Mann über diese Darstellung von Frau und Hund. Das könne er doch nicht machen, zumal sie öfter in diesem Gasthaus speisten. Doch Jupp Neuhaus sagte, er würde das Bild nicht mehr verändern, es bliebe dabei. Darüber sei das letzte Wort noch nicht gesprochen, erwiderte Frau Neuhaus.

An dem Tag, als das Bild abgeholt werden sollte, war Jupp nicht zu Hause. Deshalb erschrak Frau Neuhaus, als sie den beiden Daniels die Haustür öffnete. Sie meinte, das mit der Abholung, das wäre ein Missverständnis, das Bild wäre noch nicht fertig. Egon und Fritz wollten aber unbedingt das Bild sehen, also schritten sie hinter Frau Neuhaus her zum Atelier. Nachdem diese das übergehängte Tuch weggenommen hatte, platzten beide heraus und mit lautem Lachen, sich den Bauch haltend, schlichen sie durch das Atelier. Das Bild wäre genau richtig, meinten beide, immer noch lachend. Sie würden es auf jeden Fall mitnehmen, denn es sei offensichtlich fertig. Sie bezahlten und nahmen das Gemälde mit.

Man sollte meinen, alle wären jetzt zufrieden gewesen, aber da gab es noch ein Nachspiel.

Es war etwa vier Wochen später, die Familie Neuhaus war zum Speisen in die Gastwirtschaft „Zum Wegweiser“ eingekehrt. Sie hatten schon bezahlt, da kam Frau Daniel mit dem Bild an den Tisch der Familie Neuhaus. Sie zeigte Jupp das von ihm gemalte Porträt und schrie mit sich überschlagender Stimme etwas von bodenloser Unverschämtheit und Beleidigung. Die Gäste, aufgeschreckt durch diese Szene, bekamen das alles mit.

Jupp Neuhaus, der ganz blass wurde, kam nicht mehr dazu, etwas zu sagen, denn Frau Daniel hob mit beiden Händen das Bild hoch und schlug es Jupp mit solcher Wucht über den Kopf, dass die Leinwand zerriss und der eingerahmte Kopf des Künstlers hervorlugte.

Die Gäste des voll besetzten Lokals, die das filmreife Geschehen mitbekommen hatten, waren amüsiert über diese kuriose Situation, wie Jupp Neuhaus konsterniert und eingerahmt mit dem Bild auf dem Stuhl saß.

Herr Daniel und Fritz hatten den Vorfall miterlebt, bedauerten ihn zutiefst und entschuldigten sich bei Herrn und Frau Neuhaus für das Verhalten von Frau Daniel. Mit dieser unerfreulichen Aktion hatten auch sie nicht gerechnet.

Jupp Neuhaus war nun eingerahmt und im „Bilde“, das gefiel ihm aber überhaupt nicht und für den Spott brauchte er auch nicht mehr zu sorgen, der insbesondere beim Karneval im Ort zum Ausdruck kam.

Eine Konferenz mit Brandopfer

Es war ein schwülwarmer Vorsommertag, der sich auf die Gemüter der Menschen und brütend über das kleine Städtchen in der Voreifel legte.

In der Innenstadt, am Bushalteplatz, lag das stadtbekannte Gasthaus „Zur Krone“. Auf dem Parkplatz der Gastwirtschaft waren an diesem Tage auffallend viele Autos mit fremden Kennzeichen abgestellt; Pkws aus Belgien, Frankreich, Luxemburg und sogar aus der Schweiz.

Wegen der Schwüle des frühen Nachmittags – die Zeiger der Kirchturmuhr standen auf 14.00 Uhr – bewegten sich die Menschen auf der Straße nur sehr langsam voran. Das Leben in der Stadt schien zu dieser Zeit wie ausgestorben und nur wenige Autos befuhren die Straße.

An diesem Tag – es war ein Mittwoch Anfang Juni – hatte sich eine kleine Gruppe von 15 Geschäftsleuten in der Gastwirtschaft zu einer Konferenz versammelt. Unter ihnen war Herr Jansen, ein in der Stadt bekannter Kaufmann, der für seine schrullige Umgangssprache bekannt war. Über geschäftliche Transaktionen, Kontakte und Verbindungen wurde in der Runde konferiert; insbesondere von Übertragungsrechten war die Rede. Es war Herr Jansen, dem diese Rechte für die gesamte Bundesrepublik zuerkannt werden sollten. Dabei fielen Worte wie „Erkenntnisgewinn“, „Streuverlust“ und „Schuldendienst“.

In der Mitte des Raumes war eine große Tafel aufgestellt, auf der Zahlen zu sehen waren, dazwischen Buchstaben und undefinierbare Zeichen; für Unbeteiligte leicht als konturloses Geschreibsel misszuverstehen.

In der lautstarken Verhandlung ging es anscheinend um viel Geld und Gebietsschutz. Dabei ergriff auch Herr Jansen, aufstehend, das Wort und stellte laut und erregt seine Position dar. Er warf den übrigen Konferenzteilenehmern Geheimwissen vor, verlangte mehr Information und Aufklärung.

Während dieser hitzig vorgetragenen Rede fing plötzlich ein junger Mann an, auf einem Klavier zu hämmern, das unweit der Konferenztafel im Gastraum an der Wand stand.

Völlig aus dem Konzept geraten, brüllte Herr Jansen den jungen Klavierspieler an, er möge sofort aufhören. Der Klavierspieler reagierte aber nicht und spielte umso lauter weiter. Auch der nächsten, etwas freundlicheren Bitte, aufzuhören, kam der dazu Aufgeforderte nicht nach. Sein Klavierspiel dröhnte wie eine Aufeinanderfolge musikalischer Hammerschläge in die zum Zerreißen gespannte Gasthausatmosphäre.

Da kam ganz aufgeregt der Wirt hinter seinem Tresen hervor, um Herrn Jansen zu erklären, dass der Klavierspieler ein Musikstudent sei und jeden Mittwoch um diese Zeit zwei Stunden zum Üben komme, mit seiner ausdrücklichen Genehmigung. Diese Übungsstunden seien übrigens vom Vater des Jungen im Voraus bezahlt worden.

Eine sofortige von Herrn Jansen gestellte Frage an die Konferenzteilnehmer, ob eine zweistündige Pause möglich sei, wurde verneint. Flug- und Zugabfahrtzeiten würden eine so lange Pause nicht zulassen. Eine nochmalige Bitte an den jungen angehenden

Musiker, ob er seine Übungszeit nicht auf einen anderen Tag verlegen könne, wies dieser arrogant ab.

Herr Jansen, im Bewusstsein, dass es wichtig sei, diese Konferenz zu retten, suchte nach einer Lösung, um die für ihn wichtigen Besprechungen fortsetzen zu können. Ungeachtet der Enttäuschung der übrigen Konferenzteilnehmer ging Herr Jansen auf den Wirt zu und fragte diesen, was er wohl glaube, dass sein Klavier wert sei. Der Wirt, der den Sinn der Frage nicht so richtig erkennen konnte, meinte, so 3.000 Euro wäre das Klavier wohl noch wert. Sofort zückte Herr Jansen, der für seine schrulligen, spontanen Einfälle bekannt war, seine Brieftasche, schrieb einen Scheck über 3.500 Euro aus und übergab diesen dem Wirt mit der Frage, ob das reiche. In Anbetracht des relativ hohen Betrages als Kaufpreis für das alte Klavier, das in Wirklichkeit höchstens 1.500 Euro wert war, stimmte der Wirt dem Verkauf freudig zu.

Herr Jansen fragte nun die erstaunten Konferenzteilnehmer, ob sie ihm helfen könnten, das Klavier aus dem Gastraum in den Hof zu tragen. Dieses geschah dann auch unter großem Gelächter und Gaudi.

Demonstrativ nahm daraufhin der Musikstudent seine Noten, klemmte sich den Drehstuhl unter den Arm, setzte sich im Hof ans Klavier und hämmerte weiter kräftig drauflos, dass der Schall durch alle Türen bis in die Gastwirtschaft drang. In dieser peinlichen Situation war natürlich ebenso wenig wie vorher an ein weiteres Konferieren nicht zu denken.

Wütend und kurz entschlossen schritt Herr Jansen zu einer Scheune in der Nähe des Hofes und holte von dort ein Bündel

Stroh. Er ging zu dem Klavier, öffnete die obere Klappe und stopfte das Stroh hinein.

Ungeachtet des laut protestierenden Studenten holte Herr Jansen sein Feuerzeug aus der Hosentasche und setzte das Stroh samt Klavier, unter lautem Lachen der Konferenzteilnehmer, in Brand.

Während das Klavier lichterloh brannte, wurde die Konferenz fortgesetzt. In deren Verlauf konnte Herr Jansen die Runde damit beeindrucken, dass er auch in der Lage sei, unerwartet schwierige Situationen zu meistern. Die Konferenz wurde für Herrn Jansen ein voller Erfolg.

Noch lange danach wurde im Eifelstädtchen über diesen Vorfall gelacht und gelästert und besagte Tagung wurde beim Karneval als „Konferenz mit Brandopfer“ verspottet.

Der Sonnenhut oder ein Ausflug ins Schwimmbad

Endlich waren die Sommerferien da und weil seit Tagen schon herrliches Wetter herrschte – es waren zurzeit über 30 Grad Celsius im Schatten –, hatten Frau Seibold und Sohn sich zu einem Ausflug ins Schwimmbad entschlossen. Richtiger gesagt, dieser Entschluss war von Friedrich, einem sehr temperamentvollen Jungen von zwölf Jahren, ausgegangen. Lange hatte es gedauert, bis die Mutter seinem Drängen, mitzukommen, nachgab. Jetzt konnte er ihr endlich zeigen, dass er auch schon vom Zehnmeterturm springen konnte.

An den großen Stausee war ein Freibad mit Sprungturm angeschlossen. Eine große Liegewiese gab es dort auch. Hier hatten sie, trotz der vielen Badegäste, die an diesem Tag da waren, noch einen Platz gefunden. Sie breiteten ihre mitgebrachten Decken auf dem Rasen aus, zogen ihre Kleider aus und sonnten sich.

Es war an diesem Tag so heiß, dass die Luft flimmerte. Frau Seibold war froh, dass sie ihren breitrandigen Sonnenhut mitgenommen hatte; dieser war bunt und beinah so groß wie ein kleines Wagenrad. So hatte sie doch wenigstens etwas Schutz vor der Sonne, denn sie bekam leicht einen Sonnenbrand.

Das ganze Freibad war erfüllt vom Geschrei der spielenden Kinder, den Unterhaltungsgeräuschen und dem Stimmengewirr der fast 1.000 Menschen, die an diesem Tag ans Wasser geflüchtet waren.

Während Friedrich mit Schwimmen beschäftigt war oder wiederholt vom Turm sprang, vergnügte sich Frau Seibold mit Lesen. Sie hatte sich ein Buch mitgenommen, das sie zu Hause schon angefangen, doch aus Zeitmangel bisher noch nicht ausgelesen hatte.

Frau Seibold war eine gute Schwimmerin, zudem konnte sie lange und weit tauchen. Es machte ihr aber an diesem Tag kein Vergnügen, von diesen Fähigkeiten Gebrauch zu machen und sich gemeinsam mit den vielen anderen Menschen im Wasser zu tummeln. Sie hatte sich, bis auf den Bikini, ausgezogen und den Sonnenhut aufgelassen, durch seinen großen Umfang warf er etwas Schatten auf das Buch. Das gleißende Sonnenlicht auf dem weißen Papier des Buches hätte sie ganz sicher geblendet.

Sie hatte das Buch fast zu Ende gelesen, als der kleine Hunger sich meldete. Sie bat Friedrich, der eine kleine Pause vom Schwimmen machte und ebenfalls hungrig war, am Kiosk etwas zum Essen zu holen. Der Junge kaufte für sich und seine Mutter je eine Portion Fritten mit Bratwurst und dazu eine Cola.

Der weitere Nachmittag verging wieder mit Lesen. Friedrich aber tollte mit seinen Freunden am Sprungturm herum. Mittlerweile war es 18.00 Uhr und Frau Seibold dachte daran, nach Hause zu fahren. Sie rollte die Decken zusammen, steckte diese zum Buch in die Tasche, zog ihr leichtes Sommerkleid an und machte sich auf den Weg, Friedrich zu suchen.

Frau Seibold war eine hübsche Frau, groß und schlank – mit ihrem auffallend großen, bunten Sonnenhut und dem aparten hellen Sommerkleid eine imposante, auffallende Erscheinung. Viele Männer schauten ihr nach.

Friedrich stand ganz oben auf dem höchsten Sprungbrett und rangelte sich mit ein paar Jungs herum. Er konnte die Mutter, die nach ihm rief, nicht hören und auch nicht sehen, denn in zehn Meter Höhe war es nicht leicht, unter den vielen Menschen die Mutter zu erkennen oder zu hören.

Nachdem Frau Seibold eine Zeit lang nach Friedrich gerufen hatte, dieser aber nicht herunterkam und auch keine Anstalten machte herunterzuspringen, legte sie die Tasche ab und stieg die Treppe zum Sprungturm hoch. Viele Badegäste blickten nun der Frau nach, die mit dem bunten Sommerhut den Turm hochkletterte. Sie waren neugierig, was die da oben wollte. Oben auf dem Sprungturm angekommen, traf sie Friedrich, der mit seinem Freund am Rangeln war. Der Freund muss Friedrichs Mutter dabei wohl beim Rangeln angestoßen haben, denn Frau Seibold rutschte vom Sprungbrett und fiel mit einem gellenden Aufschrei in die Tiefe.

Alle, die das gesehen und neugierig beobachtet hatten, waren entsetzt, wie die Frau schreiend auf das Wasser klatschte. Instinktiv jedoch, weil im Springen geübt, hatte sie sich bei diesem unbeabsichtigten Sprung in eine Lage gebracht, in der sie sich beim Eintauchen ins Wasser nicht verletzen konnte. Sie tauchte sehr tief ein und riss sich unter Wasser das Sommerkleid ab, das demzufolge langsam an die Oberfläche driftete.

Denn schnell war Frau Seibold unter Wasser klar geworden, dass sie, wenn sie jetzt mit Kleid auftauchte, möglicherweise von allen Umstehenden ausgelacht werden würde. Das war ihr zuwider. Als gute Taucherin schwamm sie tief unter Wasser bis zum nächsten Steg an den Rand des Bassins und tauchte zwischen den anderen Badenden auf, die gar nicht gemerkt hatten, wo die Frau herkam. Sie stieg die Badeleiter hoch und mischte sich unter die

Leute. Jetzt, ohne Hut und Kleid, nur im Bikini, fiel sie nicht weiter auf.

Alle Umstehenden aber, die den Schrei der Frau und ihren Sturz ins Wasser mitbekommen hatten, standen nun um den Turm herum und starrten auf den Strohhut, der wie ein bunter Punkt auf dem graublauen Wasser schwamm; sie warteten darauf, dass die Frau wieder auftauchte. Was hochkam, war der Fetzen eines Sommerkleides, aber nicht dessen Trägerin.

Bei den umstehenden Badegästen gewann das Entsetzen nun völlig die Oberhand. Einige Beherzte sprangen ins Bassin, um nach der Frau zu tauchen. Der Bademeister, inzwischen auch am Ort des Geschehens, tat es ihnen gleich, um sich ebenfalls an der Suche zu beteiligen. Das Ereignis hatte sich inzwischen bei den meisten Badegästen herumgesprochen, viele Gaffer standen nun um den Turm herum, doch es kam nach wie vor keine Frau hoch. Das ganze Schwimmbecken wurde abgesucht. Die Verunglückte war einfach nicht zu finden, weder lebend noch tot.

Friedrich, der seine Mutter kannte und natürlich wusste, dass sie eine gute Schwimmerin war und auch gut springen und tauchen konnte, ahnte, was geschehen war. Es dauerte auch nicht lange, bis er sie gefunden hatte, die jetzt ohne Kleid und ohne Hut, im Bikini, wie alle Badegäste aussah und deshalb nicht als die vom Turm gefallene Person zu erkennen war.

„Hol die Tasche am Turm, Friedrich, dann hauen wir ab“, rief die Mutter ihrem Sohn zu. Danach mischte sie sich unter die aus dem Schwimmbad herausströmenden Menschen und verließ mit Friedrich, ohne sich weiter um den Rummel um ihr Verschwinden zu kümmern, das Schwimmbad.

In der Zwischenzeit waren der Notarzt und die Polizei vor Ort. Die Presse war auch schon da. Nochmals wurde das gesamte Freibad abgetaucht und die Badewiese abgesucht, aber es war wie verhext, die Frau war nicht zu finden.

Zwei Tage später beim Frühstück – Herr Seibold war gerade dabei, die Tageszeitung zu lesen – fiel ihm etwas bei seiner Lektüre auf. Er fragte seine Frau: „Sag mal, Angelika, hast du das auch gelesen, was da vorgestern im Schwimmbad passiert ist? Was war da eigentlich los? Du warst doch auch mit Friedrich schwimmen." „Och", meinte Frau Seibold, „es war ganz amüsant, nur um mein schönes Sommerkleid und meinen Strohhut tut es mir leid."

Der Dackel und der neue Backofen

Schauplatz des Geschehnisses ist ein kleiner Ort im Sauerland.

Zwei Familien, Hoffmann und Krause, waren Nachbarn. Das Besondere war, dass die Hoffmanns einen Steinbackofen im Hof hatten, den die beiden Familien seit Jahren gemeinsam benutzten. Darin wurden das tägliche Brot, Obstfladen und bei Festanlässen auch Kuchen gebacken.

Die Familie Krause hatte im Ort enge Verwandte. Diese besaßen einen Dackel namens Ströppi. Selten wurde dieser an der Leine geführt. Meistens stromerte er allein durch die Gegend.

Durch zahlreiche Besuche mit seinem Herrchen kannte er den Weg zu den Krauses. Bei jedem Besuch gab es dort ein Leckerli für ihn, das er sich gelegentlich auch schon mal allein abholte.

Dann gab es noch den Hans im Dorf, 15 Jahre alt, ein pfiffiger Bursche, der auch für derbe Schelmenstreiche zu haben war.

Eines Tages lief Ströppi wieder zu den Krauses, um sich sein Leckerli abzuholen. Dabei kam er an der Wohnung von Hans vorbei, der gerade seine Katze herausgelassen hatte. Die Haustür von Hans stand noch offen. Als die Katze den Ströppi sah, flitzte sie wieder hinein und Ströppi laut kläffend hinterher. Hans sah die Katze bedroht, sperrte kurz entschlossen die Haustür zu fing den Ströppi ein.

Um dem Hund ein für alle Mal die Katzenjagd auszutreiben, holte er eine dicke, starke Schnur und band damit eine leere Coladose dem Ströppi am Schwanz fest. Nun packte er den Hund am

Genick und beförderte ihn mit einem kräftigen Fußtritt vor die Tür.

Laut jaulend und in völliger Panik rannte Ströppi die Dorfstraße entlang, die leere Coladose klappernd und scheppernd hinter sich herziehend, zu den Krauses hin.

Frau Hoffmann wohnte ein Haus vor den Krauses. Sie war gerade dabei, die Straße zu kehren, und hatte die Haustüre offen stehen lassen. Der arme Hund rannte nun in seiner Verzweiflung in Hoffmanns Hausflur, kam aber gleich wieder heraus, nachdem er merkte, dass er falsch war.

Just in diesem Augenblick kam Frau Krause aus dem Haus und sah, dass Ströppi mit der Dose am Schwanz aus Hoffmanns Haus herauslief.

Völlig entrüstet wandte sich Frau Krause an Frau Hoffmann, was das solle, den armen Hund so zu quälen.

„Ich hab doch überhaupt nichts getan!“, schrie Frau Hoffmann empört zurück. „Lügen tust du auch noch!“, rief Frau Krause. „Ich habe doch gesehen, wie der Hund aus deinem Haus kam. Du solltest dich schämen, ein Tier so zu malträtieren!“

Ein Wort gab das andere, bis es schließlich der Frau Hoffmann, die von ihrer Unschuld überzeugt war, zu viel wurde und sie mit dem Straßenbesen auf Frau Krause losging. Die wiederum rief ihren Mann zu Hilfe; inzwischen war auch der große Sohn der Hoffmanns hinzugekommen, um seiner Mutter zu helfen. Jetzt ging es erst recht zur Sache, mit viel Geschrei fiel man übereinander her. Die Szene war an Dramatik nicht mehr zu überbieten. Mittlerweile waren auch die Leute auf der Straße stehen geblieben und wollten sich das Schauspiel auf keinen Fall entgehen lassen.

Es dauerte auch nicht lange, bis dies alles im Dorf die Runde gemacht hatte, denn es gab so wenig, worüber man sich lustig unterhalten konnte, und Schadenfreude ist nun mal die reinste Freude. Letztendlich führte der nachbarliche Streit dazu, dass ein gemeinsames Backen nun ab sofort nicht mehr infrage kam. Die Krauses bauten sich einen eigenen Backofen.

Viele Monate später „steckte" eine Frau aus dem Dorf der Frau Krause, wer der wirkliche Täter gewesen war, der dem Hund die Dose an den Schwanz gebunden hatte. Sie hatte nämlich zur fraglichen Zeit aus dem Fenster geschaut und genau gesehen, aus wessen Haus der Hund zuerst gelaufen kam.

Mit der Zeit waren die beiden Familien wieder versöhnt, was nicht wirklich verwunderlich war, denn sie hatten in all den Jahren so viele Gemeinsamkeiten entwickelt, dass eine Versöhnung nur eine Frage der Zeit gewesen war.

Die scheußliche Tat sollte für Hans auch nicht folgenlos bleiben. Die Männer aus beiden Familien taten sich zusammen und besuchten den Hans zwischen Tag und Dunkel. Kein fremdes Auge hat es gesehen, kein unbeteiligtes Ohr hat es gehört. Nur kam Hans tags darauf mit einer geschwollenen Lippe und einem blauen Auge auf seine Lehrstelle.

Auf die Frage des Lehrherrn mochte er keine klare Antwort geben. Er wollte die anderen Lehrlinge nicht auch noch dazu animieren, ihn auszulachen. Also sagte er, es wäre beim Fußballspielen passiert. Er hätte einen Ball auf die Visage bekommen. Geglaubt hat ihm das allerdings keiner.

Der Brunnen

Hoch oben auf halber Höhe vom großen Buschenberg, in der Nähe von Falkenstein im Voigtland, steht eine ständig bewohnte Berghütte. Herr Lehmann hatte sich dorthin mit seiner Frau und seiner kleinen Tochter aus dem Geschäftsleben zurückgezogen. Sie lebten sehr primitiv. Strom für den Haushalt bezogen sie von einem kleinen Aggregat, Petroleumlampen spendeten ihnen das notwendige Licht. Das Trinkwasser bestand aus Quellwasser. Die Quelle lag vermutlich hoch oben auf dem Berg. Sie versiegte auch im Sommer nicht. Unweit des Hauses plätscherte ein Bach, er füllte mit seinem Wasser die im Tal liegende Schmalwasser-Talsperre.

Schon vor 100 Jahren war der Wasserverlauf gleich geblieben und hatte sich auch im Volumen nicht verändert. Das Wasser in der Nähe des Hauses wurde durch eine simple Vorrichtung in einen großen Steintrog geleitet und von dort mittels Handpumpe in darunter gehaltene Gefäße gepumpt.

Durch den besonderen Reiz der Landschaft kamen im Sommer viele Urlauber den Berg hoch. Die Lehmanns hatten sich bereits darauf eingestellt und vor dem Haus auf einer kleinen Terrasse urige Tische und Bänke aufgestellt. Als Einheitsgericht gab es Linsensuppe und selbst gebackenen Kuchen für die Wandergäste.

Eines Tages kam mit den Urlaubern auch ein junger Mann. Er sah nicht besonders gepflegt aus, hatte lange, verfilzte Haare und trug schmutzige Kleidung. Am Hause fragte er nach, ob es wohl gestattet sei, am Brunnen Trinkwasser zu nehmen. Das wurde ihm sehr gerne gewährt. Er füllte sich an der Pumpe die mitgebrachte Flasche und verschwand wieder. Bemerkenswerterweise kam er am nächsten Tag wieder, fragte nach Wasser und füllte sich seine Flasche. Dabei machte er sich am Boden des Wasserbassins zu schaffen, was nicht weiter auffiel.

Es war Anfang Mai gewesen, als er das erste Mal gekommen war. Von da an kam er regelmäßig jeden zweiten Tag, den ganzen Sommer hindurch, bis Ende Oktober und bei jeglichem Wetter.

Im darauffolgenden Jahr, es war wieder Mai, da rief die kleine Erna: „Papa, Papa, sieh mal, da kommt der Mann mit dem Bart wieder, weißt du, der, der immer Wasser haben will." Er fragte wieder höflich nach, ob er sich immer seine Flasche mit Wasser füllen könnte. Dabei kam er mit Herrn Lehmann ins Gespräch. Dieser fragte, warum er das Wasser aus seiner Quelle bevorzuge. Nun, meinte der junge Mann, wenn er dieses Wasser trinke, gehe es ihm gesundheitlich immer erheblich besser.

Drei- bis viermal in der Woche kam er vorbei. Man hatte sich schon an ihn gewöhnt. Manchmal kam er, um eine Linsensuppe zu essen, oder er ließ sich den selbst gebackenen Kuchen servieren. Auch sah er nicht mehr so ungepflegt aus wie im Vorjahr.

So kam er fünf Jahre lang von Mai bis Oktober. Im sechsten Jahr wartete man aber vergebens auf ihn. Möglicherweise sei ihm etwas zugestoßen oder er sei erkrankt, vielleicht ja auch weggezogen, meinte Frau Lehmann.

Eines schönen Tages klingelte bei den Lehmanns das Handy. Es meldete sich ein Mann, der angab, er sei derjenige, der immer das Wasser von der Quelle geholt hätte. Er würde nicht mehr kommen, aber als Dank für die jahrelange Freundlichkeit würde er die ganze Familie, samt Töchterchen, zu einem Abendessen einladen. Er nannte ihnen das bundesweit bekannte Lokal „Lohmühle“, ganz in der Nähe bei Dietharz, wo sie sich treffen wollten. Bei der Ankunft möchten sie sich an der Rezeption mit ihrem Namen melden, man würde ihnen dann den Platz anweisen.

Eigentlich konnten sich die Lehmanns nicht so recht vorstellen, dass der vormals so schusselige junge Mann sie in dieses vornehme und bekannt teure Restaurant einladen wollte. Sie sagten höflich zu, steckten sich aber etwas mehr Geld ein, für den Fall, dass es mit der Einladung nicht so richtig stimmte.

Bei der „Lohmühle“ angekommen, gingen sie wie verabredet zur Rezeption und nannten ihren Namen. Sie wurden sehr freundlich empfangen. Man hatte für sie im Restaurant ein Separee reserviert und bat sie, dort Platz zu nehmen, Herr Leutfeld würde sofort kommen. – Herr Leutfeld, war das vielleicht der Mann vom Brunnen? Als er in das Separee kam, stellte er sich als Martin Leutfeld vor und bat sie, wieder Platz zu nehmen. „Soll das der Mann vom Brunnen sein?“, flüsterte Frau Lehmann ihrem Mann zu. Sie erkannten ihn aber doch an der Stimme wieder. Er sah gänzlich verändert aus und trug einen hellen Nadelstreifenanzug, ein teures Designeroberhemd mit einer exakt gebundenen und passenden Krawatte. Er war gar nicht wiederzuerkennen.

„Wie kommen wir eigentlich zu der Ehre dieser Einladung?“, fragte Herr Lehmann. Nur weil er aus der Quelle Wasser schöpfen konnte, könne es ja wohl nicht sein. Das sei richtig, meinte Herr Leutfeld, er würde gern auf ihre Fragen eingehen, aber bitte nach dem Essen. Nachdem alle einen Aperitif getrunken hatten, sagte Herr Leutfeld, er hätte sich erlaubt, für alle das gleiche Essen zu bestellen: „gefüllte Kalbsbrust“, vorher eine klassische Rinder-Consommé und als Nachspeise eine Erdbeerkaltschale. Ob ihnen dies recht sei. Nachdem alle einverstanden waren, ließ er auftragen. Das Gericht war ein kulinarischer Leckerbissen und die vorherige, etwas angespannte Atmosphäre schien sich aufzuhellen, zumal Herr Leutfeld den wahren Grund für die Einladung nannte. Er sei damals ein Geologiestudent gewesen und hätte für seine Diplomarbeit ein Thema gesucht. Der Spaziergang in den Thüringer Wald sei reiner Zufall gewesen.

Als er das erste Mal Wasser aus dem Brunnen schöpfte, hätte er als geübter Geologe neugierig den in der Sonne glitzernden Sand betrachtet und diesen dann im Labor in seiner Uni untersuchen lassen. Es konnte dabei ein erheblicher Goldanteil im Sand festgestellt werden. Daraufhin mietete er sich ein Zimmer im Ort Falkenstein, um immer präsent zu sein, und richtete sich darin ein kleines Labor ein. Um nicht weiter aufzufallen, blieb er beim Wasserholen immer als „Penner“ verkleidet.

Das Einschmelzen beziehungsweise das Trennen des Sandes vom Gold habe er in seinem Zimmer vorgenommen. Es hatte sich gelohnt. Mit dem Gold habe er sich das Studium finanziert und auch noch einen ansehnlichen Betrag auf die Seite legen können. Er sei deshalb nicht mehr gekommen, weil zuletzt kein Gold mehr im Sand zu finden gewesen sei. Alles in allem sei die Quelle sein persönlicher „Klondike“ gewesen.

Während dieser Schilderung von Herrn Leutfeld hatten die Lehmanns mit offenen Mündern zugehört. Die inzwischen kredenzte Erdbeerkaltschale übersahen sie völlig. Daraufhin gab es eine lebhafte Unterhaltung. Zum Schluss tranken sie alle noch eine Flasche Wein. „Sie brauchen sich beim Wein nicht zurückzuhalten“, meinte Herr Leutfeld zu seinen Gästen, „ich habe ein Doppelzimmer mit Zusatzbett für Sie reserviert.“

Man trank noch zwei weitere Flaschen Wein; weshalb es ein lustiger Abend wurde. Eine echte Freundschaft bahnte sich an. Scherzhaft meinte Herr Leutfeld, nun seien die Lehmanns an der Reihe, das Gold aus der Quelle zu holen, sie sollten nur der Presse einen Wink geben. Sie kamen schließlich überein, dass Herr Leutfeld dies übernehmen würde, was dann auch geschah.

Danach waren die Lehmanns gezwungen, ihre Terrasse erheblich zu erweitern. Stromkabel wurden vom Energieversorgungsunternehmen zur Hütte verlegt und eine größere Küche wurde eingerichtet. Innerhalb kürzester Zeit war das Berghaus überlaufen von neugierigen Urlaubern, und weil die allermeisten Menschen sich vom Essen und Trinken ernähren, wurden die Lehmanns wohlhabend.

Ob noch Gold im Quellwasser gefunden wurde, ist allerdings nicht bekannt.

Der Baron und sein Hahn

Ein Sechshundertseelendorf in der Eifel ist der Schauplatz für das nachfolgende Geschehen. In dessen Mittelpunkt steht Günther, der Sohn eines Freiherrn.

Günther bewirtschaftete den elterlichen Gutshof mehr schlecht als recht. Der offene Gutshof, im hinteren Bereich umgeben von einem riesigen Park, lag mitten im Dorf. Gegenüber auf der anderen Straßenseite gab es ebenfalls einen Bauernhof. Der wurde bewirtschaftet von Franz, einem jungen, aufgeschlossenen Bauernburschen.

Alle im Dorf kannten einander. Immer wieder begegnete man sich in den Vereinen. Es gab den Gesangsverein, den Turnverein, Tambourkorps und den Junggesellenverein, wo man sich gelegentlich zu den unterschiedlichsten Anlässen in der Dorfkneipe traf.

Der Verwalter des Gutshofes, Siegfried, wohnte mit seiner Familie im gegenüberliegenden Bauernhaus. Gegenstand des Ärgernisses war ein großer, kräftiger Hühnerhahn, der zum Gutshof gehörte. Jedes Mal, wenn beim Bauernhof gegenüber das große Tor aufstand, stolzierte der Hahn über die Straße in den Nachbarhof.

Vor der Scheune im Hof war eine Futterkiste aufgestellt. Dort hinein kam das Futter für die zahlreichen Enten und Hühner des Bauern. Der fremde Hahn schritt jedes Mal, zum Ärger von Franz, quer über den Hof zum Futtertrog und fraß sich dort den Kropf voll. Einige Male schon hatte Franz den Verwalter Siegfried auf diesen ärgerlichen Tatbestand hingewiesen, aber nichts geschah. Der Hahn kam weiter und futterte sich durch.

Irgendwann – die Kirmes des Ortes stand bevor – war es dem Franz dann zu viel. Nachdem der Hahn mal wieder auf dem Hof war, machte er das Hoftor zu, nahm sich eine lange Holzstange und schlug damit dem Hahn an den Hals, damit er leichter einzufangen war. Seiner Mutter rief er zu, sie möge Wasser heiß machen, um einen Hahn zu rupfen.

Franz schlachtete den Hahn, nahm ihn aus und machte ihn bratfertig, denn die Kirmes würde bereits am nächsten Tag sein und man hatte sich noch nicht auf das Festessen am Kirmessonntag festgelegt. Siegfried und Günther wurden an diesem Tag zu Brathähnchen mit Spargel eingeladen. Beide waren freudig überrascht und einverstanden.

So wurde denn zünftig Kirmes gefeiert. Es gab Hühnersuppe, den hervorragend gebratenen Hahn mit Spargel und Sauce hollandaise. Dazu aß man Salat und trank Bier. Günther und Siegfried konnten natürlich nicht wissen, wessen Hahn sie da gerade verspeist hatten. Sie bedankten sich für die Einladung und das wohlschmeckende, hervorragende Essen.

Wenige Wochen später – man saß gerade wieder gemeinsam beim Frühschoppen in der Dorfkneipe – kam eine Unterhaltung zustande, die Franz gezielt auf die Hühnerhaltung lenkte, bis schließlich dem Günther einfiel, dass er seit Wochen seinen großen Hahn vermisste. „Ich weiß, wo der geblieben ist“, meinte Franz und schilderte der Runde genüsslich, dass sie alle ihn gegessen hatten.

Nachdem nun die beiden das Gehörte verdaut hatten, wurde Franz dazu „verdonnert“, alle nachfolgenden Bierrunden zu bezahlen. Es nutzte ihm auch wenig, dass er beiläufig erklärte, der Hahn habe ja auch monatelang sein Futter gefressen.

Man vertrug sich wieder und nach vielem Gelächter und einigen Runden Bier geriet die Sache schließlich in Vergessenheit.

Die Spende

Die Bäckerei in der Fußgängerzone der Kleinstadt war zwischen der großen Metzgerei auf der einen und dem Textilhaus auf der anderen Seite gelegen, in Eins-a-Lage angesiedelt und demnach ein florierendes Unternehmen.

Herr und Frau Bartels betrieben die Bäckerei nun schon seit 30 Jahren. Herr Bartels, der bekannt war für seinen Geiz, war in zweiter Ehe verheiratet mit einer viel jüngeren Frau. Diese war – im Unterschied zu ihrem Mann – eine fröhliche und großzügige Person, eine Katholikin und sehr fromm. Gegensätzlicher hätten die beiden eigentlich nicht sein können.

Der ersten Ehe entstammten zwei Kinder – ein Sohn, der als Rechtsanwalt in einer entfernten Stadt eine Anwaltskanzlei betrieb, und eine Tochter, die auf dem Land wohnte und vier Kinder von drei verschiedenen Vätern hatte. Diese hatten sich alle dünnegemacht. Keiner von ihnen zahlte Unterhalt, allenfalls nur sporadisch, wenn die Lohnpfändung mal erfolgreich gewesen war.

Als junges Mädchen war die Tochter sehr flippig und stets das Sorgenkind der Familie gewesen. Nach der zweiten Heirat des Vaters wurde das Zerwürfnis zwischen Vater und Tochter so schwerwiegend, dass er ihr die Wohnung in seinem Haus kündigte, worauf sie auszog und hochschwanger den erstbesten Mann heiratete, der ihr über den Weg lief.

Nun saß die junge Frau mit den vier Kindern allein da. Der älteste Sohn war acht und die jüngste Tochter zwei Jahre alt. Sie versuchte mehr schlecht als recht, mit dem Erziehungsgeld über die Runden zu kommen. Mit dem dazukommenden Kindergeld und dem vom Jugendamt eingegangenen Unterhalt der Väter war alles recht knapp bemessen. Das Geld reichte nur in den seltensten Fällen bis zum Monatsende, vor allem dann nicht, wenn mal wieder Schuhe oder Kleidung gekauft oder Anschaffungen für die Schule getätigt werden mussten.

Das führte dazu, dass die Familie immer mehr verarmte, zumal die Tochter zu stolz war, ihren Vater um Hilfe zu bitten. Dieser Geizkragen, dem zu jeder passenden und unpassenden Gelegenheit eine lehrmeisterhafte Phrase glatt über die Lippen ging, hätte sowieso nichts rausgerückt. Das Verhalten des Herrn Bartels erregte die Gemüter der Nachbarn und darüber hinaus die des ganzen Dorfes, sodass sich das Ganze mittlerweile zu einem regelrechten Skandal hochgekocht hatte.

Die Bäckersfrau spielte seit Jahren im Lotto, und eines Tages, wie der Teufel es will – der ja bekanntlich nie auf einen kleinen Haufen macht –, hatte sie gewonnen. Sie vergoss Tränen des Glücks und dem ganzen Haus blieb nicht verborgen, dass es 60.000 Euro waren, die sie gewonnen hatte!

Frau Bartels, eine regelmäßige Kirchgängerin, hörte kurz darauf, an einem Sonntag, in der Kirche eine Predigt von einem Gastpriester aus Ghana. Er hieß Jonas Mobungo. Er predigte sehr überzeugend und eindringlich über die Armut in seinem Land, auch über die infolge von Aids elternlos gewordenen Kinder, und bat um Spenden. Diese Predigt muss bei Frau Bartels einen nachhaltigen Eindruck hinterlassen haben, denn sie war danach entschlossen, die Hälfte ihres Lottogewinns nach Afrika zu spenden.

Durch einen dummen Zufall wurde dieses Vorhaben im Haus bekannt, denn ein Lehrmädchen aus dem Laden hatte zufällig ein Telefongespräch zwischen Frau Bartels und einer kirchlichen Institution mit angehört. Die junge Frau sprach darüber mit ihrem Freund Karl, dabei war es ihr und ihrem Freund hinlänglich bekannt, wie es um die finanzielle Situation der Stieftochter von Frau Bartels bestellt war. Die beiden ärgerten sich über das Vorhaben der Bäckersfrau, ihr Geld nach Afrika zu spenden, obwohl sie über die wirtschaftliche Not ihrer Stieftochter Bescheid wusste. Sie schmiedeten daraufhin einen Plan, um das Vorhaben von Frau Bartels zu hintertreiben, deren Spendenverhalten „zum Himmel schrie“, wie sie meinten. Dabei hatte das Lehrmädchen die Aufgabe, seinen Freund zu informieren, wann Frau Bartels das Geld bei der Bank abholen beziehungsweise wann sie es zur Kirche bringen würde.

An einem Montag war es dann so weit. Frau Bartels bat das Lehrmädchen, für zwei Stunden allein den Laden zu führen, weil sie auf der Bank einen wichtigen Termin wahrnehmen und noch eine Besorgung in der Stadt machen müsse. Das Lehrmädchen rief daraufhin per Handy den Freund Karl an. „Du Karl, die Alte hat jetzt den Termin bei der Bank, ich glaube, dass sie danach auch gleich zur Kirche geht. Hau ab und mach was!“

Karl steckte sich einen Bolzenschneider in den Rucksack, stieg in sein Auto und fuhr in die Stadt. Er schlich sich in die Kirche und versteckte sich hinter einem Pfeiler, sodass er nicht gesehen werden konnte.

In der Zwischenzeit ließ sich Frau Bartels in der Bank 30.000 Euro in Fünfhunderteuroscheinen in ein größeres Kuvert packen und steckte es in ihre Handtasche, um schnell damit zur Kirche zu gehen, die ständig geöffnet war.

In der Kirche kniete sie sich in einer der letzten Bänke zu einem kurzen Gebet nieder. Anschließend zündete sie als Dank für ihren Lottogewinn der heiligen Mutter Gottes eine Kerze an und ging zum Opferstock, der eigens für Afrikaspenden aufgestellt und mit einer schweren Eisenkette mit der Wand verbunden war. Sie steckte das weiße Kuvert mit dem Geld in den Schlitz.

Die Klappe mit dem Schlitz war mit einem kräftigen Vorhängeschloss gesichert, was aber kein Problem für Karl war, der in seiner Lauerstellung abgewartet hatte, bis Frau Bartels die Kirche verließ. Er holte seinen Bolzenschneider hervor, kniff den Bügel des Vorhängeschlosses durch und griff sich das Kuvert heraus. Dabei widerstand er der großen Versuchung, sich noch mehr Geld zu nehmen, wofür er einige Sekunden mit sich ringen musste. Schließlich gewann aber seine gute Erziehung die Oberhand und er ließ es bei dem einen Kuvert bewenden. So, wie er sich in die Kirche geschlichen hatte, schlich er sich auch wieder hinaus, fuhr in sein Dorf zurück und wartete, bis es dunkel wurde.

Nun kam der letzte Akt des Planes. Er fasste sich ein Herz und steckte das Kuvert mit dem Geld in den Briefkasten der jungen Frau mit den vier Kindern. Dabei hatte er – oh Schreck! – ganz vergessen, sich vor der Aktion Handschuhe anzuziehen; er war eben kein geübter Dieb.

Am anderen Tag war die Freude bei der fünfköpfigen Familie riesengroß. Mit Tränen in den Augen zählte die junge Frau die Scheine immer und immer wieder. Endlich konnte sie ihre Kinder vernünftig einkleiden; sogar ein kleiner Ausflug in die nähere

Umgebung war geplant. Jedenfalls wäre bei einer richtigen Einteilung für die nächste Zeit genug Geld da, um einigermaßen über die Runden zu kommen.

Die junge Frau hatte natürlich auch irgendwie von dem Lottogewinn ihrer Stiefmutter gehört und zweifelte nicht daran, dass sie es gewesen sein musste, die ihr das Kuvert in den Briefkasten gesteckt hatte. Sie sprang über ihren Schatten und rief ihre Stiefmutter an. Mit anfänglichem Stottern und in halben Sätzen bedankte sie sich für das supersolidarische Verhalten und das Geldgeschenk von 30.000 Euro. Es komme genau zum richtigen Zeitpunkt für die Einschulung ihres zweitjüngsten Sohnes.

Zunächst war am anderen Ende der Leitung nichts zu hören, dann kam ein ungläubiges Gestammel. Frau Bartels fragte, was das denn für Geldscheine gewesen seien. Irritiert von dieser Frage, meinte die junge Frau, sie müsse es doch selbst wissen, dass in dem Kuvert alles Fünfhunderteuroscheine gewesen seien. Frau Bartels legte fassungslos den Hörer auf und die junge Frau verstand nun überhaupt nichts mehr.

Vollkommen davon überzeugt, dass es ihre Spende war, rief Frau Bartels den Pfarrer an. Sie fragte, wo ihre Spende von 30.000 Euro geblieben sei. Der Kirchenmann hatte inzwischen die Polizei benachrichtigt, die den Bruch des Opferstockes zu Protokoll nahm. Bisher konnte sich auch die Polizei keinen Reim darauf machen, dass das Schloss aufgebrochen und doch noch so viel Geld im Opferstock geblieben war, aber nachdem der Pfarrer per Anruf von Frau Bartels über die Höhe der Spende und den Telefonanruf ihrer Stieftochter informiert wurde, war allen klar, was geschehen war.

Drei Monate vergingen, bis die Polizei alle Spuren verfolgt hatte und auf den jungen Burschen Karl gestoßen war. Dessen Fingerabdrücke befanden sich auf dem Kuvert, das die junge Frau zufälligerweise noch verwahrt hatte. Ein Leugnen vonseiten Karls war zwecklos. Die Polizei nahm ihn fest.

Der Pfarrer hatte inzwischen mit dem Bischof telefoniert, was da wohl zu machen sei. Dessen Meinung war, dass alles, was sich im Opferstock befand, der Kirche gehöre und ein Entnehmen schwerer Diebstahl sei und zur Anzeige gebracht werden müsse.

Da war aber noch Jonas Mobungo, dessen Meinung in diesem Falle war, dass er allein die Befugnis über den Opferstock hätte, weil dieser speziell für ihn – respektive für sein Land in Afrika – aufgestellt worden sei. Folglich wäre es sein Geld, wobei die Tatsache, dass der Opferstock in der Kirche stand, juristisch keine Bedeutung hätte. Er würde sich schwertun, einen Deutschen verurteilen zu lassen, der eigentlich das getan hätte, was die Pflicht der Frau Bartels gewesen wäre, nämlich ihrer kinderreichen Stieftochter finanziell zu helfen. Übrigens sei auch sonst noch viel Geld im Opferstock gewesen, wofür er der Gemeinde sehr danke, denn dies habe seine Erwartungshaltung bei Weitem übertroffen. Man solle es deshalb gut sein lassen, er würde mit Sicherheit keine Anzeige erstatten.

Nun war die Verwirrung über die gegensätzlichen Meinungen natürlich sehr groß, bis der Bürgermeister – der von den Ereignissen gehört hatte, dem es aber langsam zu viel wurde – alle Beteiligten zu einer Konferenz in das Rathaus vorlud. Die Beteiligten waren: der Pfarrer mit Vollmacht vom Bischof, Frau Bartels, Jonas Mobungo sowie Vertreter der Polizei und der Staatsanwaltschaft.

Nach stundenlangem Hin und Her kam man zu der Erkenntnis, dass Herrn Jonas Mobungos Meinung die richtige sei, und weil auch Frau Bartels etwas beschämt gestand, dass die 30.000 Euro bei ihrer Stieftochter gut angelegt seien und sie deshalb kein Interesse an einer Anzeige hätte, wurde diese fallen gelassen.

Infolgedessen hatte sich alles in Wohlgefallen aufgelöst. Der Bürgermeister stellte am Schluss der Sitzung befriedigt fest, dass alle ihr Gesicht gewahrt hätten, und machte der Presse darüber eine entsprechende Mitteilung.

Nun hatte die schlitzohrige Tat von Karl also doch noch etwas Gutes bewirkt. Er wurde von der Mutter und den Kindern zu einer Familienfeier eingeladen, was allerdings mit einem Besäufnis des jungen Mannes endete.

Das Verhältnis der jungen Frau zu ihrer Stiefmutter und zu ihrem Vater hatte sich inzwischen auch gebessert.

Für die Presse war Karl ein Held geworden. Er wurde regelrecht hochstilisiert, und obwohl die ganze Sache eigentlich von ihm ein hohes Maß an Unverfrorenheit erfordert hatte, wurde sie in die Annalen der Kirche eingetragen.

Nicht alles Spendengeld kommt immer am Zielort an, manches fährt U-Bahn. Im vorliegenden Fall lief die Spende über einen Verschiebebahnhof, gelangte aber durch einen beherzten und mutigen Zeitgenossen an die richtige Stelle.

Der Himmelfahrtskorb

Es war ein wunderschöner Sonntagmorgen im Juli. Kleine Schönwetterwölkchen bildeten sich über dem im Tal liegenden Eifeldörfchen, umschlossen vom satten Grün der ringsum befindlichen Wiesen – eine friedliche Idylle.

Nach dem Läuten der Kirchenglocken, zum Ende des Hochamtes, strömten die Kirchenbesucher aus der kleinen Kirche des Dorfes heraus ins Freie. Die Frauen in hellen, bunten Kleidern und einige mit großen Sommerhüten. Die Männer in ihren guten Sonntagsanzügen, wie das in den 50er–Jahren durchaus noch üblich war. Alle versammelten sich, wie jeden Sonntag nach dem Hochamt, um Neuigkeiten auszutauschen, in kleinen Gruppen vor dem Kriegerdenkmal, das sich nahe der Kirche befand. Anschließend ging es dann gemeinsam zum Frühschoppen in die nahe gelegene Gaststätte, wo der Wirt seine Gäste bereits erwartete.

Hier ging es den meisten nicht nur um ein Bier oder Köm, sondern um Neuigkeiten und darum, die letzten Geschehnisse zu diskutieren. Das Ganze war mehr ein kleindörflich-gesellschaftliches Ereignis. Dabei wurde gehänselt und gelacht; man würde heute sagen: Es war ein Kommunikationstreffen im dörflichen Stil.

Das alles lief ab vor dem Hintergrund dessen, was sich in der Zwischenzeit in der kleinen Kirche ereignete. Zunächst einmal gibt es dazu eine Vorgeschichte.

„Gretchen“, eine ältliche Jungfer, war bekannt für ihre einfältige Frömmigkeit, um nicht zu sagen: eine unnatürliche, abgehobene

Frömmelei, wofür man im Kölner Raum auf Plattdeutsch den Ausdruck „helie Fott Angenies“ kennt. Damit werden in der Kölner Gegend alle die Frömmlinge bezeichnet, die ihre Frömmigkeit in der Öffentlichkeit offensichtlich demonstrieren, wenngleich es mit ihrer Tugendhaftigkeit nicht so weit her ist.

So eine war auch „Gretchen“. Wenn bereits alle Leute aus der Kirche gegangen waren, blieb sie noch eine halbe Stunde länger kniend an dem für sie reservierten Platz in der Kirche, unter der Empore. Drei junge Burschen aus dem Ort amüsierten sich schon seit Langem über die naiv überzogene Zurschaustellung von Gretchens Frömmigkeit und fassten einen Plan, der darin bestand, ihr einen Streich zu spielen.

Sie nahmen einen großen, aus Weiden geflochtenen Korb, den sie mit Feldblumen und Girlanden versahen beziehungsweise schmückten. An den Korb banden sie zwei dicke Seile fest, die vom Korb bis zur Empore reichten. Vorsorglich, um den Korb vor den Augen Dritter während der Messe zu schützen, versteckten die Burschen diesen samt den Seilen in einem Verschlag hinter dem Orgelpult auf der Empore. Nachdem nun alle Gläubigen, bis auf Gretchen, aus der Kirche gegangen waren, begannen die jungen Burschen, ihren Plan auszuführen. In diesen Plan war die Einfältigkeit Gretchens mit einkalkuliert.

Unter Christenmenschen war dieses geplante Vorhaben, milde ausgedrückt, bestimmt nicht akzeptabel. Aber bei den jungen Burschen überwog das Bedürfnis, sich auf diese Weise über das Gretchen lustig zu machen.

Unter grandiosem Orgelspiel der „Messe Nr. 3“ von Anton Bruckner ließen die Burschen den geschmückten Korb langsam herunter – vor den Platz, an dem Gretchen kniete –, wobei einer der Burschen mit verstellter Stimme Gretchen aufforderte, in den Korb zu steigen, um in den Himmel aufgenommen zu werden.

Das Unglaubliche geschah! Gretchen stieg in den Korb ein und unter den Orgelklängen von Mendelssohn Bartholdys „Hochzeitsmarsch“ zogen die Burschen den Korb mit Gretchen in die Höhe. Die Situation, mit der in Wirklichkeit keiner gerechnet hatte, war an lächerlicher Dramatik nicht zu überbieten, geriet nun aber gänzlich außer Kontrolle.

Die äußerst komische Situation führte nämlich dazu, dass die jungen Männer einen Lachkrampf bekamen, während sie den Korb langsam zur Empore hochzogen. Dadurch konnten sie die Stricke mit dem Korb nicht mehr festhalten, der Korb mit Gretchen sauste aus halber Höhe in die Tiefe und knallte mit lautem Schrei der Insassin auf den Kirchenboden auf, wobei sich die alte Jungfer ein Bein brach.

Angesichts dieser unbeabsichtigten Katastrophe suchten die Burschen das Weite, und nur einem kleinen Mädchen, das während des Hochamtes seine Mütze vergessen hatte und deshalb noch einmal zurück in die Kirche kam, war es zu verdanken, dass man Gretchen aus dem Korb befreite, was sie mit ihrem gebrochenen Bein allein nicht mehr konnte.

Selbstverständlich hatte die ganze Angelegenheit ein gerichtliches Nachspiel. Die Meinung der Dorfbewohner war in dieser Sache gespalten. Während die einen eine gewisse Häme und Schadenfreude nicht unterdrücken konnten, war die Mehrheit doch sehr erbost über diesen üblen Bubenstreich.

In der nachfolgenden Gerichtsverhandlung in der nahen Kreisstadt waren natürlich das halbe Dorf, die Presse und viele Neugierige zugegen. Mehrmals mussten die Zuhörer bei der Anklageverlesung zur Ordnung gerufen werden.

Bei der Schilderung der Begebenheit durch die jungen Täter gab es ein bemerkenswertes Vorkommnis, das die anwesenden Zuhörer nicht so recht verstehen konnten.

Der Richter, der sich die Schilderung nur mit gesenktem Kopf anhörte, stürzte auf einmal förmlich hinaus und täuschte einen Hustenanfall vor, währenddessen er aufstand. Er verkündete eine kurze Pause und ging, den im Gericht Anwesenden den Rücken zugewandt, für kurze Zeit ins Nebenzimmer.

Die drei jungen Männer – angeklagt wegen gemeinschaftlich begangener Körperverletzung, groben Unfugs und Störung der öffentlichen Ordnung – ahnten, warum der Richter eine Pause eingelegt hatte, und hofften auf ein verständnisvolles und mildes Urteil. Sie täuschten sich aber.

Nachdem der Richter sich wieder in der Gewalt hatte, verkündete er ein hartes Urteil. Dabei fiel auch nicht besonders ins Gewicht, dass die drei Burschen sich zwischenzeitlich bei Gretchen mit einem großen Blumenstrauß entschuldigt hatten. Neben einer saftigen Geldstrafe wurden sie dazu verpflichtet, tätige Sozialhilfe zu leisten, und das in ihrer Freizeit, insbesondere sonntags nach dem Hochamt.

Nachdem schon viele Jahre vergangen sind, erinnert nur noch ein Name an die damaligen Geschehnisse. Es ist der Name des Wirtshauses neben der Kirche, der sich zwischenzeitlich geändert hat. Diese Gaststätte heißt seitdem: „Gasthof zum Himmelfahrtskorb“.

Der Vorfall wurde nun weit über die Region hinaus bekannt. Viele Besucher wollten das Kirchlein sehen und kehrten natürlich auch im „Gasthof zum Himmelfahrtskorb“ ein.

Gern berichten die heutigen Inhaber den nachfragenden Gästen über die Herkunft des Namens und machen damit ein gutes Geschäft, weil viele Neugierige sich über den Hintergrund der seltsamen Benennung informieren wollen.

Damit wäre der Nachweis erbracht, dass die Nachwirkungen eines Schelmenstreiches manchmal auch etwas Gutes bewirken können.

Die Totenwache

Es war ein kleines Fachwerkhaus, worin Lina, eine alte Frau, lebte. Sie war schon weit über 80 Jahre alt und hatte einen vor Leid und Arbeit gekrümmten Rücken. Sie hatte fünf Kinder geboren, wovon noch zwei lebten; eines der Kinder war nach der Geburt gestorben und zwei Söhne waren im Krieg umgekommen. Ihr Mann war mit 42 Jahren bei seinem Beruf als Dachdecker verunglückt. Trotz der spärlichen Unfallrente hatte sie ihre Kinder alle ordentlich erzogen.

Vielen im Dorf gab sie Anweisungen über Kräuter und Heilpflanzen; wo man diese findet und wie man sie für welche Krankheiten anwendet. Deshalb kannte man sie im Dorf nur als die „Kräuter-Lina". Sie wurde im Dorf geachtet, ja beinahe ehrfürchtig begegnete man ihr. Zuletzt war sie kränklich und hatte große Schwierigkeiten mit dem Laufen, weshalb man sie in letzter Zeit auch kaum draußen antraf. Eine Nachbarin hielt ihr Haus sauber, ging für sie einkaufen, wusch und kochte für sie und sah auch sonst bei ihr nach dem Rechten.

Plötzlich und unerwartet starb Lina; die Nachbarin fand sie morgens tot in ihrem Bett. Wie vormals in den kleinen Dörfern im Westerwald üblich, wurde die Leiche mit einem langen weißen Totenhemd bekleidet und in der Sterbekammer des Wohnhauses drei Tage lang aufgebahrt. Während der Zeit der Aufbahrung war es so, dass die Leute aus der Nachbarschaft in der Sterbekammer den Rosenkranz beteten und drei Nächte lang die Totenwache hielten. Die Nachbarn oder junge Burschen aus dem Ort wechselten sich dabei ab.

So saßen auch diesmal, im Sterbefall Lina, drei von ihnen am zweiten Abend nach der Nacht, in der sie verstorben war, wieder in der Nebenkammer. Weil sie nicht ständig beten wollten und auch sonst mit der Zeit nichts Rechtes anzufangen wussten, spielten sie Skat beim Kerzenschein und tranken das mitgebrachte Bier, feixten und lachten dabei. Es war November und schon sehr kalt; weil sie nicht frieren wollten, beheizten sie Linas alten Ofen mit dem Holz, das daneben gestapelt war. Das war in der Tat eine etwas seltsame und anrüchige Situation: die aufgebahrte Lina in der Sterbekammer und im Nebenraum die Skat spielenden und feixenden Burschen – das passte moralisch einfach nicht zusammen.

Einigen Bewohnern aus der Nachbarschaft war das schändliche Treiben der jungen Kerle nicht verborgen geblieben; sie sannen darüber nach, wie sie den Burschen einen Denkzettel verpassen könnten. Zu diesem Zweck hatten sie am äußeren Fenster der ebenerdig liegenden Sterbekammer unbemerkt von innen den Griff am Fenster gelockert.

Wie nun die Burschen nachts wieder am Skatkloppen waren, schlich sich ein beherzter Nachbar mit seiner Frau von außen durch das Fenster in die Sterbekammer. Der Mann nahm vorsichtig die tote Lina aus dem Sterbebett und stellte sie aufrecht vor sich hin. Durch das wallend lange Totenhemd war er hinter der toten Lina nicht zu erkennen. Während nun die Frau die Tür zur Nebenkammer mit lautem und vernehmlichem Quietschen öffnete, hielt der Mann die tote Lina vor sich hin in den Türrahmen.

Die Burschen wurden bleich, der Schreck war ihnen so sehr in die Glieder gefahren, dass sie aufsprangen und ihre Biergläser dabei umwarfen; die Spielkarten fielen auf den Boden und die

Stühle polterten durcheinander. Dabei rief die Nachbarsfrau mit verstellter und hoher Fistelstimme: „Was macht ihr denn hier? Ihr verbrennt mir ja mein ganz' Hölzchen!" Sie hatte das noch nicht ganz ausgesprochen, da sprangen die Burschen entsetzt über die umgefallenen Stühle zur Tür nach draußen. Die reine Panik hatte sie ergriffen und sie konnten nicht schnell genug über den Hof auf die Straße kommen, um nach Hause zu eilen.

Am anderen Morgen fand man Lina wieder friedlich in ihrem Totenbett. Das Fenster nach außen war verschlossen; nur die umgekippten Biergläser, die Spielkarten und die Stühle lagen noch so da wie in der Nacht zuvor.

Die Burschen wollten nun absolut keine Totenwache mehr halten; einen Grund dafür mochten sie aber auch nicht nennen. Fortan machten sie einen großen Bogen um das Haus der Lina.

Irgendwie sprach es sich dann doch in der Gemeinde herum, was in der Nacht den jungen Burschen widerfahren war; nur die beiden Nachbarsleute – der Mann und dessen Frau – hielten sich bedeckt.

Bei der Beerdigung und der anschließenden Totenmesse sprach der Pfarrer noch von unerklärlichen Vorkommnissen bei der Totenwache, er könne sich darauf aber auch keinen Reim machen.

Die Angeltour

Es war eines jener Wochenenden, die sich durch zwei sogenannte Brückentage auf insgesamt vier Tage, zum 1. Mai hin, verlängern ließen. Der Wetterbericht hatte für diese Zeit zwar Wind, aber insgesamt freundliches Wetter vorhergesagt.

Das bot vielen Berlinern die Möglichkeit, dem trüben Wetter der letzten Wochen zu entfliehen, um in der landschaftlich reizvollen Mecklenburgischen Seenplatte die freien Tage zu genießen.

So auch Johann, der sonst in der Berliner Innenstadt wohnte. Als leidenschaftlicher Angler wollte er auf oder an einem der vielen Seen sein Glück versuchen. Frühzeitig hatte er sich mit Freundin Hanna um ein Hotelzimmer in der Kurstadt Plau am See bemüht. Das Hotel verfügte über einen eigenen Bootssteg und man vermietete dort auch Angelboote.

Bei ihrer Ankunft am Freitagabend wurden sie vom freundlichen Hotelpersonal empfangen und eingecheckt. Nach dem Abendessen erkundigte sich Johann beim Chef des Hauses, der selbst auch Angler war, ob es möglich sei, ihm einen guten Platz zum Angeln auf der Seekarte zu zeigen. Dabei erfuhr er, dass der See an seinen verschiedenen Stellen unterschiedlich tief sei und dass er, Johann, um beim Angeln Erfolg zu haben, mit einem Boot hinausfahren müsse. Ein Angelboot hätte der Chef noch frei. Alle anderen Boote seien bereits vermietet. Der Wirt wies Johann darauf hin, dass der See bei starkem Nordwind nicht ungefährlich sei, weil er dann durch die Nord-Süd-Ausdehnung hohe Wellen aufbauen könne.

Das Boot, das man Johann angeboten hatte, war doppelwandig und für das Angeln gebaut; es war ausgestattet mit Fischkasten, Außenbordmotor, Anker mit Leine und Kettenvorlauf, Paddel und Schöpfkelle.

Am nächsten Morgen wollte Johann früh losfahren; er bat darum, man möge ihm das Frühstück in einer Kühltasche mit an Bord geben, was vom Service zugesagt wurde. Vom Bootsmann ließ er sich noch den Motor erklären, der Benzintank wurde aufgefüllt und das Boot für die frühmorgendliche Bootsfahrt am Hotelsteg festgebunden. Mit Hanna, seiner Freundin, wurde vereinbart, dass er gegen Mittag bis maximal 14.00 Uhr wieder zurück sein wollte. Sie würde sich währenddessen im Wellnessbereich des Hotels verwöhnen lassen.

In der Nacht hatte der Wind aufgefrischt, war zu einer steifen Nordwestbrise geworden. Johann, in Vorfreude auf das Angeln, ließ sich von dem bisschen Wind, wie er meinte, nicht abhalten, zumal am Steg noch keine Wellen zu sehen waren. Er ließ den Motor an und fuhr mit dem Boot auf den See hinaus, an die vom Wirt bezeichnete Stelle. Er war eine halbe Stunde gefahren, ehe er den Platz erreicht hatte. Johann warf den Anker aus und machte seine beiden Angelruten fertig. Anschließend frühstückte er, mit heißem Kaffee aus der Thermoskanne und lecker belegten Brötchen. Inzwischen hatte der Wind weiter zugenommen, erste Schaumkronen waren auf dem See zu erkennen.

Vier weitere Stunden vergingen. Johann, der in dieser Zeit drei mittelgroße Barsche und einige Rotaugen gefangen hatte, war vom Angelfieber so besessen, dass er die Gefahr verkannte, die ihm inzwischen drohte. Mittlerweile hatte der Wind eine Stärke von 6 bis 7 erreicht und der See bis zu einem Meter hohe Wellen hervorgebracht, die, weil der Anker das Boot festhielt, als Brecher dort hineinschlugen. Der Wasserstand im Boot stieg rasch auf etwa 20 Zentimeter.

Johann war nun klar geworden, dass er schnellstens handeln müsse. Er packte die Angeln ein und versuchte, nachdem er den Motor gestartet hatte, den Anker einzuholen, was ihm aber nicht gelang. Durch den Winddruck auf das Boot war der Anker sehr tief in den Grund gezogen worden. Deshalb löste Johann die Ankerleine an Bord, wodurch natürlich der Anker mit Leine verloren ging. Das Boot stand nun durch das Lösen der Ankerleine quer zu den Wellen, wodurch diese ungehindert weiter ins Boot schwappen konnten. Das Boot, voll mit Wasser und entsprechenden Tiefgang aufweisend, war mittlerweile so schwer geworden, dass der Motor es nicht mehr schaffte, es aus der Gefahrenzone herauszubringen.

Voller Panik kippte Johann die Kühltasche aus, um damit Wasser zu schöpfen, aber er merkte schnell, dass seine Mühe vergebens war. Das Boot schlug schneller voll, als er schöpfen konnte. Es waren auch keine anderen Boote auf dem See, die er zu Hilfe hätte rufen können, denn die meisten einheimischen Angler und Chartergäste waren an diesem Morgen gar nicht erst ausgelaufen, weil sie die Tücken des Sees kannten. Dieser holte sich jedes Jahr sein Opfer, wie der Volksmund sagt. An Schwimmen war auch nicht zu denken, weil es bis zum Ufer viel zu weit war. Zu allem Unglück hatte Johann an diesem Morgen auch sein Handy nicht mitgenommen.

Mittlerweile war es 14.00 Uhr geworden und im Hotel beziehungsweise beim Bootsverleih machte man sich langsam Sorgen, warum das Angelboot bei diesem starken Wind noch nicht zurückgekehrt war. Die anderen zurückgekehrten Chartergäste bestätigten, dass es bei diesem Wellengang unmöglich gewesen sei, die kleinen Boote auf Kurs zu halten.

Etwa zur gleichen Zeit war ein Kajütboot – circa drei bis vier Kilometer entfernt vom Petersdorfer See, der mit einem Kanal mit dem Plauer See verbunden ist – auf der Heimfahrt zum Plauer Hafen.

Der Kapitän Theo, mit seiner Frau Gertrud und der 14-jährigen Tochter Christin, wollte trotz des stürmischen Wetters und der kochenden See nach Plau, weil Theo am gleichen Tag dort noch einen dringenden Termin hatte. Mit seinem Kajütboot musste er nicht gegen die Wellen ankreuzen, deshalb schien ihm die Gefahr nicht besonders hoch. Der Küstenkreuzer mit einer Länge von sechs Metern, hochbordig, mit einem starken Motor, konnte schon einigen Wellengang vertragen. Durch das Reiten auf den Wellen und die Schaukelei war es drinnen in der Kabine ungemütlich, deshalb hatten sich Gertrud und Christin oben im Cockpit in Decken gehüllt.

Das Angelboot von Johann war inzwischen bis an die obere Bordkannte mit Wasser vollgelaufen, der Motor war ausgegangen, weil er bereits unter Wasser stand. Irgendwie durch eine Ungeschicklichkeit beim Wasserschöpfen, ausgelöst durch Angst und Panik, war Johann außenbords gefallen und hatte sich gerade noch am Süllrand des Bootes festhalten können. Ein Glück, dass das Boot doppelwandig war und dadurch so viel Auftrieb behielt, dass es nicht völlig untergehen konnte. Der Süllrand war mit der Wasseroberfläche gleich und deshalb kaum zu sehen. Er bedauerte nun sehr, dass er das Angebot des Wirtes ausgeschlagen hatte, für 3,00 Euro Rettungsmittel mit an Bord zu nehmen.

Johann hing neben dem Boot im Wasser, das in dieser Zeit gerade mal zwölf Grad Celsius hatte. Zuerst spürte er seine Füße, dann seine Beine nicht mehr. Er ahnte, dass es vielleicht noch zehn Minuten dauern würde, bis er gänzlich unterkühlt wäre und ertrinken müsste.

In diesen Minuten dachte er an seine Eltern und an Hanna. Er erinnerte sich an seine Kindheit und an den Religionsunterricht; seitdem hatte er nicht mehr gebetet. Bislang hatte er auch keinen Hehl daraus gemacht, Religion als völlig überholt zu betrachten; sie spielte in seinem Leben keine Rolle mehr. War er also nie wirklich gläubig gewesen, so konnte er sich doch noch genau an eine Bibelstelle erinnern: *„Kommt her zu mir, alle, die ihr mühselig und beladen seid, ich will euch erquicken“ (Matthäus 11,28).* Aber Bibeltexte entfalten erst dann ihre Kraft, wenn sie das Vertrauen derer geweckt haben, die sich auf sie berufen.

Johann versuchte das Vaterunser zu beten, aber in seiner Todesangst wurde es nur ein Gestammel. Doch noch während er betete, überkam ihn eine innere Ruhe. Er wusste nicht warum, aber er hatte plötzlich keine Angst mehr.

Theo war mit seiner Crew schon ein gutes Stück weit draußen auf dem Plauer See, als Christin zu ihrem Vater sagte, es sei ihr, als wenn da jemand schwimme. „Bei diesem Wetter schwimmt bestimmt keiner mehr hier draußen“, meinte der Vater. „Doch, doch, Papa, da war gerade auf dem Wellenkamm ein Kopf zu sehen.“ „Das werden wohl Wasservögel sein“, erwiderte Theo lachend. Trotzdem gab er dem Drängen seiner Tochter nach, wendete das Boot und fuhr in die von Christin angegebene Richtung.

Sie trafen auf Johann, der schon keine Kraft mehr hatte zu rufen, geschweige denn zu winken. Mit vereinten Kräften zogen sie ihn aus dem Wasser in das Kajütboot, zogen ihm seine Sachen aus und wickelten ihn, den fast Bewusstlosen, sorgsam in Decken ein. Theo wies seine Frau an, weitere warme Kissen, worauf sie bisher gesessen hatten, auf Johanns Brust zu packen, wie er es für solche Extremfälle gelernt hatte. Gertrud rief mit dem Handy Hilfe aus der nahen Klinik herbei und delegierte das Hilfsteam an den Steg des Hotels, den sie in 15 Minuten erreichten.

Es waren schon einige Wochen vergangen, als ein junger Mann mit einem Strauß Blumen vor der Haustür von Theo und Gertrud stand. Er sei Johann, den sie vor Wochen aus dem Plauer See gerettet hätten, stellte er sich vor, und er sei jetzt hier, um sich dafür zu bedanken. Das sei Rettung in letzter Minute gewesen, hatten die Ärzte gesagt. Entscheidend dabei seien die warmen Kissen auf der Brust gewesen.

„Dann bedanken Sie sich lieber mal bei unserer Tochter“, meinte Theo, nachdem sie ihn ins Haus gebeten hatten, „denn eigentlich ist es ihr zu verdanken respektive ihrer Hartnäckigkeit.“

Daran hätte er auch gedacht, sagte Johann, und ihr dafür als kleines Dankeschön mitgebracht: ein nagelneues, exklusives Fahrrad. Außerdem würde er alle nach Berlin einladen, um seinen zweiten Lebensabschnitt zu feiern, denn kurz vor der Rettung wäre etwas in ihm vorgegangen, was er sich nicht erklären könne, wodurch sein Leben aber nun total verändert sei.

Die Fasanenfütterung

„Kann man Fasane eigentlich fangen?“, fragte Enkel Tim seinen Großvater. „Kommt darauf an“, murmelte der, als er mit Tim am Oberbach vorbei spazieren ging. „Weißt du, Opa, wir haben jetzt schon so viele Fasane gesehen, es waren mindestens zehn Stück.“ „Nun übertreib mal nicht, Tim. Die, welche wir gesehen haben, das waren bestimmt weniger. Aber du hast recht, es gibt in diesem Jahr sehr viele Fasanen, denn wegen der Tollwut haben die Jäger so viele Füchse abgeschossen, dass es hier so bald keine mehr gibt.“ „Was haben denn die Füchse mit den Fasanen zu tun, Opa?“ „Nun, die Füchse sind Niederwildräuber und halten normalerweise die Fasane kurz, aber wenn keine Füchse da sind, können sich die Fasane rasant vermehren.“

Tim, ein fröhlicher Junge von neun Jahren, kam gerne zu seinem Großvater. Dieser konnte immer so schöne Geschichten erzählen. Auch Opa Alfred freute sich, wenn sein Enkel ihn besuchte, er hatte ihn lieb gewonnen, brachte Tim doch durch seine unbekümmerte Art und sein helles Lachen Sonne in seinen tristen Alltag.

„Weißt du was, Tim? Am Freitag gehen wir beide die Fasane füttern, was hältst du davon?“ „Oh ja, Opa, da geh ich mit!“, freute sich Tim. „Womit füttern wir sie denn, Opa?“ „Das wirst du schon sehen, aber vorher müssen wir noch etwas Mathe für die Schule lernen.“ „Muss das sein?“ „Ja, das muss sein“, sagte Opa, der auf Geheiß seiner Tochter dem Tim immer bei den Hausaufgaben half, weil sie als Apothekenhelferin voll beschäftigt war und daher wenig Zeit hatte. Der Vater, Außendienstmitarbeiter einer großen Firma, war auch selten zu Hause. So waren beide froh, dass Opa sich um die Hausaufgaben von Tim kümmerte.

Am darauffolgenden Freitag ging der Junge sofort nach der Schule zu seinem Großvater. Der hatte zu Mittag eine leckere Gemüsesuppe gekocht, anschließend gab es Grießbrei mit Früchten, Zimt und Zucker.

Opa hatte sich auf die Fütterung der Fasane schon vorbereitet und 250 Gramm Rosinen eingepackt; diese nahm er mit zum Oberbach. Der war ein sogenannter Wiesenbach, der im Frühjahr sehr viel, aber im Sommer nur wenig Wasser führte.

Das Ufer links und rechts des Baches war bei einer Breite von etwa 30 Metern dicht mit Büschen und Bäumen bewachsen. Dabei handelte es sich vorwiegend um Erlen, doch auch Pappeln, Weißbuchen, Brombeeren und Heckenrosensträucher säumten das Ufer – für den Jagdpächter ein Niederwildrevier, mit Wildkaninchen, Wildenten – ein Biotop mit reichhaltiger Vogelpopulation und eben auch mit Fasanen als Bodenbrütern.

Opa und Tim suchten, durch Brennnesseln und dichtes Gebüsch hindurchstapfend, den Platz, an dem sie vor Tagen die Fasane gesehen hatten.

„Hier ist es, Tim, hier haben sie gescharrt, das ist der beste Platz zum Füttern“, meinte Opa. Er nahm die Rosinen und streute sie im Umkreis von drei bis vier Metern an dieser Stelle aus. „Und jetzt gehst du morgen hier schauen, ob die Fasane die Rosinen gefunden und gefressen haben.“ „Ja, und was dann, Opa?“ „Danach füttern wir sie an dieser Stelle eine Woche lang“, sagte der Großvater.

Beide gingen noch dreimal füttern. Vor dem vierten Mal hatte Tims Opa sich bei seiner Tochter ein starkes Schlafmittel besorgt. Die Schlaftabletten löste er in Zuckerwasser auf, nahm eine Spritze mit einer ganz dünnen Kanüle und zog damit die dünne, weißliche Brühe auf. Danach „impfte" er 500 Gramm Rosinen und verwahrte sie im Kühlschrank.

„Kannst du schweigen, Tim, ganz bestimmt und großes Ehrenwort?" „Ja, das kann ich, keinem werde ich ein Sterbenswörtchen sagen, auch der Mama nicht", erwiderte Tim voller Vorfreude dem Opa. „Gut so, dann gehen wir am Sonntagnachmittag noch mal füttern und am Abend die Fasane fangen."

Wie nun der Sonntagnachmittag kam, ging das verschworene Duo – Opa und Enkel –, bewaffnet mit einem großen Jutesack, auf die Pirsch. Sie streuten die Rosinen am Fressplatz aus und zogen sich danach zurück. Die Fasane, jetzt an die leckeren Rosinen gewöhnt, stärkten sich nochmals für die kommende Nacht und fraßen sich die Kröpfe mit den gedopten Rosinen voll.

Inzwischen fing es langsam an zu dämmern. „Sag mal, Opa, wie wollen wir denn im Dunkeln die Fasane finden?" „Pass auf, Tim, die Fasane schlafen nachts auf niedrigen Bäumen, damit der Fuchs sie nicht holen kann", meinte Opa. Dem Tim, der von den gedopten Rosinen nichts wusste, war immer noch nicht klar, wie der Opa das Fangen anstellen wollte.

Sie hatten nach dem Füttern gewartet, bis es dunkel war, als es plötzlich in den Büschen raschelte. Kurz danach hörten sie etwas fallen – *bum!* –, so als würde etwas von einem Baum auf die Erde stürzen. *Bum,* noch mal, *bum, bum* – sechsmal hörten sie das gleiche Geräusch. „So, jetzt aber los", sagte Opa. „Halt den Sack auf!"

Während Tim dies tat, leuchtete Opa mit der Taschenlampe den Boden ab, wo die Fallgeräusche herkamen. Sie fanden die torkelnden und betäubten Fasane, es waren sechs Stück. Sie steckten sie alle in den Sack.

Tim war hellauf begeistert. Für ihn war Opa der Größte und er schwor sich insgeheim, immer mit ihm vor dem Spielen die Schularbeiten zu machen, und wenn es ihm noch so schwerfiel.

Die Fasane – es waren zwei Hähne und vier Hennen – hatten sich nach einiger Zeit wieder erholt und waren putzmunter. Opa Alfred baute an seinem Haus eine Voliere, worin er die Fasane aussetzte. Tim bekam die Aufgabe, die Fasane jeden Tag nach der Schule zu füttern, natürlich nach den Hausaufgaben.

Ein Glückspilz

Manfred hatte wirklich Glück. Er und seine Frau Margret lebten mit ihren beiden Kindern in geordneten, gutbürgerlichen Verhältnissen.

Er war Bauingenieur und hatte ein eigenes Büro. Als freiberuflicher Statiker arbeitete Manfred mit anderen Architektenbüros zusammen, von denen er die Aufträge erhielt. Über die Höhe der Honorare und die Pünktlichkeit der Zahlungen konnte er sich nicht beklagen.

Manfred und Margret waren sehr sparsam. Sie rauchten nicht, denn sie sahen nicht ein, dass man für Krankheiten, die möglicherweise durch das Rauchen entstehen, auch noch bezahlen sollte. Größere oder kleinere Reisen unternahmen sie ebenfalls nicht. Sie hielten alle Ausgaben gering und konnten sich somit in wenigen Jahren ein schönes Haus bauen. Dieses war zwar etwas futuristisch, aber immerhin mit einem großen gepflegten Garten und am Stadtrand gelegen. Auch war man hier von freundlichen Nachbarn umgeben.

Es war wohl seine Frau Margret, die von ihnen beiden den „grünen Daumen" hatte; neben ihrem Hauptberuf als Zahnarzthelferin verfügte sie noch über so viel Zeit, dass sie sich um den Garten kümmern konnte, den sie auch jedem Besucher gerne nicht ohne Stolz zeigte.

Das ältere der beiden Kinder, der elfjährige Sohn, besuchte eine Privatschule, das jüngere Kind, ein Mädchen, war gerade sechs Monate alt geworden und bekam die ersten Zähne. Das war wohl auch der Grund, warum es in den letzten Tagen so quengelig war.

Manfred hatte für sich, in seinem Haus, ein Büro eingerichtet und darin einen Laufstall für die Kleine aufgestellt, damit seine Frau sich in ihrem Beruf fortbilden konnte; diese Lösung schien ihm die beste für Mutter und Kind.

Kürzlich hatte Manfred von einem Architektenbüro den Auftrag erhalten, den Abriss einer Industriebrache zu überwachen beziehungsweise zu berechnen. Die Besonderheit war, dass keine großen Kräne in die Halle einfahren konnten, das hieß, dass alles von Hand zu erledigen war. Durch das ständige, nächtliche Weinen seiner kleinen Tochter, die er deshalb mehrmals auf den Arm nehmen musste, war er sehr geschlaucht und hatte ein erhebliches Schlafdefizit. Möglicherweise war er dadurch nicht sehr aufmerksam bei seiner Arbeit gewesen, wie sich später herausstellen sollte.

An einem Freitagvormittag waren zwölf Bauarbeiter damit beschäftigt, die letzten Stahlstützen innen in der alten Fabrikhalle abzumontieren, als mit donnerndem Getöse die Decke in einer dichten Staubwolke herunterkam. Vier der Bauarbeiter, die sich in der Halle ziemlich weit außerhalb der Mitte mit dem Abbau der Stützen beschäftigten, waren nicht betroffen. Sie erstarrten vor Entsetzen und waren zunächst stumm vor Schreck.

Nachdem sich der Staub gelegt hatte, war die Katastrophe erkennbar: Die alte Betondecke war in der Mitte eingebrochen und hatte acht Bauarbeiter unter sich begraben. Viele Stunden dauerte es, um die Betonbrocken von Hand wegzuräumen, bis man die acht verschütteten Bauarbeiter fand. Drei von ihnen waren schwer verletzt, fünf aber waren tot, erschlagen von Beton- und Eisenteilen.

Nach monatelanger Untersuchung konnte der Grund für das Unglück festgestellt werden. Die Statikberechnungen waren fehlerhaft und die darauf beruhenden Arbeitsanweisungen hatten dazu geführt, dass Stahlstützen in der Mitte der Halle zu früh und an den falschen Stellen abgebaut worden waren.

Das Urteil am Schluss der Gerichtsverhandlung war für Manfred, der die Statik ja eigenverantwortlich erstellt hatte, sehr hart und eine Lebenskatastrophe, auch wenn letztlich die Falschberechnung auf einem Zahlendreher beruhte. Er wurde zu sechs Jahren Gefängnis verurteilt. Damit war das Schicksal für ihn und seine Familie besiegelt. Seine Frau Margret musste ihren Job wegen der Kleinen aufgeben. Das Haus wurde verkauft, weil es ohne Verdienst nicht länger zu halten war, und nicht zuletzt auch, um die horrenden Anwalts- und Gerichtskosten bezahlen zu können.

Anfangs besuchte Frau Margret ihren Mann jede Woche im Gefängnis, aber die Besuche wurden mit den Jahren immer seltener, bis Manfred schließlich auch noch eine Scheidungsklage in seine Zelle flatterte. Damit brach für ihn die Welt zusammen. Er musste psychologisch betreut werden, weil Suizidgefahr bestand. Wegen guter Führung wurde er nach fünf Jahren entlassen, aber den Schock der Trennung von Frau und Kindern konnte er nicht so schnell überwinden.

Manfred saß nun – auf den Punkt gebracht – auf der Straße. Eine Chance auf eine Anstellung in seinem Beruf als Statiker oder Bauingenieur hatte er vor dem Hintergrund der vergangenen Vorkommnisse nicht mehr, außerdem gab es augenblicklich eine Flaute im Baugeschäft. Das Arbeitsamt konnte ihm auch keine Stelle vermitteln und er selbst machte sich ebenfalls keine Illusionen mehr, dass er mit seinen nunmehr 47 Jahren noch eine

Anstellung bekommen würde. Mit zu seinem endgültigen sozialen Abstieg beigetragen hatte auch, dass ihm die Gefängnisverwaltung eine kleine Wohnung in der „Platte", einem verrufenen Viertel der Stadt, vermittelt hatte.

Um nicht gänzlich in seiner Wohnung zu vereinsamen, zog es ihn immer öfter auf die Straße. Dort hatte sich Manfred mit den Mitgliedern einer Penner-Clique angefreundet und zog nun mit denen umher. Oftmals ging er aber auch allein spazieren, so wie an jedem Mittwochvormittag. So war er auch heute wieder im Stadtwald unterwegs, in einer Gegend, in der sich Spaziergänger nur ganz selten verirrten.

Müde von seinem strammen Spaziergang hatte er sich etwas abseits des Weges im Wald in eine Kuhle gelegt, um sich ein wenig auszuruhen, dabei gingen ihm merkwürdige Gedanken durch den Kopf. Beim Liegen schaute er in die Krone einer mächtigen Kiefer und sah, wie der Stamm im Sonnenlicht wunderschön glänzte.

Vom Wind bewegt, schwankte der Baumwipfel hin und her, mal war das Blau des Himmels, mal waren die Wolken zu sehen. Manfred gelangte auf einmal zu einer inneren Klarheit wie niemals zuvor in seinem Leben. Er erkannte, was bisher schiefgelaufen war und dass er – von seiner Schulzeit an immer auf Leistung getrimmt – nie in der Lage gewesen war, die Schönheiten der Natur wahrzunehmen. Ein buntes Blümchen am Wegesrand hatte bei ihm kaum je Beachtung gefunden.

Dass die Evolution diesen Baum über viele Millionen Jahre lang optimiert hatte, kam ihm plötzlich in den Sinn. Er dachte darüber nach, was eigentlich Evolution sei. Der ständige Wechsel von

Versuch und Irrtum bis letztlich zur konstanten Mutation oder zu einem tiefen Geheimnis aus einer anderen, göttlichen Dimension, die zu denken den Menschen nicht möglich ist. Er sinnierte über Gott und sein Schicksal und fing an, bitterlich zu weinen.

Während ihm diese Gedanken durch den Kopf gingen, hörte er, wie sich aus der Ferne mit Vollgas ein Auto näherte. Ganz plötzlich stoppte es neben einer Bank, in der Nähe eines großen Eichenbaumes. Ein junger Mann sprang aus dem Auto, schaute sich kurz um und war danach augenscheinlich damit beschäftigt, eine große Plastiktüte in der Erde zu verscharren. Danach lief er wieder zum Pkw, sprang hinein und raste mit Vollgas davon. Gleich danach kam ein Polizeiauto mit Tatütata und Blaulicht und fuhr dem ersten Auto hinterher.

Aus seiner Kuhle heraus hatte Manfred alles beobachten können, ohne selbst gesehen zu werden. Er wartete, bis es still wurde, wischte sich die Tränen ab und erhob sich, um voller Neugier zu der Stelle zu gehen, wo die Plastiktüte verscharrt war. Sie war nur notdürftig mit Moos und Laub abgedeckt. In der Eile war wohl nicht genügend Zeit gewesen, sie tiefer zu vergraben. Manfred konnte die Tüte mühelos herausziehen; er ahnte schon, was darin sein könnte, war aber trotzdem sehr überrascht, als er das viele Geld sah.

Aufgeregt und voller Herzklopfen zählte er es gar nicht erst nach, sondern betrachtete den Fund als Geschenk des Himmels und schlenderte mit der Plastiktüte auf Umwegen zu seiner Wohnung. *Ein Penner mit Plastiktüte,* dachte er, *fällt nicht auf*. Und genauso war es auch.

In der Wohnung schloss er sich ein, kippte die Tasche auf dem Küchentisch um und zählte die gebündelten Scheine. Es waren 260.000,00 DM.

Manfred, immer noch aufgeregt, dachte, dass es am besten sei, das Geld vorläufig in seiner Wohnung zu verstecken. Er widerstand der Versuchung, es sofort auszugeben, denn während seiner Selbstständigkeit hatte er gelernt, mit Geld umzugehen. Nicht zuletzt musste er sehr vorsichtig sein mit dem Geldausgeben, um keinen Verdacht auf sich zu lenken; also bewahrte er das Geld weiter in seiner Wohnung auf und rührte es vorerst kaum an.

Die Polizei hatte indessen die beiden jungen Bankräuber gefasst, konnte aber kein Geld bei ihnen finden. Erst nach vielen Monaten Verhör waren sie weichgekocht und legten ein Geständnis ab. Sie wüssten nicht, wie viel Geld es gewesen sei, denn sie hätten keine Zeit zum Zählen gehabt und auch nicht ahnen können, dass die Polizei zufällig in der Nähe der Bank war und sie deshalb so schnell fassen konnte. In der Presse war zu lesen, dass laut Bankdirektion die beiden 360.000,00 DM geraubt hätten. Manfred, der natürlich auch die Zeitung las, dachte bei sich, dass die Penner vielleicht doch die ehrlicheren Gauner sind.

Als Erstes kaufte er sich Unterwäsche und anständige Klamotten, die er in eine Stofftasche packte. Mit der Straßenbahn fuhr er in einen anderen Stadtteil und ging im Bahnhof auf die Toilette, um sich dort umzuziehen. Gut rasiert, geschniegelt und gestriegelt, angezogen wie ein Broker, stolzierte er in eine Bank und ließ sich dort von einem Berater alle aktuellen Anlagemöglichkeiten erklären.

Es war das Jahr 1986, als die Börse sich gerade erholte und weiter langsam zu steigen begann. Er suchte sich im DAX eine von den neuen Technologiefirmen aus und kaufte für 15.000,00 DM deren Aktien, gleich in der Bank. Dann suchte er weitere neun Banken auf, kaufte dort ebenfalls für jeweils 15.000,00 DM die Aktien der gleichen Firma, mietete sich am Bahnhof ein Schließfach und deponierte sämtliche Wertpapiere darin. Das restliche Geld ließ er weiter versteckt in seiner Wohnung. Bei seiner Hausbank fragte er an, ob er nicht einen kleinen Überziehungskredit erhalten könne. Nun, man kannte ihn von früher, und aufgrund seiner kleinen Einlage Arbeitsentgelt vom Gefängnis, in Höhe von etwa 12.000,00 DM, stimmte man zu. Damit war seine Tarnung perfekt.

Manfred ging noch immer in der Stadt spazieren und genoss jetzt die unbeschwerte Zeit. Verständlicherweise war er ganz froh, dass das Arbeitsamt nach wie vor keine Stelle für ihn gefunden hatte.

Beim Verhör hatten die Bankräuber auch die Stelle angeben müssen, wo sie das Geld versteckt hatten. Es wurde dort aber nicht gefunden, deshalb vermutete man, dass entweder ein dritter Mann dabei gewesen war oder aber die Ehefrauen das Geld geholt hätten. Jedenfalls blieb die Beute verschwunden und die Bankräuber wurden zu mehreren Jahren Gefängnis verurteilt.

Manfred hatte inzwischen eine Börsenzeitung abonniert und verfolgte mit Genugtuung ständig die Börsenkurse. Bei der Auswahl der Aktien hatte er ein goldenes Händchen bewiesen, denn seine Papiere stiegen in lichte Höhen. Inzwischen hatte sich sein Kapital nämlich verfünffacht. Dabei stellte er sich die Frage: „Behalten oder verkaufen?“ Er behielt die Nerven und behielt, nur raubte ihm die Ungewissheit allmählich doch den Schlaf.

Es war Anfang Oktober 1987, als Manfred sich dazu entschloss, zu verkaufen, denn inzwischen waren seine Aktien um das Achteinhalbfache gestiegen und er wollte nicht mehr länger abwarten und dadurch alles gefährden. Er ließ sich die stolze Summe von 1.275.000,00 DM jeweils von den einzelnen Banken auszahlen und legte die Beträge zu Tagesgeldzinsen wieder an. Seine Ausdauer und der Absprung zur richtigen Zeit waren für ihn ein reiner Glücksfall, denn am 10.10.1987 platzte die Blase. Der DAX, der bedeutendste deutsche Aktienindex, stürzte im freien Fall ins Bodenlose ab.

Nun galt es für Manfred, beruflich wieder Boden unter die Füße zu bekommen, das finanzielle Fundament dafür hatte er ja jetzt. Seine Ingenieurkenntnisse hatte er in all den Jahren noch nicht verlernt, deshalb kaufte er sich bei einem Architektenbüro ein, das dringend einen Statiker suchte.

Ein Jahr später erwarb er in einer angesehenen Gegend der Stadt ein Haus mit großem Garten, der an einen kleinen See grenzte. Der Vorbesitzer hatte an der Börse spekuliert und durch sein zu langes Warten sein gesamtes Vermögen verloren. Das war der Grund, warum Manfred es billig erwerben konnte.

Seine neue Partnerin, die er kennengelernt hatte, war 15 Jahre jünger als er; nicht dass das Jüngersein den Ausschlag gegeben hätte; nein, sie passten einfach gut zusammen und verstanden sich ausgezeichnet.

Mit seinem ältesten Sohn, inzwischen 18 Jahre alt, der ihn früher manchmal im Gefängnis besucht hatte, kam wieder ein enger

Kontakt zustande, nicht jedoch mit der Tochter. Trotzdem er für sie bezahlte, war Manfred für sie ein fremder Mann, ein Onkel. Mit seiner ersten Frau, die ihn in seiner tiefsten Erniedrigung verlassen hatte, gab es keine Begegnung mehr, was er aber nicht sonderlich bedauerte.

Einen Pferdefuß hatte die ganze Geschichte aber doch, für Manfred und dessen Seelenleben. Jedes Mal, wenn er einen Check für sich selbst machte – und das machte er regelmäßig in stillen Stunden –, trieben ihn ständig Ängste um: Was würde geschehen, wenn die Herkunft seines inzwischen erheblichen Vermögens bekannt würde? Was würden seine Geschäftsleute, seine Bekannten und seine Freunde denken? Ganz abgesehen von der rechtlichen Frage …

Jedes Mal, wenn er morgens beim Rasieren in den Spiegel schaute und sein Konterfei betrachtete, fiel ein Schatten auf seine Seele, er brauchte dafür keine Gewissenserforschung zu betreiben, denn sein Gewissen sagte ihm, dass sein Leben nach dem Geldfund auf einer Lüge beruhte. Das bohrte ständig in seinem Innersten und ließ ihm keine Ruhe. Davon abgesehen bestand die Gefahr, dass die Sache aufgedeckt werden könnte, bei einer Betriebsprüfung durch das Finanzamt oder durch einen dummen Zufall. Die Presse würde sich darauf stürzen und ihn erneut ruinieren.

Irgendwie musste eine Lösung her!

Der Bank war ein Schaden entstanden, ohne Frage. Ob die das Geld von der Versicherung wiederbekommen hatten, war dabei völlig unerheblich. Ungeachtet dessen, was für Ängste die Mitarbeiter der Bank während des Überfalls ausgestanden hatten, wofür er nun wirklich nichts konnte, war er ein Hehler, der bewusst eine Straftat deckte.

Manfred wollte zumindest mit der Bank eine Wiedergutmachung, aber wie? Selbst mit der Bank zu verhandeln, das wollte er nicht riskieren; wer weiß, was die Bank dann anstellen würde. Allerdings hätte er ein Ass im Ärmel, würde er sich doch für eine Verhandlung mit dem Geldinstitut entscheiden, denn zwischen der offiziellen Bankangabe, es wären 360.000,00 DM geraubt worden, und der tatsächlichen Summe, die nur er und die Bank kannte, klaffte eine Lücke von 100.000,00 DM. Diese Differenz, wenn sie denn öffentlich würde, käme dem Entscheidungsträger, der Bank, finanziell und rechtlich teuer zu stehen.

Manfred beauftragte einen bisher ihm unbekannten Anwalt aus einer entfernten Stadt, Verhandlungen mit der Bank aufzunehmen, unter Berücksichtigung folgender Prämissen:

-Verzicht auf eine Namensnennung seitens des Anwalts an die Bank

-Verzicht auf jede rechtliche Verfolgung

-keine Veröffentlichung

-als Gegenleistung die Zahlung von 260.000,00 DM an die Bank, Zug um Zug, gegen Generalquittung

Nach erfolgreichem Abschluss der Verhandlung startete Manfred eine Gartenparty mit seinen Freunden – von denen er an diesem Abend als freudig gestimmt, ja völlig ausgelassen wahrgenommen wurde.

Nach einer vorübergehenden Ernüchterung am nächsten Morgen und einem Blick in den Spiegel verspürte er ein bisher nicht gekanntes Gefühl. Das Glück hatte sich ihm wieder zugewendet. Dass durch seine Schuld fünf Menschen zu Tode gekommen waren, damit musste er weiter leben. Schließlich war er ja auch dafür bestraft worden.

Das Chortreffen

Das Chortreffen stand bevor. Nächsten Sonnabend, 20.00 Uhr, in der Aula der Kreisstadt sollte es stattfinden. Insgesamt hatten sich zwölf Gesangsvereine aus näherer und weiterer Umgebung zum Gesangswettstreit angemeldet. Ein halbes Jahr hatten sie alle fleißig für den Auftritt geprobt. Es sollten jeweils zwei Lieder zum Vortrag kommen. Die Wahl der Lieder war den Chören überlassen.

Ein Chor war dabei, der für sich in Anspruch nahm, der beste zu sein. Dieser Chor war schon in vielen Städten aufgetreten, sogar im Ausland. Es ging ihm ein guter Ruf voraus.

Der Vereinsvorsitzende des gastgebenden Chores – Willem, ein Bauer aus dem nahen eingemeindeten Dorf – war sehr ehrgeizig und wollte sich nicht damit abfinden, nur ein Chor „unter ferner liefen" zu sein, hatten sie doch zwei schöne Lieder im Repertoire, ein modernes und ein altbekanntes Lied. Außerdem hatten sie Sänger mit gewaltigem Stimmvermögen in ihren Reihen: Zweiundvierzig Chorsänger waren es insgesamt und ein guter Chorleiter.

Willem sann darüber nach, was da wohl zu machen sei, und gesegnet mit einer guten Portion Bauernschläue entwarf er einen Plan, den er jedoch zunächst für sich behielt.

Direkt neben der Aula im Stadthaus befand sich eine Gastwirtschaft, und weil der besagte Chor aus einer weit entfernten Stadt kam, war zu erwarten, dass die Sänger einen gehörigen Hunger mitbringen würden und vor ihrem Auftritt sicher noch etwas essen wollten.

Willem, der sich mit dem Gastwirt gut verstand, weil er ihn öfter mit Gemüse belieferte, machte ihn mit seinem Plan bekannt. Zunächst einmal wurde der Gastchor von Willem höchst formell zum Essen in die Gastwirtschaft eingeladen. Es sollte nur ein Gericht geben, nämlich Bohnensuppe. Anschließend würde es zum Nachtisch noch Waldbeerkuchen geben, so viel sie wollten. Man möge doch einige Stunden früher kommen, damit auch genügend Zeit zum Essen bliebe, stand weiterhin in der Einladung.

Am Tage des Wettstreits kam der Verein wirklich etwas früher, denn das Essen und den angepriesenen Kuchen wollten sie sich nicht entgehen lassen, zumal alles gratis war.

Der Wirt hatte für alle Sänger des Gastchores einen riesigen Kessel Bohnensuppe vorbereitet und der Bäcker – ebenfalls ein Bekannter von Willem und auch Chormitglied – war in den Plan eingeweiht und hatte einige Bleche wunderbar duftenden Waldbeerkuchen gebacken.

„Liebe Sänger und Begleitung, wir begrüßen euch ganz herzlich im Namen des Vereins und der vielen erwartungsvollen Gäste und bitten euch alle zu Tisch.

Ich hoffe, ihr habt guten Appetit mitgebracht, denn der Wirt hat speziell für euch eine Bohnensuppe vorbereitet, übrigens eine Spezialität des Hauses. Anschließend gibt es ganz leckeren Waldbeerkuchen.

Eine Bitte hätte ich allerdings an euch: Es wäre schön, wenn ihr alle vor euerm Auftritt mit dem Essen fertig seid, denn später kommt eine große Gesellschaft, sodass das Lokal voll besetzt und kein weiterer Platz mehr frei sein wird. Ich wünsche euch allen einen guten Appetit. Weiterhin darf ich euch sagen, dass wir uns alle auf eure Vorträge freuen."

Diese kurze Begrüßungsrede hielt Willem dem Gastverein, bevor er sich zurückzog.

Nun wurde es Abend, die Aula hatte sich inzwischen gefüllt. Das Publikum war festlich gekleidet und wartete auf den Auftritt der Chöre.

Die ersten vier Chöre wurden mit großem Beifall bedacht. Alle warteten nun gespannt auf den angekündigten Chor, der laut Prospekt etwas Besonderes sein sollte.

Bei den Sängern des Chores machten sich inzwischen die Bohnen bemerkbar, denn der Gärprozess hatte bereits begonnen. Obwohl sie sich alle Mühe gaben, Verdauungsgeräusche zu unterdrücken, wurden diese doch unüberhörbar. Ein Raunen ging durch das Publikum. Besonders die Leute in den ersten Reihen tuschelten: „Können die sich denn nicht benehmen?" Manche der Gäste fingen schon an zu lachen.

Aber das war erst der Anfang, denn als die Sänger zu singen begannen, lachte das Publikum lauthals weiter. Nach und nach war die ganze Aula erheitert.

Völlig irritiert durch das Lachen des Publikums fanden die Vortragenden nicht zu ihrer gewohnten Form. Der Chorleiter brach mehrmals ab, um dann wieder von Neuem zu beginnen. Aber sobald die Sänger ihre Münder aufmachten, lachte das Publikum erneut und konnte sich gar nicht mehr einkriegen.

Nun trat jemand von der Leitung auf die Bühne und bat das Publikum um Ruhe, weil der Gesangsvortrag sonst nicht möglich sei. Aber sobald der Chor wieder zu singen anfing, lachten die Leute erneut; die auf und zu gehenden schwarzen Mäuler waren aber auch einfach zu komisch.

Ganz aus der Fassung gebracht, brach der Chorleiter entnervt den Gesangsvortrag ab. Die Sänger verließen frustriert und unter dem Gelächter des Publikums das Podium.

Natürlich hatten alle Chormitglieder des besagten Vereins die Bohnensuppe gegessen und, nichts Böses ahnend, hatten auch alle tüchtig von dem Waldbeerkuchen gefuttert.

„Jedes Böhnchen ein Tönchen" – das hatten die ausgehungerten Chormitglieder offensichtlich nicht bedacht.

An einen Preis für eine gute Gesangsleistung war natürlich für den vorzeitig abgetretenen Chor nicht mehr zu denken. Die Sänger warteten die Preisverleihung gar nicht erst ab, sondern reisten verfrüht nach Hause.

Willem aber war der Held des Tages! Er hatte mit seiner Bauernschläue mal wieder dafür gesorgt, dass sein Chor als erstplatzierter einen schönen Preis bekam.

Der ungeliebte Soldat

Hans-Jürgen war ein hochintelligenter Junge von 19 Jahren, aber durch die überzogene Strenge seines Vaters total verschüchtert. Verständlich, dass ihm daher, als er eines Tages den Einberufungsbescheid der Bundeswehr erhielt, der Schreck in die Glieder fuhr.

Schon bei der Musterung hatte er alles versucht, um ausgemustert zu werden, was so weit ging, dass er eine psychische Störung vortäuschte. Er kam dann zur Untersuchung in ein spezielles Bundeswehrkrankenhaus und dort in die für solche Fälle eingerichtete Abteilung.

Die Ärzte stellten alles Mögliche mit ihm an, zum Beispiel wurde eine Leine in 80 Zentimeter Höhe aufgespannt, über die er springen sollte. Obwohl er in seinem heimatlichen Leichtathletikklub mühelos 1,40 Meter übersprang, rannte er jetzt die Leine um. Morgens beim Frühstück verzehrte er sein Frühstücksei – zur Verwunderung der Ärzte – meist mit Schale. Aus der Küche entwendete er eine Zwiebel und rieb sich damit bei jeder passenden Gelegenheit das Gesicht ein, was dazu führte, dass er aufgedunsen mit tränenden und geröteten Augen zu den Versuchsübungen erschien. Bei Hebeübungen, bei denen zehn Kilo gestemmt werden sollten, knickte er jedes Mal zusammen. Bei Marschübungen im freien Gelände gab es für ihn besonders komische Anlässe, um seine Vorgesetzten zu reizen. Beim „Hinfallen in den Schlamm" beobachteten die Übungsleiter voller Entsetzen, wie er Wasser aus einer Bodenpfütze trank.

Aber die untersuchenden Ärzte, für die solche Trickesereien nichts Neues waren, bescheinigten ihm eine Topgesundheit. Seine Täuschungsversuche, die dazu führen sollten, dass ihm der Dienst in der Bundeswehr erlassen würde, hatten alle nichts genützt. Hans-Jürgen wurde für fähig befunden, den Bundeswehrdienst zu absolvieren, er wurde eingezogen. Eines hatte er allerdings erreicht mit seinen Zusammenbrüchen: Er bekam einen sogenannten „5-Kilogramm-Schein". Bei der späteren Ausbildung brauchte er nie mehr als fünf Kilo zu heben oder zu tragen.

Aber sie hatten nicht mit der Hartnäckigkeit von Hans-Jürgen gerechnet, der partout nicht dienen wollte. Er hatte sich zu Hause genug von seinem Vater herumkommandieren lassen, damit sollte jetzt endlich Schluss sein!

Irgendwie war nach seiner Einberufung zum Bund bei seinen Kameraden etwas von der Vorgeschichte durchgesickert. Aufgrund seiner Schüchternheit wurde Hans-Jürgen bei der Truppe als jemand mit einem „Schatten" eingestuft und dementsprechend wurde er auch behandelt.

Eines hatte er seinen Kameraden allerdings voraus: Immer, wenn ein Überlandmarsch bevorstand – und das war nicht selten –, mussten diese sich auf schweres Marschgepäck, inklusive Rucksack und Waffen, einstellen, während Hans-Jürgen aufgrund seines Handicaps nur Brote und seine Thermosflasche zu tragen brauchte.

Bei Schießübungen auf dem Schießplatz mit dem Maschinengewehr machte er sich einen Spaß daraus, den aufgestellten Pappkameraden die hölzernen Stützen wegzuschießen, wodurch die Figuren ständig umfielen. Man befreite ihn daraufhin auch von den Schießübungen. Zur Strafe aber wurde Hans-Jürgen dazu verdonnert, für seine Gruppe Kaffee zu kochen, die Gewehre und Pistolen zu reinigen und diverse Besorgungen zu erledigen.

Bedingt durch seine Schüchternheit war er außerstande, sich direkt zu wehren, wenn er von seinen Kameraden gehänselt und gedemütigt wurde. Vor der Waffenkontrolle streuten sie ihm Sand in den Lauf seiner geputzten G36, sodass er Strafarbeiten machen musste, beispielsweise die WCs im Waschraum reinigen. Hans-Jürgen rächte sich dann auf seine Weise. Still und unauffällig entfernte er aus einigen Leuchtstoffröhren die Starter, sodass nicht mehr genügend Licht vorhanden war. Anschließend beschmierte er die Klobrillen dick mit Senf. Man vermutete bei der Truppenleitung, dass er es wohl gewesen sein musste, und zog ihn auch von diesem Dienst wieder ab.

Eines Tages trat er beim Morgenappell nicht an. Verprügelt, mit dicken Blutergüssen im Gesicht und völlig apathisch fand man ihn zusammengekauert in seinem Bett. Beim Verhör durch einen Bundeswehrpsychologen war aus ihm nicht herauszubekommen, wer ihn so zugerichtet hatte. Man gestattete ihm, die Täter nicht nennen zu müssen, wenn er dafür den Hintergrund der Prügelei offenbaren würde.

Folgendes war geschehen: Ständig zwangen ihn seine Kameraden, die Bude in Ordnung zu halten, Staub zu wischen, Blumen zu gießen, für alle die Betten zu machen und Kaffee zu holen. Der Gipfel aber war, dass sie Hans-Jürgen seit Tagen in seine Stiefel gekotet hatten. Anfangs hatte er auch darüber kein Wort verloren. Sie trieben es aber noch weiter, indem sie ihn mit einem Lied foppten:

„Stiefel muss stinken,
brauchst nicht zu hinken,
die Füße tu schmieren,
kannst besser marschieren.“

Einigen seiner Kameraden, die sich noch ein Gewissen bewahrt hatten, war das dann doch zu viel. Sie nahmen Hans-Jürgen beiseite und gaben ihm zu verstehen, dass sie mit der Schweinerei aufhören wollten, es sei jetzt genug.

„Nun gut“, meinte daraufhin Hans-Jürgen, gerührt von dieser Offenheit, „wenn ihr mir nicht mehr in die Stiefel scheißt, dann pisse ich euch auch nicht mehr in den Kaffee.“ Daraufhin wären alle über ihn hergefallen.

Nach diesen Vorfällen war der Truppenleitung klar, dass er bei der Bundeswehr nicht mehr zu halten war. Sie machten eine Eingabe bei der obersten Bundeswehrleitung. Hans-Jürgen wurde daraufhin entlassen.

Damit hatte er endlich erreicht, was er schon immer wollte.

Der Streithammel

Er war ein Streithammel, im wahrsten Sinne des Wortes. Überall, wo sich eine Gelegenheit ergab zu bocken, beispielsweise gegen die anderen Böcke der Schafherde, rammte er mit seinem Kopf drauflos wie ein Eisenbahnpuffer auf den Rammbock.

Seine Schafherde mit 250 Schafen, ohne Lämmer, hatte der Schäfer Franz Trimborn mit seinen beiden Hütehunden voll im Griff – wenn da nur nicht der ständige Ärger mit seinem Leithammel gewesen wäre. Kam er mit der Herde durch die Ortschaft, boxte der die Leute um, die am Straßenrand standen. Franz hatte schon daran gedacht, seinem Merinobock ein Schild umzuhängen: „Warnung vor dem Bock!“, aber das ging natürlich nicht. Eigentlich war es ein prächtiges Tier, Franz hatte es aus einer Kür- und Zuchtanstalt gekauft und hoffte, dass die guten Erbanlagen sich günstig auf seine Herde auswirken würden.

Frau Gießgen betrieb eine kleine Gastwirtschaft in jenem Ort im Sauerland, wo auch Franz lebte. Sie war gezwungenermaßen gleichzeitig Köchin, Serviererin und Putzfrau in Personalunion.

Unlängst wischte sie ihren langen Flur bis zur Außentreppe. Von dieser Treppe bis zum Ende des Flures nach innen waren es gut und gerne vier Meter, und der Flur endete an der Kellertür, die gerade aufstand.

Während Frau Gießgen gebückt, mit den Händen am Flurboden, wischte, den Hintern der Außentür zugewandt, wie sie das schon viele Jahre lang so tat, kam Franz mit seinen Schafen vorbei.

Der Leithammel, durch den gekrümmten Rücken und wackelnden Hintern von Frau Gießgen gereizt, nahm Anlauf und verpasste der ahnungslosen Frau so einen kräftigen Stoß, dass sie, mitsamt Putzeimer und Putzlappen, an der Gastraumtür vorbei über den gesamten glitschigen Flur schlitterte, um anschließend kopfüber die Kellertreppe hinunterzustürzen.

Durch den plötzlichen Sturz auf der glatten Kellertreppe war Frau Gießgen außerstande, sich irgendwo festzuhalten. Ihre Knie und Ellenbogen wurden aufgeschürft und zu guter Letzt fiel sie mit dem Gesicht in eine der auf dem Kellerboden lagernden Obsttorten. Frau Gießgen war bekannt für diese leckeren Obsttorten, die sie in ihrem kühlen Keller aufzubewahren pflegte.

Auf der gegenüberliegenden Straßenseite standen einige Schuljungen, die jene „Bock-Attacke" mitbekommen hatten und sich in dieser kuriosen Situation den Bauch vor Lachen hielten. Trotzdem wollten sie wissen, was mit Frau Gießgen geschehen war, und rannten zur Gastwirtschaft, aber die Gastwirtin war nicht zu sehen. Sie sahen nur die offene Kellertür und vermuteten, dass sie wohl im Keller sein müsse. Einige Beherzte stiegen die Kellertreppe hinunter, um nach Frau Gießgen zu suchen. Einer rief, man solle oben das Licht anschalten, weil zunächst nichts zu sehen war. Als das Licht anging, sah man die Wirtin auf dem Boden liegen. Sie war mit dem Gesicht sanft und weich in einer ihrer Obsttorten gelandet.

Als die Jungs ihr aufhalfen, stellten sie fest, dass ihr bis auf die aufgeschlagenen Knie und Ellenbogen nichts weiter geschehen war. Aber der Anblick ihres Gesichtes war unbeschreiblich komisch; einzig die weit aufgerissenen Augen waren klar zu sehen, während sonst nur noch der Mund mit den abgeleckten Lippen erkennbar blieb, alles Übrige konnte man nur noch als schwabbeligen Kirschstreusel bezeichnen – ein Bild für die Götter! Alle, die sie in diesem Zustand sahen, mussten unterdrückt prusten, weil schallendes Gelächter in dieser Situation, aus Rücksicht auf Frau Gießgen, nicht angebracht gewesen wäre. Einer der Jungs hatte sein Handy dabei und machte ein Foto von der Wirtin, das er später an die Zeitung verkaufte.

Frau Gießgen, die bisher noch nicht begriffen hatte, was eigentlich der Grund für ihren unvermuteten Sturz war, musste trotz ihrer Verletzungen lachen, als man ihr von dem Bockstoß als Ursache für den nachfolgenden Kellerrutsch berichtete.

Das Ende vom Lied dieses kuriosen Bockstoßes war eine Anzeige gegen den Schäfer wegen Körperverletzung, woraufhin dieser den Hammel schlachtete und Frau Gießgen als Wiedergutmachung eine Hammelkeule zukommen ließ.

Einige Tage später konnte man diese Geschichte in der Lokalzeitung lesen und ein Foto von Frau Gießgen mit Kirschstreuselgesicht betrachten.

Die Wippe

„Ein kräftiges Sturmtief zieht, von Island kommend, in Richtung deutsche Bucht. Das Hochwasser wird gegen Mittag des folgenden Tages zweieinhalb Meter über dem normalen Hochwasserspiegel liegen.“ Das waren die Wettermeldungen des Wetteramtes vom Dienstag, dem 3. April.

Heike, die mit ihrem zehnjährigen Sohn Axel ein Einzelgehöft in der Nähe von Brunsbüttelkoog bewohnte, wusste, was das bedeuten konnte, denn es war Vollmond. *Es wird eine Springflut geben,* dachte sie bei sich. Ihr Haus, das auf einer Anhöhe stand, war aber nicht besonders gefährdet. Vor dem Hochwasser hatte sie hinter dem Deich keine Angst, wohl aber vor dem Sturm.

Gegen 14.00 Uhr des folgenden Mittwochs brauste der Sturm mit voller Wucht über die norddeutsche Küste und erfasste eine Ecke des Hauses von Heike – dort, wo die Dachziegel locker waren und seit Langem hätten repariert sein sollen. Der Dachdeckerbetrieb hatte Heike aber immer wieder vertröstet und den Termin verschoben. Der Sturm war so stark, dass ein erheblicher Teil des Hausdaches abgedeckt wurde.

Der nach dem Sturm einsetzende heftige Regen konnte nun ungehindert die Isolierung durchfeuchten und darüber hinaus das Dachgeschoss überfluten. Heike hatte Plastikplanen auf dem Dachboden ausgelegt und Wannen aufgestellt, aber das alles nutzte wenig. Mit Tränen in den Augen musste sie zusehen, wie sich gerade das renovierte Dachgeschoss mit Wasser vollsog.

Voller Wut rief Heike den Dachdeckermeister an, er solle schleunigst kommen und sich den Schaden ansehen. Dies müsse er auf seine Kappe nehmen, weil er sich nicht an die vereinbarten Termine gehalten habe.

Hein Dederich – Dachdeckermeister seit 30 Jahren und inzwischen etwas behäbig geworden – stieg mit seinen über 100 Kilo schon seit Langem nicht mehr auf die Dächer. Aber das Geschrei von Heike ließ ihm dann doch keine Ruhe. Er klemmte seine superlange Ausfahrleiter auf seinen Werkstattwagen und fuhr noch am Abend desselben Tages zum Haus, um sich den Schaden selbst anzusehen.

Am Haus angekommen – Sturm und Regen hatten inzwischen etwas nachgelassen – nahm er seine Leiter vom Wagen und schob diese ganz auseinander, auf immerhin acht Meter. Er bugsierte sie an die Dachrinne des Hauses und bat den danebenstehenden Axel, die Leiter unten festzuhalten, während er hochstieg, um sich den Dachstuhl von oben anzusehen.

Der Dachdeckermeister war schon etwas zu hoch geklettert, er war schon fast in Höhe des Firstes, als die Leiter mitsamt Schwergewicht Hein plötzlich wie ein riesiger Hebel über die Dachgaube, die nun als Kippunterlage diente, mit kräftigem Schwung nach vorn kippte, über den Dachgiebel hinaus. Der Kippvorgang erfolgte so schnell und kräftig, dass Hein mit der Leiter über den Giebel hinaus übers Dach flog. Es kam ihm so vor – wie er später schilderte –, als hätte ihn eine Riesenhand genommen und übers Dach geworfen. Hein kullerte auf der entgegengesetzten Dachschräge hinunter und landete schließlich auf der anderen Seite des Hauses, in der Rosenhecke von Heike.

Axel, der sich, um gut festzuhalten, auf die unteren Sprossen der Leiter gesetzt hatte, war bei dem Kippvorgang chancenlos. Er wurde wie in einer Schiffschaukel mit der Leiter in die Höhe gerissen, flog durch den längeren Hebel und sein Leichtgewicht etwas weiter als Hein und landete auf der anderen Seite des Hauses hinterm Garten im Strandhafer.

Da er mit dem Kopf auf den Boden aufgeschlagen war, wurde er zunächst bewusstlos. Das war auch der Grund, warum er eine Weile lang nicht zu finden war, aber ein leises Wimmern machte Heike dann auf ihn aufmerksam. Sie hatte den „Himmelsflug" ihres Sohnes mit schreckensbleichem Gesicht mit ansehen müssen und hatte immer noch zittrige Knie.

Axel aber hatte schwere Prellungen und eine Gehirnerschütterung davongetragen. Hein war ebenfalls schwer verletzt. Außer schweren Prellungen hatte er noch Rippenbrüche und Verstauchungen. Man wusste derzeit noch nicht, ob auch innere Verletzungen hinzukamen.

Die Leiter stand jetzt auf der anderen Seite des Hauses, als ob sie einer dort hingestellt hätte. Den herbeigerufenen Sanitätern war anfangs nicht gleich verständlich, warum der Unfall sich auf der anderen Seite des Hauses – also entgegengesetzt jener Stelle, wo die Leiter stand – ereignet hatte.

Die Leiter als Riesendachwippe ließ man stehen, um später auch der Unfallversicherung die Schilderung über den Hergang des Unfalls zu erleichtern beziehungsweise verständlich zu machen, was bestimmt nicht leicht sein würde.

Die Rache des Häuslebauers

Der Außendienstmitarbeiter des Bau-Ordnungsamtes, wir wollen ihn Leo Strawinski nennen, war mal wieder auf Tour, um die Baustellen der Häuslebauer aufzusuchen und zu prüfen, ob auch alles seine Richtigkeit hatte, entsprechend den Bauauflagen seines Amtes sowie des Denkmalschutzamtes.

Eine Baustelle gab es allerdings, die ihm schon vor Erteilung der Baugenehmigung große Kopfschmerzen bereitet hatte. Immer hatte Frau Bissinger etwas auszusetzen, und das war noch freundlich ausgedrückt. Vor allem monierte sie ständig die Vorschriften des Denkmalschutzamtes, sie wollte einfach nicht einsehen, dass sie für ihr billig erworbenes altes Haus all die, wie sie meinte, unnötige Ordnungsvorgaben einhalten müsse, sie hatte sich das viel einfacher vorgestellt.

Auf Empfehlung ihrer Freunde war sie, gemeinsam mit ihrem Mann, von Baden-Württemberg nach Mecklenburg-Vorpommern und dort in eine Kurstadt gezogen, eben weil es dort so schöne und billige alte Häuser geben sollte. „Je ärmer's Leba hier ischt, om so wichtiger wird a schön's Häusle san, on d' Kurgäscht wisset üverhaupt net, wo se met ihrem Geld o fange sollet", meinten die Bissingers. Deshalb hatten sie sich gute Geschäftsaussichten für die Eröffnung eines Schmuckwarenladens ausgerechnet und beschlossen, mit dem Um- und Ausbau zu beginnen.

Aber im Zuge des Ausbaues waren die Ersparnisse rasch dahingeschmolzen. Dabei hatte es zunächst gar nicht danach ausgesehen, dass viel Geld in den Umbau gesteckt werden müsste, aber beim Entfernen der Tapeten war der Putz mit heruntergekommen; dabei wurden die von Trockenfäule befallenen Balken sichtbar – und so kam eins zum anderen.

„I hon mer's amol anguggt, aba i glaub des mer halt meddem Geld net uskommet“, meinte Herr Bissinger.

In diesem Moment betrat Herr Strawinski die Baustelle, stellte sich als Bauamtsleiter vor, holte seine Verwaltungsunterlagen heraus, zeigte den Hausbesitzern alle Versäumnisse auf und bestand umgehend auf Abhilfe. Die Bissingers hörten resigniert zu und mit einiger Verbitterung meinte Frau Bissinger an den Herrn Strawinski gewandt, wer im heutigen Dickicht von Gesetzen, Verordnungen und Erlassen noch etwas Kreatives bewirken wolle und kein Krösus sei, der müsse ein Künstler sein. Dabei gab ein Wort das andere und am Ende gab es richtig „Stonk“.

Herr Bissinger, der bei der Auseinandersetzung hinter dem Amtsmenschen neben einem offenen Farbeimer stand, nahm sich den danebenliegenden Farbpinsel und bemalte Herrn Strawinskis Schuhhacken weiß, ohne dass dieser davon etwas bemerkte.

Nach langem Hin und Her verließ der Beamte die Baustelle und wunderte sich, dass alle Leute hinter ihm her lachten. *Dienst ist nun mal Dienst und Hausbau ist Hausbau,* dachte er bei sich, ohne sich an dem Gelächter zu stören.

Zu viel wurde es ihm aber, als in seinem Büro die Mitarbeiterinnen ebenfalls lachten. „Was ist das denn heute für ein Hühnerstall hier?“, brüllte Herr Strawinski, aber sie lachten nur umso mehr. Eine der Damen meinte, wer ihn jetzt überfahren würde, der müsse blind sein, aber selbst diesen Hinweis ignorierte er wütend. Es war aber auch zu komisch: Die weiße Farbe an den Hacken seiner auf Hochglanz polierten schwarzen Halbschuhe tanzte auf und ab beim Gehen, ohne dass sein Träger dies bemerken konnte.

Strawinski war gerade dabei, eine Treppe in seinem Dienstgebäude hochzusteigen, als auch hier die Bediensteten prustend hinter ihm her lachten. „Zum Donnerwetter noch mal!", schrie er sie an. „Habt ihr nichts anderes zu tun?" Seine Motivation, weiterzuarbeiten, war auf den Nullpunkt gesunken, er beschloss daher, für heute Dienstschluss zu machen.

Als er nach Hause kam, fing seine Frau ebenfalls an zu lachen. Jetzt hatte er endgültig genug von dieser blöden Auslacherei! Das Lachen seiner Frau, die sich an was auch immer zu ergötzen schien, war schließlich der Tropfen, der das Fass zum Überlaufen brachte. Nun war es vorbei mit seiner Geduld! Wütend hängte er sein Jackett an die Garderobe, warf seine Tasche in die Ecke; seine Frau wollte noch etwas sagen, kam aber nicht mehr dazu, denn er war schon in seinem Zimmer verschwunden.

Er beruhigte sich erst wieder, als er dort die Straßenschuhe gegen seine Hausschuhe austauschte und dabei endlich den Grund erkannte für das häufige Gelächter, das ihn tagsüber von allen Seiten verfolgt hatte. *Da kannst du mal sehen, wie einfach es ist, die Menschen zum Lachen zu bringen,* dachte er bei sich, und als Ausgleich für den Ärger vom heutigen Tag nahm er sich vor, seiner Abteilung am nächsten Tag etwas zu spendieren, was völlig unüblich für ihn war.

Die Bissingers, denen das Gelächter nicht verborgen geblieben war, meinten: „Des geschied dene Großkopferte grad emol reacht."

Ein Ereignis der dritten Art

Thomas, ein 15-jähriger Junge aus der Münsteraner Gegend und aufgewachsen in einem bäuerlichen Umfeld, war wohlerzogen, doch seinem Alter entsprechend mitten in der Pubertät. Seine Eltern hatten einen landwirtschaftlichen Betrieb von 180 Hektar mit vorwiegendem Getreideanbau. Es war Ende Juni und die Ernte für die Wintergerste stand bevor, 24 Hektar mussten abgeerntet werden, denn die Gerstenkörner waren gemäß eingehender Knabberprüfung mähdrescherreif.

Alles war für den Mähdrusch gerüstet. Der Selbstfahrer-Mähdrescher erwies sich als hochmodern und war mit einer Fahrerkabine ausgestattet. Für die Gerstenernte hatten sie spezielle Lochsiebe eingesetzt, damit möglichst viele Körner vor dem Ausblasen bewahrt blieben. Die Keilriemen waren alle angezogen, die Stopfbuchen geschmiert, der Dieseltank gefüllt und der Schlepper mit zwei Anhängern stand bereit, um das Erntegut aufzunehmen. Alle warteten nur noch auf gutes Wetter, um anfangen zu können.

Von Thomas, der noch zur Schule ging, erwartete man, dass er in der Erntezeit, zumindest aber am Wochenende aushalf. Was er eigentlich auch gerne tat, nicht zuletzt deshalb, da er den Betrieb später einmal übernehmen würde.

Im Gymnasium war Thomas durch seine offene, sympathische Art bei Mitschülern und Lehrern gut gelitten und hatte aus diesem Grund viele Freunde. Er war ein hochintelligenter Schüler, beispielweise waren seine Leistungen in Deutsch, Mathematik und Geschichte sehr gut. Insbesondere das Fach „Biblische Geschichte" fand er interessant und hielt die Bibel für eine spannende Lektüre, der er sich mit äußerst angespannter Seele hingab. Bis zur Einheitsbibel vor der Übersetzung von Martin Luther hatte es, wie er wusste, bereits 66 Übersetzungen gegeben, wobei griechische, jiddische, aramäische und lateinische Sprachelemente Eingang gefunden hatten, ohne die vielen Wortdeutungen zu berücksichtigen.

Obwohl für Thomas vieles in der Bibel, insbesondere im Alten Testament, unverständlich war – es gab dort viel Gewalt und Krieg –, glaubte er an die Offenbarung als Kern des Glaubens. Gepaart mit der Entscheidung für die Vernunft, war die Bibel für ihn ein Wegweiser. In seiner tiefsten Überzeugung war er durch das Lesen der Heiligen Schrift ein überzeugter Christ geworden; der Glaube bildete für ihn ein Fundament, das trägt. Die Botschaft, dass allein der Glaube zur Auferstehung und zum ewigen Leben führt, war für ihn überwältigend, faszinierend und beglückend zugleich. Daran änderte sich auch nichts dadurch, dass er sich manchmal, wenn die sexuelle Spannung in ihm überhandnahm und er keinen klaren Gedanken mehr fassen konnte, in sein Zimmer zurückzog, um zu onanieren; er war eben ein ganz normaler Junge.

An einem Freitag hatte sich sein Vater verletzt; es war klar, dass er für die nächsten Wochen in der Ernte ausfallen würde, also musste Thomas einspringen. Dass dies nun gerade in die Ferienzeit fiel, passte ihm überhaupt nicht, aber alles Maulen half nichts, er musste mithelfen.

Morgens, sobald die Sonne den Tau von Körnern und Halmen verdunstet hatte, wurde der Mähdrescher angelassen, es wurde gedroschen bis zum Abend und bevor der Tau wieder in die Halme kam, denn bei feuchtem Getreide zog der Handel zu viel ab.

So ging es weiter an jedem trockenen Tag, immer mit einem ängstlichen Blick auf dunkle Wolken am Himmel, denn bei Regen, und sei es auch nur eine kurze Husche, musste gewartet werden, was viele Stunden, einen ganzen Tag oder manchmal Wochen dauern konnte.

Nun aber hatte die Wetterlage sich günstig gezeigt. Am Tag der Ernte war es sehr heiß und ideal für den Mähdrusch. Thomas, der im Führerhaus saß und den Mähdrescher steuerte, hatte inzwischen die Fensterluken in der Kabine geöffnet, um frische Luft hereinzulassen, und da der Motor mächtig Hitze abstrahlte, zog er sich auch sein Hemd aus. Das hatte natürlich zur Folge, dass die langen Grannen auf seinem verschwitzten Rücken kleben blieben und es dort fürchterlich juckte.

Irgendwann musste Thomas nach einer leichten Erschöpfung ausspannen und fuhr nach Hause. Daheim angekommen, legte er sich angezogen in der Wohnküche auf die dort stehende Bank. Über der Bank an der Wand war ein kleines Podest angebracht, worauf ein Kruzifix mit zwei Kerzen stand. Vor der Bank befand sich ein großer Eichentisch, an der gegenüberliegenden Wand stand eine Kommode mit großem Spiegel.

Thomas, der an diesem Nachmittag allein zu Hause war, schlief bereits einige Stunden. Er hatte von der Schule geträumt und von der dort praktizierten subtilen Art der Unterdrückung durch die Lehrer. Aufgeschreckt durch diesen wirren Traum, richtete er sich auf und streckte sich. Dabei geschah etwas sehr Seltsames, das ihn bis ins Mark erschütterte.

Seine beim Strecken hocherhobenen Hände ballten sich ohne seinen Willen plötzlich zu Fäusten, und mit geifernd verzerrtem Gesicht fluchte er gegen das über ihm stehende Kruzifix. Dabei konnte er sein grimassierendes Gesicht mit gefletschten Zähnen im gegenüberhängenden Spiegel erkennen. Über den zugleich ausgestoßenen grunzenden Ton war er sehr erschrocken.

Dieses von ihm unbeabsichtigte desaströse Vorkommnis dauerte vielleicht fünf Sekunden, danach sank er in sich zusammen. Das alles hatte ihn sehr erschüttert und mitgenommen, er weinte nun fürchterlich. Tagelang noch dachte er darüber nach, was das wohl gewesen sein könnte; war dies womöglich Satans Werk? Er behielt alles für sich, es würde ihm sowieso keiner glauben oder man würde ihn für einen Spinner halten.

Das Geschehene blieb lange in seinem Gedächtnis haften, auch setzte er sich nie mehr auf jene Bank. Selbst nach vielen Jahren, als er schon verheiratet war und den Hof übernommen hatte, ließ er die Bank verbrennen und die Küche umbauen; das Kruzifix kam an eine andere Stelle.

Tragödie am Kirchturm

Der Gerichtssaal war bis auf den letzten Platz besetzt, einschließlich der reservierten Plätze für die Presseleute. Der Richter war ein bereits ergrauter Mittsechziger, möglicherweise kurz vor seiner Pensionierung. Die Beisitzer und die Gerichtsschreiberin hatten ebenfalls Platz genommen. Verhandelt wurde über ein grässliches Geschehen, das zum Tode eines Menschen geführt hatte. Angeklagt war der Dachdeckermeister Karl-Heinz Schneider. Er wurde von der Staatsanwaltschaft bezichtigt, durch Unachtsamkeit, verbunden mit grober Fahrlässigkeit, seinen Sohn getötet zu haben.

Folgendes war geschehen: Der Dachdeckermeister hatte eines Tages den Auftrag erhalten, die Kirchturmspitze einer Kleinstadt in Teilabschnitten neu zu decken. Von der Denkmalschutzbehörde war dafür Naturschiefer vorgeschrieben worden. Außerdem musste das Kreuz mit dem Wetterhahn abmontiert, gereinigt, gestrichen und wieder befestigt werden. Nun war die Kirche bis zur Turmspitze etwa 45 Meter hoch; es war deshalb ein nicht ungefährlicher Auftrag.

Karl-Heinz hatte alles gründlich vorbereitet und die erforderlichen Schieferplatten im Turm gestapelt, denn der größte Teil der Schieferarbeit konnte von innen, aus dem Turm heraus, ausgeführt werden. Diese Arbeitsphase war dann auch bald abgeschlossen.

Damit die letzten Arbeiten an der Turmspitze durchgeführt werden konnten, wurde von den Dachdeckergesellen ein Gerüst aufgestellt. Die letzten Schieferarbeiten an der Spitze des Turmes ließen sich nur von außen und nur mit entsprechender Absicherung erledigen. Die dazu erforderlichen sogenannten „Lifebelts“ – Sicherungsgurte aus festem Schulter- und Bauchband mit einer starken Doppelleine und zwei Karabinerhaken – wurden in die dafür vorgesehenen Haken, die sich am Turm befanden, gezogen.

Für die Demontage des Wetterhahns hatte Meister Schneider einen Lehrling mitgenommen, nämlich seinen jüngsten Sohn, der 17 Jahre alt war. Beide waren allein oben, die anderen drei Mitarbeiter standen unten auf der Straße bereit, um mit langen Leinen das Turmkreuz herunterzuholen. Bevor das Kreuz abmontiert werden konnte, musste es mit eben diesen Leinen gesichert werden. Es sollte anschließend mit einem Flaschenzug heruntergelassen werden.

Die beiden oben an der Turmspitze standen mit den Füßen auf den dafür vorgesehenen Haken, die im Turm eingelassen waren; sie hatten das sichere Gerüst verlassen müssen, um an das zwei Meter höhere Turmkreuz zu gelangen.

Plötzlich rutschte der Sohn Roland, der etwas höher geklettert war als der Vater, auf der Turmschräge aus. Durch den Fall wurde der Haken, an dem die Sicherheitsleine befestigt war, herausgerissen; möglicherweise, weil das Holz vom Turmgestühl an dieser Stelle – bisher von niemandem entdeckt – verfault war. Roland fand deshalb beim Sturz keinen Halt mehr, doch er hatte sich im Fallen noch in letzter Not am Bein des Vaters festhalten können.

Karl-Heinz hatte in diesem Moment auch keinen sicheren Stand mehr, weil er seine Leine ebenfalls an einem Haken festgemacht hatte. Der Sicherheitsgurt und seine beiden Hände waren nun am

Haken, der sich jetzt durch den Ruck und das Gewicht der beiden Männer ebenfalls zu lösen begann. Beide riefen um Hilfe und mit Entsetzen mussten die unfreiwilligen Zuschauer von der Straße aus mit ansehen, in welcher Gefahr sich Vater und Sohn da oben befanden.

Die drei Gesellen hatten das Geschehen ebenfalls von unten mitverfolgt und kletterten nun schnell hinauf – zunächst auf das Glockengestühl und von dort aus auf das Gerüst, um zu helfen.

In den folgenden Sekunden – zwischen Leben und Tod der beiden – mussten sie nun mit ansehen, wie der Vater seinem Sohn noch etwas zurief und ihn dann vom Fuß schüttelte. Sohn Roland stürzte mit einem lauten Schrei über das Gerüst in die Tiefe, wo er dann auf dem Gehsteig vor der Kirche zu Tode kam.

In seiner Anklageschrift glaubte der Staatsanwalt Karl-Heinz nachweisen zu können, dass er seine Sorgfaltspflicht in gröblicher Weise verletzt habe. Hinzu käme der Tatbestand der unterlassenen Hilfeleistung, denn er hätte, bevor er seinen Sohn abschüttelte, warten müssen, bis Hilfe kam, die ja schon unterwegs war. Außerdem belastete er Karl-Heinz mit dem Vorwurf der mangelnden Sorgfalt beim Gerüstbau. Um eine sichere Montage zu gewährleisten, hätte er das Gerüst mindestens einen Meter höher ansetzen müssen.

Beim Verhör durch den Richter und Staatsanwalt sagte Karl-Heinz aus, er sei genug gestraft durch den Tod seines Sohnes, der die Firma einmal übernehmen sollte. Er betonte, wie bitter es für ihn gewesen sei, seinen Sohn in den Tod zu schicken, aber er hätte sich nicht mehr länger halten können, andernfalls wäre er mit abgestürzt, wie ihm in diesen Sekunden bewusst geworden sei.

Grobe Fahrlässigkeit lasse er nicht gelten, denn er hätte den Sitz der Haken vorher kontrolliert, jedoch nicht sehen können, dass – wie sich bei einer späteren Untersuchung herausstellte – Schwitzwasser am Haken entlang in das Holz gelaufen war und im Laufe der Jahre an den betreffenden Stellen eine Braunfäule verursacht habe, sodass die Haken keinen festen Sitz mehr hatten. Die Gefahr, dass seinem Haken das gleiche Schicksal beschieden sein könnte wie dem, an dem zuvor sein Sohn festgemacht war, sei ihm in dem Moment bewusst geworden, als eben jener Haken ausriss. Karl-Heinz hätte, mit der Last seines Sohnes am Bein, keine Minute länger ausharren können. Jedenfalls hätten die Retter es nicht geschafft, ihnen in dieser kurzen Zeit zu Hilfe zu eilen.

Karl-Heinz' Anwalt sah das genauso und argumentierte mit dem Tatbestand einer lebenserhaltenden und daher notwendigen Maßnahme seines Mandanten. Die Gefahr des Absturzes beider in diesem Augenblick wäre sehr groß gewesen. Sein Mandant hätte, so katastrophal dies für seinen Sohn auch gewesen sei, das einzig Richtige getan. Wären beide abgestürzt, was ja so gut wie sicher war, hätten beide bei diesem Sturz den Tod gefunden. Das Leid für Karl-Heinz' Frau und die drei anderen Kinder wäre folglich noch größer gewesen. Außerdem hätte seine Frau die Firma nicht allein weiterführen können, wie nebenbei erwähnt wurde. Die Berufsgenossenschaft sei in diesem Fall sein Verbündeter, denn es wären viele ähnliche Fälle bekannt, bei denen Retter unbedacht gehandelt hätten und dadurch der Gefährdete und der Retter zu Tode kamen. Für seinen Mandanten wäre in diesem Augenblick kein anderer Ausweg erkennbar gewesen. Grobe Fahrlässigkeit könne ihm ebenfalls nach menschlichem Ermessen nicht nachgewiesen werden. Der Anwalt plädierte deshalb auf Freispruch.

Nach den Ausführungen von Staatsanwalt und Verteidigung wurden noch mehrere Zeugen vernommen, die aber im Wesentlichen keine neuen Erkenntnisse erbrachten beziehungsweise keine solchen, die für das Gericht verwertbar gewesen wären.

Anschließend wurde durch den Richter ein neuer Termin anberaumt, zu dem dann das Urteil verkündet werden sollte. Bei diesem Termin waren außer dem Richterkollegium nur Karl-Heinz, seine Familie, der Rechtsanwalt und der Staatsanwalt zugegen.

Der Richter erläuterte noch einmal im Einzelnen den gesamten Ablauf des tragischen Unglücks, denn das sei es ja schließlich gewesen, meinte er. Er könne dem Beschuldigten eine Schuld nur insofern nachweisen, als dieser den Turm nicht bis zur ausreichenden Höhe eingerüstet habe. Das Geschehene sei zwar bedauerlich, aber der Angeklagte habe sein eigenes Leben schützen wollen. Eine Möglichkeit, auch das Leben seines Sohnes zu retten, sei in diesen Sekunden für ihn nicht erkennbar gewesen. Aus diesem Grund sei der Angeklagte mit einem Jahr Haft auf Bewährung und mit der Übernahme der Kosten für das Verfahren zu bestrafen.

Der Hahnenkönig

Im Jahre 1947 und immer am letzten Sonntag im Juni war in dem kleinen Dorf in der Voreifel „Kirmes“ – ein Ausdruck für Kirchweihfest, geweiht den Aposteln Petrus und Paulus.

Entsprechend der dörflichen Brauchtumspflege kam dieser Brauch, so weit man das herleiten konnte, möglicherweise aus dem 12. Jahrhundert, von daher handelte es sich hierbei um ein dörfliches Fest, das immer mit Umzug, Musik und vielen anderen Veranstaltungen verbunden war. Für dieses Fest wurden die Häuser mit Fahnen geschmückt, das ganze Dorf hatte geflaggt. Das Kriegerdenkmal vor der kleinen Kirche – fast möchte man sagen größeren Kapelle – wurde mit Blumen geschmückt, mit allem, was die Natur in dieser Zeit an Feldblumen zu bieten hatte. Auf den Fensterbänken der Dorfhäuser, die vorwiegend aus Fachwerk bestanden, waren Blumenkästen aufgestellt und liebevoll mit vielerlei Blumen bepflanzt. Die Straßen und Gossen waren gekehrt, eine Kanalisation gab es erst einige Jahre später, die Fachwerke waren für dieses Fest mit Kalkbrühe und die Holzbalken mit Karbolineum frisch gestrichen – für den Betrachter eine freundliche Dorfidylle.

Obwohl es in der Nähe des Dorfes eine Rollbahn mit einem Flughafen gab, war das Dorf durch den Krieg nicht allzu sehr in Mitleidenschaft gezogen worden, wenn man von einigen verirrten Bomben absah, die auf das Dorf gefallen waren, wobei ein Bauer zu Tode gekommen war.

Mehr noch waren den Dorfbewohnern die letzten Kriegstage im April 1945 erinnerlich. Es gab da einige 17- bis 18-jährige deutsche Soldaten, die meinten, sie müssten die amerikanische Armee aufhalten. Sie hatten ein Widerstandsnest in einem Park eingerichtet. Schließlich kamen alle zu Tode, nachdem sie zuvor zehn GIs erschossen hatten. Sie wurden alle auf dem Dorffriedhof beigesetzt, die Grabpflege übernahm die Dorfgemeinde.

Nachdem der Krieg vorbei war, wurde in der Dorfgemeinschaft für ein Kriegerehrenmal gesammelt; die Ehrentafel mit den Namen derer, die im Ersten Weltkrieg gefallen waren, wurden mit aufgeführt. Dieses Ehrenmal, erst im Frühjahr fertiggestellt, sollte nun bei der „Kirmes“ eingeweiht werden, worauf sich die ganze Einwohnerschaft freute.

Das Fest begann mit dem sonntäglichen Hochamt. Die Kirche war voll, insbesondere waren viele Kirchgänger – Gäste aus den umliegenden Gemeinden – anwesend. Auffallend war allerdings auch, dass gerade entlassene heimgekehrte Soldaten erstmals wieder nach dem Krieg in der Kirche waren. Der Pfarrer nahm Bezug darauf in seiner Predigt. Er begrüßte die Heimkehrer ganz herzlich und bezog sich auch in seiner Predigt auf die Not und den Hunger in der Nachkriegszeit. Er bat die Gläubigen um Solidarität mit der städtischen Bevölkerung.

Nach dem Kirchgang nahmen alle Kirchenbesucher, Musikkapellen und die vielen Mitglieder einheimischer und eingeladener Vereine mit ihren Fahnen Aufstellung vor dem Kriegerdenkmal. Von der anschließenden Heldengedenkfeier mit Kranzniederlegung waren alle sehr ergriffen, und nachdem die Musikkapelle das Lied „Ich hat einen Kameraden“ angestimmt hatte, wischten sich einige, insbesondere die heimgekehrten Soldaten, verstohlen die Tränen ab.

Bei der anschließenden feierlichen Ansprache, vorgetragen von einem Kriegsversehrten, betonte dieser, wie glücklich er sei, wieder in der Heimat zu sein, was vielen seiner Kameraden nicht vergönnt gewesen sei. Auch sprach er davon, dass er ein Verführter gewesen sei; so hätte er bei Anfang des Krieges an Kanonensegnungen der Kirche teilnehmen müssen und heute würde er von eben diesen Pfarrern gefragt, ob er nicht für die Kriegswaisen sammeln könne, wobei er viel Applaus bekam.

Danach ging es im Gänsemarsch – musikalisch begleitet von Spielmannszügen und Musikkapellen – mit Marschmusik durch das Dorf. Es war ein langer Zug, angeführt vom Junggesellenverein, dem Turnverein, dem Sportverein und den zahlreichen Vereinen aus den Nachbardörfern, jeder Verein mit eigener Fahne; am Schluss begleitet von der Jugend des Dorfes. So viele Menschen hatte das Dorf schon lange nicht mehr gesehen. Entlang des Festzuges standen alle Spalier, klatschten und winkten den marschierenden Musikern und Vereinsmitgliedern zu, die älteren Dorfbewohner mit fröhlicher Ergriffenheit.

Auf dem Dorfplatz spielten dann die Kapellen alte Märsche, von „Alte Kameraden“ bis „Hoch Heidecksburg“, „Preußens Gloria“, „Alter Torgauer“ und so weiter. Angesichts des ersten großen Dorffestes nach dem unheilvollen Krieg war von vielen die ganze Verwandtschaft eingeladen worden, sofern deren Adressen wegen der zerstörten Städte überhaupt noch zu finden waren. Und so kamen sie nach vielen Jahren aus diesem Anlass mal wieder zusammen – ein ganz besonderes familiäres und kulturelles Ereignis. Es wurde gekocht und natürlich selbst gebacken. Mit wieder richtigem Bohnenkaffe wurde serviert, und weil die Alten das

Destillieren noch nicht verlernt hatten, gab es Rüben- und Kartoffelschnaps.

Überall auf dem flachen Land begann sich das kulturelle Leben wieder zu etablieren, die Lebensfreude nach den jahrelangen Entbehrungen kam zurück, schien sich wieder Bahn zu brechen, wie Blumenzwiebeln, die sechs Jahre lang in der Erde geruht haben und nun, befreit von Unrat und Müll, mit aller Kraft wieder dem Licht entgegenstreben.

In den Städten, besonders in den Großstädten, herrschte noch Hunger, der Schwarzmarkt blühte. Die Menschen strömten in Scharen auf das Land, um das wenige, das sie noch besaßen, gegen ein wenig Brot, ein paar Kartoffeln oder sonstiges Essbares einzutauschen. Wenn es hochkam und sie das Glück hatten und einem verständnisvollen Bauern begegneten, konnten sie etwas Speck oder Schinken erhaschen; so mancher Bauer hat sich dabei nicht besonders barmherzig gezeigt.

So wie es zu allen Zeiten situationsbedingte Witze gibt, kursierte seinerzeit ein Witz durch die Lande, der treffender nicht hätte sein können:

Zwei Männer aus Köln fuhren aufs Land, um zu „kötten“ (ein Ausdruck für „hamstern“). Sie hatten sich etwas ganz Besonderes für ihre Bettelei ausgedacht. Sie nahmen sich einen Pferdeköttel (Pferdeapfel), gingen zu den Leuten, zeigten den Pferdeapfel und sagten: „Dot mer do jet Peffer un Salz drop.“ Die Leute, gerührt von so viel Hunger, meinten: „Werpt de Pädsköttel fott un nömmt en Butterbrot met Marmelad, mehr hammer ooch net.“ Danach kamen sie zu einem geizigen Bauern und hofften vielleicht auf ein Speckbutterbrot; sie zeigten den Pferdeapfel: „Kann ich hierdrob jet Peffer un Salz han?“ Darauf meinte der Bauer nach Betrachtung des Pferdeapfels: „Jong, werp dä drüge fott un jank dir em Stall ne fresche holle.“

So viel über die damaligen Hungerjahre. Eine Situation, die sich heute kaum noch einer vorstellen kann.

Am Ende der Festlichkeit gab es den obligatorischen Umtrunk mit Bier und Korn in den drei Gastwirtschaften des Dorfes. Danach kamen einige schon nicht mehr ganz nüchtern über die Straße, unter großem Gelächter der Dorfjugend.

Der Nachmittag war frei für Sportveranstaltungen, vor allem waren Handballturniere angesagt. Bei einem dieser Spiele gab es eine Auseinandersetzung mit dem Schiedsrichter, die fast in eine Schlägerei ausartete.

Als nach dem Turnierende der Unparteiische gesucht wurde, um ihn für sein Pfeifen zu entlohnen, war er nicht mehr zu finden. Man vermutete ihn im Nachbarort auf dem Bahnhof. Der Vorsitzende des Vereins, der Kassenwart sowie einige Spieler fuhren mit dem Fahrrad zum Bahnhof, um ihm das „Pfeifgeld“ zu bringen und sich nochmals zu entschuldigen.

Wie der Schiedsrichter nun die fünf Leute auf sich zukommen sah, hielt er deren Winken für ein Drohen und nahm Reißaus, die Vereinsleute und die Sportler hinterher, bis sie ihn eingeholt hatten. Der völlig verängstigte Mann nahm erleichtert das Geld und die Entschuldigung entgegen, hatte dabei aber seinen Zug verpasst.

Im Dorf gab es nur eine Gastwirtschaft mit einem Tanzsaal. Der Tanzboden war wohl eher mit dem Fußboden einer Rumpelkammer zu vergleichen und nur bei ganz nüchternem Zustand konnte man darauf tanzen. Besondere Schwierigkeiten hatten die Frauen mit hohen Absätzen, denn sie blieben damit oft in den Astlöchern und Ritzen des Bodens hängen. Trotzdem war der Saal voll. Die Musikkapelle spielte Lieder aus den 20er- und 30er–Jahren. Heinz als flotter Tänzer forderte daher seine Minne, ein Bauernmädel aus dem Dorf, zum Tanz auf, wobei das Mädel zu Heinz meinte: „Du jückst es aber auch mit einem über dat rubbelige Gebünn, mir jehen de Strumpfhalter dabei auf, kannste net e bisschen langsamer tanzen?"

Viele heimgekehrte junge ehemalige Soldaten hielten zum ersten Mal beim Tanzen – wenn sie das denn überhaupt konnten – eine Frau in den Armen. Sie, die das Elend des Krieges miterlebt hatten, lernten nun fröhliche Heiterkeit und Zärtlichkeit kennen und versuchten, sich stotternd und mit hochroten Köpfen auf die neue Lebenssituation einzustellen. Die ausgelassene Unbeschwertheit der jungen Frauen und Mädels brachte sie aus der Fassung, mit Bier und Wein ging es etwas leichter, ein einigermaßen kultiviertes Gespräch zustande zu bringen.

Wie bei vielen Dorfanlässen war auch an diesem Abend der Dorfpfarrer mit seiner langjährigen Haushälterin und deren Tochter dabei, die bereits ein festes Verhältnis mit einem Dorfburschen hatte und verlobt war. Das war übrigens der Anlass für eine Unstimmigkeit im Tanzsaal, die fast eskaliert wäre. Ein anderer Dorfjunge wollte mit dem verlobten Mädel tanzen, was dem Bräutigam aber nicht gefiel. Daraufhin meinte der Dorfjunge gekränkt: „Moss et dann emmer nur dä zukünftige Schwiegersohn vom Pastor sin?" Mit der Betonung auf *Schwiegersohn*. Auf den anschließenden Tumult am Tisch des katholischen Pfarrers reagierte der Kapellmeister geistesgegenwärtig mit der Ausrufung einer Damenwahl. Damit war die sich anbahnende Eskalation entschärft. Es wurde für alle Festgäste noch ein unvergesslich schöner Abend.

Die „Kirmes“ dauerte immer drei Tage. Ein Glück für die jungen Leute, denn so konnte der Sonntag mit langem Ausschlafen bis zum Montagmittag ausklingen.

Kirmesdienstag war „Hahneköppen“, ein jahrhundertealtes Brauchtum, dessen Ursprung nicht mehr bekannt ist, ein Gaudi besonderer Art, wobei viele Dorfeinwohner und Gäste zuschauten. Zwischen zwei sich gegenüberliegenden Gastwirtschaften respektive zwischen den im Obergeschoss liegenden Fenstern wurde ein dickes Seil gespannt, an dessen Mitte über der Straße in etwa zwei Meter Höhe ein bereits toter Hühnerhahn mit Kopf nach unten in einem Korb ohne Boden festgebunden war. Es galt nun, den nach unten herausbaumelnden Kopf des Hahnes mit einem langen Säbel aus dem Ersten Weltkrieg abzuschlagen. Dazu hatten alle ledigen Vereinsmitglieder des Junggesellenvereins anzutreten. Sie bekamen die Augen mit einer schwarzen Binde verbunden und wurden mit großem Gelächter unter den Korb geführt, wobei sie die Aufgabe hatten, mit drei Säbelhieben dem toten Hahn den Kopf abzuschlagen.

Dabei geschah etwas Unerwartetes, nämlich dem an vierter Stelle angetretenen Junggesellen gelang der zielgenaue Schlag, er trennte mit einem mächtigen Hieb den blutigen Kopf ab, der dann unter großem Gejohle und einer Wolke von Federn einer jungen Frau in den Ausschnitt fiel, was daraufhin von dem Mädel mit einem schrillen Schrei quittiert wurde. Die nachfolgende Entschuldigung, verbunden mit einer Flasche Wein, blieb natürlich nicht aus.

Und nun war der junge Mann „Hahnenkönig“. Zunächst ließen ihn seine Junggesellen-Kameraden hochleben, er wurde von der Augenbinde befreit und dann zusammen mit seiner Freundin, der jetzigen „Hahnenkönigin“, in der bereitstehenden Pferdekutsche unter musikalischer Begleitung des Spielmannzuges und mit großem Tamtam durch das Dorf gefahren.

Auf der Bühne des Tanzsaales wurde dem Pärchen ein ganz besonderer Tisch zugewiesen. Dieser war mit einem großen Blumenstrauß ausgestattet sowie mit einigen Flaschen Wein, spendiert vom Verein.

Der Abend war ausgefüllt mit fröhlichem Zusammensein, mit Walzer, Polka und Polonaise. Es ging bis in den frühen Morgen und am Schluss wurde die „Kirmes“ begraben. Das geschah so, dass die Überreste des geköpften Hahnes, eingepackt in eine alte Kiste unter großem, schaurigem Geheule, außerhalb des Dorfes unter einem alten Kastanienbaum in der Erde verbuddelt wurde, um dann im nächsten Jahr am Vorabend der Kirmes mit Blechmusik und großer Zeremonie der sogenannten „Kirmesausgrabung“ wieder mit ausgelassener Freude und Musik ans Tageslicht geschafft zu werden.

Leider ist dieser Dorfbrauch inzwischen wegen Störung des zunehmenden Straßenverkehrs verboten worden.

Der Traum

Jeder im Betrieb einer Speditionsfirma in einer Stadt in Hessen kannte Annegret. Sie war als Managerin zuständig für den Transportbereich Italien, Spanien, Portugal und Südfrankreich.

Annegret war eine hübsche Witwe von 45 Jahren, mit schwarzen Haaren und einer schlanken Figur, sie hatte zwei Kinder. Diese hatten die elterliche Wohnung schon verlassen. Sie hatten eine eigene Wohnung und lebten ihr eigenes Leben.

Damit Annegret ungestört ihrer recht stressigen Arbeit im Großraumbüro nachkommen konnte, hatte man ihr ein eigenes Büro-Separee eingerichtet. In der Belegschaft war sie durch ihre charmante Art beliebt und freundlich gegenüber jedermann; damit überspielte sie ihr persönliches Problem einer stark ausgeprägten Egozentrik. Dies führte letztlich auch zur Scheidung und in Folge zum Tode ihres Mannes. Oftmals kam es zu schweren Auseinandersetzungen zwischen Annegret und den Lkw-Fahrern, wegen zu langer Pausen und wenn diese nicht bereit waren, verderbliches Obst und Gemüse auch nachts zu transportieren, wenn es notwendig war. Es war deshalb nicht selten, dass sich Annegret mit verärgerten Großkunden am Telefon herumschlagen musste.

Nach solch aufregenden Tagen sehnte sich Annegret nach dem Wochenende, aber auch dort war sie mit dem Betrieb durch ein Nachttelefon verbunden. Sie wurde aber nur in ganz dringenden Fällen angerufern, so war es per Vertrag mit der Firma vereinbart, und bei der Monatsabrechnung wurden solche Vorkommnisse entsprechend vergütet.

Sonntags besuchte sie als gläubige Christin die heilige Messe, um sich danach zurückzuziehen und zu entspannen. Wenn ihr Freund sie mal wieder besuchte, machten sie Ausflüge in die nähere Umgebung. Es war schon der vierte Mann nach ihrer Scheidung, meistens waren es Männer mit einem geringen Bildungshintergrund, aber sie alle spielten nur eine kurze Rolle in ihrem Leben. Das war auch schon vor ihrer Scheidung nicht anders gewesen, was denn auch unter anderem zur Trennung geführt hatte. Hinzu kam ihre Sucht nach immerwährender Anerkennung. Sie war unersättlich darin, ständig Lob zu erhaschen; Kritik konnte sie nicht vertragen und überdeckte das mit ihrem charmanten Lächeln. Der Begriff „Demut" war ihr völlig fremd. Ihr Verhalten war grenzenlos in der Zentriertheit auf sich selbst.

Sie kannte ihr Problem, mit dem sie die ihr näherstehenden Menschen vergraulte, worüber sie sehr unglücklich war. Mit ihrem Charme und ihrem strahlenden Lächeln versuchte sie, ihre Seelenqual zu überspielen, was ihr auch meistens gelang; wenn das nicht ankam, ließ sie ihre Tränen kullern – ein Mitleidseffekt, der denn auch entsprechend auf ihre Mitmenschen wirkte. Hauptsache ihre Komplexe würden nicht erkannt.

Eines Morgens erkannten ihre Mitarbeiter im Büro sie nicht wieder. Sie war still und machte einen in sich gekehrten Eindruck. Auf die Fragen der Mitarbeiter, ob ihr etwas fehle und ob es ihr gut gehe, war sie nicht bereit, mehr von sich preiszugeben, als freundlich zu erwidern, es gehe ihr gut, besser denn je zuvor.

War das noch die Annegret, wie alle sie kannten? Selbst dem Geschäftsführer war die Veränderung seiner Mitarbeiterin nicht entgangen; er bat sie in sein Büro, um seiner Fürsorgepflicht ihr gegenüber nachzukommen. Er stellte fest, dass bei Annegret, deren

Zuverlässigkeit und Fleiß er sehr schätzte, ein verändertes Verhalten zu bemerken war. Er gewann beim Gespräch den Eindruck einer innerlich gefassten, ruhig argumentierenden Frau. Keine Spur von jener Freundlichkeit, die sonst mit überzogenem Charme und einem übertrieben herzlichen Lächeln verpackt war, nein. Es gehe ihr gut, es gebe keine Probleme, alles palletti.

Ihrer langjährigen Freundin Erna – ebenfalls in der gleiche Firma beschäftigt und von Natur aus sehr neugierig – ließ diese Sache keine Ruhe; sie brannte darauf, von ihr den Grund ihrer Veränderung zu erfahren. Sie möchte Annegret am Samstag auf einen Kaffee besuchen kommen, ob das gehe? Annegret stimmte zu: „Komm bitte um vier, dann sind wir allein."

Auch in den folgenden Tagen, bis zum Wochenende, änderte Annegret ihr Verhalten nicht, selbst bei einem gravierenden Vorfall mit einem Mitarbeiter blieb sie ruhig und gelassen und zeigte, anders als sonst, viel Verständnis für den Unfallfahrer.

Am vereinbarten Sonnabend, gegen 16.00 Uhr, klingelte Erna bei Annegret an der Tür. Annegret begrüßte Erna ganz herzlich und führte sie in ihr Wohnzimmer, sie hatte den Tisch schon gedeckt mit einer frisch gebackenen Obsttorte. Sie bat Erna, Platz zu nehmen, sie würde sich währenddessen in der Küche um den Kaffee kümmern.

Erna schaute sich im Wohnzimmer um und stellte verwundert fest, dass außer den gerahmten Bildern ihrer beiden Kinder kein neueres Foto zu sehen war; die Wandflächen des Zimmers waren mit einem Kruzifix und einer Gottesmutterstatue auf einem Wandaltar ausgefüllt.

Zunächst ging das Gespräch zwischen den beiden Frauen nicht über das übliche Geplänkel und den Firmentratsch hinaus, bis bei Erna die Neugier siegte und sie auf den Punkt zu sprechen kam, weswegen sie eigentlich hier war. Was denn nun ihre plötzliche Wesensveränderung letztlich ausgelöst habe, fragte sie ihre Freundin.

Annegret fing an zu erzählen und holte dabei weit aus. Ihre Jugend sei geprägt gewesen von einer herrschsüchtigen Mutter, immer hätte sie sich nach Liebe und Anerkennung gesehnt, diese aber nie von ihrer Mutter bekommen. Der Vater hatte ein Geschäft und wenig Zeit, sich um sie zu kümmern; ihre Brüder waren wesentlich älter und hatten eigene Sorgen. So sehr hätte sie sich nach einer etwa gleichaltrigen Schwester, mit der sie hätte reden und spielen können, gesehnt.

Ihr späteres Leben sei geprägt gewesen durch ihr egozentrisches Verhalten, immerzu auf der Suche nach Anerkennung. Das hätte zu vielen Männerbekanntschaften geführt, die aber nie sehr lange gehalten hätten. Im Nachhinein wisse sie, dass die Ehe für ihren Mann ein Martyrium gewesen sei, der dadurch zum Trinker wurde, was dann später zur Scheidung und zu seinem Tod führte. Es hätte bei der Eheberatung auf dem Plan gestanden, dass sie sich einer Therapie unterziehen sollte, was sie aber abgelehnt habe. Heute tue ihr das leid, denn sie kenne ihr Problem und hätte immer wieder versucht, davon loszukommen; bis vor einer Woche ohne Erfolg.

Erna hatte bis hierher mit offenem Mund zugehört; noch nie, solange sie Annegret kannte, hatte diese so offenherzig ihr Schicksal erzählt und ihr Innerstes preisgegeben. Annegret erzählte weiter:

Annegret hatte mal wieder einen Streit mit ihrem Freund gehabt – eigentlich ging es nur um eine Kleinigkeit, im Wesentlichen darum, recht zu bekommen. Aber sie wollte wie üblich unbedingt recht behalten. Sie habe ihn beleidigt und seine Ehre gekränkt, woraufhin er seine Sachen packte und ihr eröffnete, nicht mehr wiederzukommen. Daraufhin habe sie Rotz und Wasser geheult, und nachdem sie eine halbe Flasche Rotwein getrunken habe, sei sie, müde wie sie war, ins Bett gegangen.

Dann, mitten in der Nacht sei ihr im Traum eine wunderbare Lichtgestalt in strahlender Helligkeit erschienen, die ihr die Verfehlungen ihres bisherigen Lebens vorgehalten habe. Die Lichtgestalt habe sie bei der Hand genommen, zu einer Tür geführt und diese geöffnet. Das Wunderbare und ergreifend Schöne, das sie dabei gesehen habe, könne sie nicht mit Worten erklären; sie sei überwältigt gewesen. Diese Lichterscheinung habe ihr kundgetan, das alles würde für sie bereitgehalten, wenn sie ihr bisheriges Leben ändere.

Daraufhin habe sie geschluchzt und sei darüber wach geworden. An ihrem tränennassen Gesicht habe sie – ergriffen von der Erscheinung – gemerkt, wie gravierend einprägsam der Traum auf sie gewirkt habe, den sie auf ewig in Erinnerung behalten werde, wie auf eine CD gebrannt.

Danach sei sie aufgestanden und habe die übrige Nacht gebetet, dabei habe sie ganz intensiv gespürt, dass sie geliebt werde. Eine innere Ruhe und ein nie gekanntes Glück sowie Zufriedenheit seien dabei über sie gekommen; sie habe erkannt, was sie bisher in ihrem Leben falsch gemacht habe. Nach alldem glaube sie nun, wie nie zuvor, an die im Traum erkannte Prophezeiung eines ewigen Lebens.

Erna hatte bis jetzt geschwiegen und nach der Traumdeutung von Annegret eine Gänsehaut bekommen. *Ein Traum ist nur ein Traum,* dachte sie zunächst, *nicht mehr und nicht weniger,* aber die ruhige Art und Weise, wie Annegret ihren Traum erklärte, und die Veränderung ihres Verhaltens gaben ihr dann doch zu denken. Vielleicht war das ja bei Annegret eine Art traumatische Offenbarung gewesen, wie sie Menschen selten zuteilwurde.

Jedenfalls blieb auch in der Firma nicht verborgen, dass mit Annegret ein charakterlicher Wandel vonstattengegangen sein musste. Man hörte kein Brüllen und Schreien mehr von ihr, wenn im Betrieb etwas nicht in Ordnung war. Ständig war sie um Ausgleich bemüht und hatte für jeden ein freundliches Wort. Die Mitarbeiter und die Betriebsleitung gewannen den Eindruck, dass sie innerlich ruhig und gelassen war. Jedes Mal, wenn es in der Firma einer Vermittlung in einer schwierigen Situation bedurfte – sei es bei Kunden oder zwischen den Mitarbeiterinnen und Mitarbeitern –, wurde sie mit dieser Sache beauftragt; inzwischen avancierte sie regelrecht zur „Seele des Betriebes“.

Was das Gespräch mit Erna betraf, so blieb dieses durch versprochenes Stillschweigen ein Geheimnis zwischen den beiden Frauen. Etwas später fand Annegret einen verständnisvollen Mann, sie heiratete und auch zu ihren Kindern kam wieder ein intensiver familiärer Kontakt zustande.

„Den Seinen gibt’s der Herr im Schlaf.“ (Psalm 127,2)

Der Mühlenteich

Im Wiehengebirge – insbesondere in der Gegend von Weser und Hunte sowie der westfälischen Mühlenstraße, zwischen der Stadt Lübbecke und Porta Westfalica – gab es eine Reihe Wassermühlen. Die letzten davon wurden 1960 aus Gründen der Unwirtschaftlichkeit – nicht zuletzt wegen der damals noch sehr niedrigen Strompreise – stillgelegt.

Die Wassermühlen wurden oft nur von relativ kleinen Bachläufen angetrieben, wie beispielsweise dem Blenhorster Bach, einem kleinen Wasserlauf mit einem Durchlauf von fünf Litern Wasser in der Sekunde. Erst wieder in den 80er–Jahren besann man sich dieser teils verfallenen Industriebrachen, um sie zu sanieren und als wertvolle Zeitzeugen zu erhalten, nicht zuletzt um dem aufkommenden Inlandstourismus Ausflugsziele zu bieten.

Interessant für die nachfolgende Geschichte ist ein Mühlenteich, der sich beim Wasserablauf des oberschlächtigen Mühlenrades im Laufe vieler Jahrhunderte gebildet hatte und nicht größer war als circa 2.000 Quadratmeter mit einer maximalen Tiefe von zwei Metern und im Uferbereich bereits verkrautet und verschlammt war.

Der Mühlenbesitzer, wir wollen ihn Heinrich nennen, bewirtschaftete neben seiner Wassermühle, die inzwischen vom Denkmalschutz wieder instand gesetzt worden war und als Ausflugsziel diente, eine kleine Landwirtschaft von zwölf Hektar. Auf dem Hof wurden zahlreiche Gänse und Enten gehalten, die meisten Eier waren von den Enten und Gänsen erbrütet und selbst gezüchtet. Die Enten schwammen mit ihren Küken zum Entzücken der Besucher zwischen den Binsen und manchmal auch auf der

Mitte des Teiches. In der Nähe des Ufers nahmen sie das Futter der Gäste – altes Brot und trockene Brötchen – gerne an.

Manche der interessierten Gäste fragten den Wirt, ob im Teich auch Fische seien. Selbstverständlich, meinte Heinrich, seien auch Fische drin, am meisten Plötzen, Brachsen, Karpfen, Aale und Rotfedern, möglicherweise auch kleinere Hechte. Wie die denn in seinen Tümpel kämen, wurde Heinrich gefragt. Nun, der von Enten gefressene Hechtlaich sei für die Enten unverdaulich und werde deshalb wieder in anderen Gewässern ausgeschieden und dadurch verteilt. Er könne sich aber nicht vorstellen, hier größere Hechte zu haben, weil die sich in dem kleinen Gewässer gegenseitig auffressen würden, bevor sie eine bestimmte Größe erreicht hätten; Ausnahmen seien natürlich immer möglich.

An einem Abend saß Heinrich nach getaner Arbeit in seinem Stammlokal bei einem wohlverdienten Bier, als zwei freundliche Herrn mittleren Alters fragten, ob sie an seinem Tisch Platz nehmen könnten. Selbstverständlich könnten sie sich setzen, erwiderte Heinrich und freute sich, dass nach kurzer Zeit gleich ein Gespräch mit den beiden zustande kam. Sie beide, ein Steuerberater und ein Geschäftspartner, hätten sich bei einem Spaziergang in das nette Lokal verirrt und würden bei dieser Gelegenheit gerne das hier übliche Bier probieren.

Die Gespräche, die sich zwischen den dreien entwickelten, bezogen sich im Laufe des Abends hauptsächlich auf den Mühlenteich, denn wie sich herausstellte, waren beide leidenschaftliche Angler. Im weiteren Gespräch gab Heinrich den beiden zu verstehen, es müsse ein großes Tier sein, das ständig seine Entenküken hole. Schon mehrmals habe er Raubtierfallen aufgestellt, aber außer der eigenen Katze nichts gefangen, auch am Verhalten seines wachsamen Hundes sei ihm nie etwas Besonderes aufgefallen. Für ihn sei es auch schwer vorstellbar, dass solch große Waller oder Hechte im Teich seien, die doch vorwiegend in der Nacht raubten, aber da sei ja alles Geflügel im Stall eingesperrt, Füchse und Marder kämen da nicht rein. Wenn es ein Hecht sei, der ihm die Jungenten klaute, müsse der ja riesengroß sein, was er sich in seinem Tümpel nicht vorstellen könne. Hierbei wurden seine beiden Tischnachbarn sehr hellhörig.

Nun gehört der leidenschaftliche Angler zu einem ganz eigenen Menschenschlag, der – wenn das Gespräch auf Angeln oder Fischfang hinausläuft – sich als ganz besonderes Wesen outet. Nicht weil sie besonders gerne Fisch essen würden – überraschenderweise gibt es Angler, die höchst selten oder überhaupt keinen Fisch mögen. Ihre Neigung besteht vielmehr darin, mit verhaltener Aufmerksamkeit und versteckter Anspannung ihren Blick auf das Wasser zu richten respektive auf die Pose oder den Bissanzeiger, in der stillen Hoffnung, dass da tief drin im nicht einsehbaren Wasser ein Fisch schwimmt, der dank ihres täuschend ähnlich angebrachten Gummifisches, des Maiskorns oder des Wobblers anbeißt. – Beißt der Fisch dann an, ist sein Verhalten wie elektrisiert, als wäre ein Stromschlag durch seinen Körper gegangen. Am Bisswiderstand ist dann seinem Tonfall zu entnehmen, dass er von jetzt auf gleich ein völlig anderer Mensch geworden ist. Mit verhaltenem Entzücken versucht er nun mit Rute und Rolle die Fluchten des Fisches zu drosseln, ihn zu ermüden, damit er ihn bis an den Rand seines Keschers bekommt, um danach seine Beute mit Stolz und Genugtuung anzulanden.

Nach Heinrichs Schilderungen interessierten sich die beiden Angler so sehr um den Mühlengraben, dass er sie zu einer Besichtigung einlud. Dieser Einladung folgten sie gerne, denn im Stillen hatten sie schon darauf gehofft. Gleich am kommenden Sonnabend erschienen sie am Teich, bewaffnet mit einigen Ruten und allerlei Angelzubehör. Auch die Einladung von Heinrichs Frau, zunächst einmal gemeinsam zu frühstücken, nahmen sie gerne an. In freudiger Erwartung ging es dann an den Teich, es waren auch gleich einige zuschauende Touristen da. Viele weibliche Zuschauer haben ein Problem damit, dass jemand mit bloßen Händen einen sich kringelnden fetten Regenwurm oder einen noch lebenden Köderfisch auf einen Angelhaken aufspießt. Sie brauchen eine Weile, bis sie begreifen, wie schwierig es sein muss, ein 16er–Angelhäkchen an eine 10er–Angelschnur festzubinden, dabei bewundern sie die feinmotorigen Fähigkeiten der Angler, die das mit ihren ungewaschenen, relativ dicken Fingern vollbringen, obwohl sie gerade vorher noch glitschige Würmer oder schleimige Fische angefasst haben.

Außer einigen Rotaugen und einem kleinen Aal fingen sie bei diesem diesigen Wetter Anfang Mai nicht viel. Aber am Spätnachmittag machten sie eine hochinteressante Beobachtung. Wie sie so am Wasser saßen und sich über Vorkommnisse aus ihrem Berufsumfeld unterhielten, tat es mitten auf dem Teich einen gewaltigen Schlag, als wenn jemand einen dicken Stein ins Wasser geworfen hätte – es war aber niemand zu sehen, der das hätte machen können. Nach der vorher leicht gekräuselten Wasseroberfläche plätscherten jetzt nach der Aufwallbewegung kleine Wellen ans Ufer. Alle bis dahin friedlich schwimmenden Enten flogen mit lautem „Braat, braat, braat“ aufgeregt davon und die Blesshühner versteckten sich im Schilf.

Die beiden Sportsfreunde packten ihre Angelsachen zusammen und machten Heinrich mit ihrer Beobachtung bekannt. Der zählte seine Entenküken und stellte mit Bedauern fest, dass schon wieder eines fehlte. Er fragte die beiden Angler, die inzwischen seine Freunde geworden waren, ob sie nicht noch mal kommen wollten, um das große Viech, wie er meinte, zu fangen. Das ließen die beiden sich nicht zweimal sagen und nahmen auch diese Einladung gerne an.

Am darauffolgenden Sonnabend kamen sie kurz nach Sonnenaufgang wieder, ausgerüstet mit kräftigeren Ruten, einer starken geflochtenen Angelschnur, mit Stahlvorfach und entsprechend großen Drillingshaken.

Zunächst fingen sie einige Plötze mit Chesterkäse als Köderfische, wobei sie an dem größten zwei Drillinge anbrachten, einen hinter die Kiemen auf dem Rücken und den anderen am Waidloch. Der Angelhalter versah die Schnur mit einer passend großen Pose und warf die Angel so weit er konnte auf den Teich hinaus, bis hinter die Binsen. Es dauerte fast eine halbe Stunde, wobei er nach mehrmaligem Auswerfen des Köderfisches mit angespannter Aufmerksamkeit die Pose beobachtete. Nach jedem Auswerfen versuchte der Köderfisch in die Nähe des Ufers zu kommen. Er wollte die Angel gerade wieder neu auswerfen, als die Pose auf dem spiegelglatten Wasser seitlich wegzog. Mit Herzklopfen bis zum Halse hieß es jetzt für den Angler Ruhe zu bewahren und dem Fisch Zeit zum Schlucken zu lassen. Es dauerte mehrere Sekunden, danach verschwand die Pose im graublauen Wasser vom Mühlensee in der Tiefe.

Mit einem kräftigen Schlag zog der Angler jetzt an, was der Fisch mit einer Flucht zur Mitte des Teiches hin quittierte. Beim

Drillen hatte der Sportsmann das Gefühl, als wenn er einen Baumstamm aus dem Wasser ziehen müsste, immer wieder flüchtete der Fisch, sobald er in die Nähe des Ufers kam. Die Zeit spielt in solchen Momenten, die man als Glücksfall in einem Anglerleben bezeichnen kann, keine Rolle.

Es war wieder eine halbe Stunde Zeit vergangen, wobei dieses Ungetüm von Fisch sich immer wieder durch seine Fluchten dem Anlanden entzog, bis es dem Angler gelang, ihn so weit in die Nähe des Ufers zu ziehen, dass er die wahren Ausmaße des Hechtes erkennen konnte: ein riesiges Tier, das in keiner erklärbaren Relation zu diesem etwas größeren Tümpel stand. Der Fischbestand wurde höchstwahrscheinlich von diesem Riesenhecht, der in vielen Jahrzehnten so groß geworden war, dominiert und der Teich womöglich so weit leer gefressen, dass er sich nun an Enten und Blesshühner wagte.

Wieder versuchte der Angler, den Hecht ans Ufer oder wenigstens in die Nähe des Keschers zu ziehen, der von seinem Angelpartner an einer Teleskopstange gehalten wurde. Es wollte einfach nicht gelingen, denn sobald der Hecht das Ufer sah, machte er Fluchten, dass die Rolle quietschte, dabei bestand die Gefahr, dass ein zu kräftiges Anziehen ein oder beide Haken, die eigentlich zu klein gewählt waren, dem Hecht aus dem Maul gezogen wurden und er somit wieder freikam.

Die ganze Fischjagd hatte inzwischen die Aufmerksamkeit einiger Urlauber durch laute Rufe wie: „Anziehen … anziehen, gib Schnur!“ angezogen. Auch Heinrich hatte sich inzwischen eingefunden und beim Anblick des im Uferbereich erkennbaren schattenhaften „Kaventsmannes“ jetzt die Gewissheit, dass es dieser Bursche sein musste, der ihm jahrelang die Enten geklaut hatte. Er ahnte, dass es sehr schwierig werden könnte, diesen über die Maßen großen Hecht an Land zu ziehen, denn wenn er sich im Uferkraut oder in den Binsen festsetzte, könnte er verloren sein. Er machte deshalb den beiden Anglern den außergewöhnlichen Vorschlag, den Hecht so nahe wie möglich ans Ufer zu ziehen, er hole inzwischen sein Jagdgewehr. Um den Fischkopf auch tatsächlich in dem verspiegelten Wasser zu treffen, lud er die Büchse mit großkalibrigen Schrotpatronen.

Nachdem nun der Hecht so weit ans Ufer gezogen war, dass man die Umrisse erkennen konnte, peitschte ein Schuss von Heinrich über den Teich, was der Fisch mit einer kräftigen Flucht quittierte; kurz danach konnte er aber, von den Schrotkörnern tödlich getroffen, vom Angler wie ein vollgesogener Gummistiefel an Land gezogen werden.

Alle waren von der Größe des Hechtes denn doch bass erstaunt: Er maß von der Maulspitze bis zum Schwanzende 1,28 Meter und wog etwas über 36 Pfund. In den aufgespannten Rachen ließe sich gut und gerne ein Männerhalbschuh verbergen. An den glänzenden Augen beider Angler konnte man ihren ganzen Stolz ablesen, hatten sie doch soeben den Hechtfang ihres Lebens gemacht.

Heinrich sah die Sache etwas nüchterner und betrachtete diesen Fang als notwendige Schädlingsbekämpfung, der ihm außerdem durch die Veröffentlichung in der Regionalpresse Scharen von Touristen ins Haus brachte.

Allgemeine Betrachtung über Angler

Man möchte unserer Gesellschaft, die nur darauf aus zu sein scheint, ihre Zeit damit zu verbringen, Geld zu erwerben und dann das Erworbene ängstlich zu hüten, am liebsten zurufen: „Kehrt um und schaut auf das Wasser! Kommt zur Ruhe! Wendet euch ab von all den Oberflächlichkeiten und beschäftigt euch vielmehr damit, was *unter* der Wasseroberfläche schlummert!"

Mit einer selbst gefangenen Heuschrecke oder einem Wurm dem schlauen und misstrauischen Döbel aufzulauern, dabei völlig losgelöst von irgendeinem anderen Zweck die Natur zu beobachten und all die sie umgebenden Gerüche und Geräusche auf sich einwirken zu lassen, das, scheint mir, macht die Magie und damit den ganzen Zauber des Angelns aus.

Der Einbruch

Es hatte lange gedauert, bis in Helmut der Entschluss gereift war, einen Bankeinbruch zu wagen. Er hatte diesen ständigen Ärger mit seiner Frau satt, dass kein Geld im Hause sei, um die dringendsten Rechnungen zu bezahlen. Mit einem Einbruch in eine Bank, so schien ihm, wäre er alle Sorgen los, die ihm zurzeit den Schlaf raubten.

Helmut, ein schmächtiger, kleiner Mann, war als Schlosser bei einem Schlüsseldienst beschäftigt. Er hatte sich mit seiner Frau Edith schon seit geraumer Zeit über einen Einbruch beratschlagt beziehungsweise darüber, wie sich so etwas am besten bewerkstelligen ließe.

Edith, aus ganz anderem Holz geschnitzt, hatte immer abgewehrt: „Und wenn sie dich kriegen, bin ich als Mitwisserin auch dran. Nee“, sagte sie, „da mach ich nicht mit! Und untersteh dich, auch nur darüber nachzudenken!“ So oder so ähnlich endeten meistens die Gespräche über dieses Thema.

Helmut war nun klar, dass er seine Frau über sein Vorhaben, woran er weiter festhielt, nicht informieren konnte. Von da an machte er sich allein still und heimlich in seiner Garage an die Vorbereitungen.

Das Ziel seiner Begierde hatte er sich auch schon ausgesucht: eine Raiffeisenbank mit Warenausgabe, in einem größeren Dorf im Weserbergland. Das Bankgebäude lag etwas außerhalb des Dorfes, bestes für einen Einbruch geeignet, denn um das Gebäude herum waren Felder, die von einem Landwirt bewirtschaftet wurden. Helmut wusste aus Unterhaltungen in der Dorfkneipe, die er gelegentlich besuchte, dass im Banksafe ständig hohe Beträge an Bargeld vorhanden waren, denn es war die meistfrequentierte Bank im Ort.

Zunächst einmal besorgte sich Helmut ein Stethoskop, denn im Tresorraum stand ein Safe mit Zahlenschloss, ohne Schlüssel; das hatte er bei seinen Besuchen in der Bank beobachtet.

Durch seinen Beruf als Schlosser mit Schlüsseldienst war ihm die Technik dieser Zahlenschlösser bestens bekannt. Bei älteren Modellen – und darum handelte es sich hier – konnte man mit einem Stethoskop das Einrasten der Schließtechnik hören. Für einen vielfach geübten Schlosser wie ihn konnte das Öffnen des Safes deshalb nicht besonders schwierig sein. Seine Frau durfte von all seinen Vorbereitungen nichts erfahren. Für Helmut stellte sich nun die Frage, wie er in den Tresorraum, wo der Safe stand, hereinkommen könnte. Alle Türen und Fenster waren durch eine intelligente Alarmtechnik gesichert. Ein Bewegungsmelder war an der Innenseite des Tresorraumes, neben der Zwischentür zum Lagerraum, an der Wand befestigt. Helmut, der vorhatte, durch diese Tür zwischen Lagerraum und Tresorraum an den Safe zu gelangen, glaubte, dass er ihn leicht ausschalten könne.

Ein Überfall auf die Bank, womöglich mit einer Waffe, widersprach seinem Naturell und kam deswegen für ihn überhaupt nicht in Betracht, wurde also erst gar nicht erst in Erwägung gezogen.

Es blieb deshalb nur die eine Möglichkeit: durch die Zwischentür zum Lager in den Tresorraum zu gelangen, denn diese war nicht besonders gesichert. Das bedeutete, er konnte nur durch das Lager in die Bank kommen. Dazu boten sich einige Fenster an, die zwar sehr hoch waren, etwa vier Meter, aber technisch nicht gesichert.

Die einzige Sicherung für den Lagerraum war ein äußerst bissiger Schäferhundrüde. Zur effektiven Bewachung wurde er abends aus seinem Zwinger gelassen und konnte sich danach frei im Lagerraum der Bank bewegen. Der Bankdirektor glaubte, dass diese Sicherungstechnik ausreiche.

Was also tun?, dachte Helmut. Als Tierliebhaber den Hund zur Strecke bringen, das konnte er nicht. Also musste eine andere Lösung her, aber welche?

Eine Idee kam ihm beim Spaziergang mit seiner Hündin Anka, einer schwarzen, mittelgroßen „Promenadenmischung“. Jedes Mal, wenn sie „heiß“ war, verhielten sich die Rüden beim Spaziergang meist ganz friedlich, sie scharwenzelten um Anka herum und bellten auch nicht wie sonst.

Da war sie auf einmal, die Idee! Helmut müsste nur abwarten, bis Anka mal wieder „heiß“ war, um sie dann für den Einbruch zu missbrauchen; seine Hündin für den Schäferhundrüden mitzunehmen, wäre kein Problem.

Wenig später war es dann so weit. Anka war läufig und es war zufällig auch noch Wochenende.

Vorher hatte Helmut auf dem Außengelände der Bank eine alte Leiter entdeckt, die für seine Zwecke geeignet schien. Das war schon mal die halbe Miete für sein nächtliches Vorhaben. Alles andere hatte er bereits heimlich in seiner Garage vorbereitet: einen Rucksack, worin er, unter anderem, einige schwere Gewichte verstaut hatte; ein Paar Schuhe mit Übergröße; Handschuhe; Nagelklaue; Maske und was sonst noch für den Einbruch notwendig war. Seine Hündin würde er auf den Arm nehmen. Das Vorhaben nahm also seinen Lauf …

Am darauffolgenden Montagmorgen war die Aufregung in der Bank groß. Versicherung und Polizei waren auch schon vor Ort. Insgesamt waren 85.150,00 Euro – alles Papiergeld – aus dem Safe entwendet worden. Ein Einbruch von außen ließ sich zunächst nicht erkennen. Der Safe war verschlossen, ein gewaltsamer Bruch nicht sichtbar; die Alarmanlagen an der Außentür und an den Fenstern waren ebenfalls nicht angesprungen. Alle Alarmanlagen waren noch intakt. Nur der Bewegungsmelder an der Wand neben der Innentür war außer Betrieb und die Innentür zum Lager hatte jemand aufgebrochen. Der Schäferhund im Lager war auch putzmunter, was beim Bankdirektor ein verständnisloses Kopfschütteln hervorrief.

Nach Abschluss der Untersuchungen durch die Polizei waren die Fakten klar: Der Einbrecher war durch ein Fenster im Lager eingestiegen, hatte die Zwischentür zur Bank aufgebrochen, den Bewegungsmelder außer Betrieb gesetzt und den Safe ausgeraubt. Beim Absteigen nach außen hatte er deutliche Fußspuren hinterlassen, wahrscheinlich durch einen Sprung. Nach Angaben der Polizei musste der Typ gemäß seiner Schuhgröße und dem entsprechenden Fußabdruck, den er hinterlassen hatte, etwa 1,90 Meter groß gewesen sein respektive circa 95 Kilogramm gewogen haben. Möglicherweise war er auch dem Hund bekannt. Jedenfalls wurde in diese Richtung ermittelt.

Das konnte Helmut am Dienstag darauf in der Zeitung lesen. Mit leichtem Schmunzeln stellte er für sich fest, dass die von ihm falsch gelegte Spur bei der Polizei zu nichts führen würde, wenn er weiterhin keinen Fehler machte.

Eines Tages fragte Edith: „Du, sag mal, Helmut, hast du die Anka ohne Leine herausgelassen?“ „Wie meinst du das?“, fragte Helmut zurück. „Du, der Hund ist trächtig, und das mit Lederschutz. Ich habe immer peinlich genau darauf geachtet, dass sie in der Zeit, in der sie läufig ist, nicht allein aus dem Haus kommt.“ Das erzählte sie überall herum, so auch in der unmittelbaren Nachbarschaft. Wochen später hatte Anka fünf Junge geworfen.

Helmut hatte sich zwischenzeitlich ein neues Auto gekauft – auf Kredit, wie er zu Edith sagte; sein altes Auto hätte er dabei eingetauscht. Den Nachbarn war nicht verborgen geblieben, dass Helmut und Edith sich außerdem noch eine teure Kreuzfahrt geleistet hatten, wo doch allen bekannt war, dass die beiden immer knapp bei Kasse waren.

Auslöser für die kommende mittlere Katastrophe war aber etwas völlig Unerwartetes. Als nämlich nach ein paar Wochen zu erkennen war, dass einige der jungen Welpen Bastard-Schäferhunde waren, machten die Nachbarn sich so ihre Gedanken. „Es sprach sich herum“, wie man so schön sagt. Missgunst und Neid taten dabei natürlich ein Übriges.

So dauerte es nicht lange, bis Helmut von der Staatsanwaltschaft vorgeladen wurde. Es liege ein bestimmter Verdacht vor, teilte man ihm mit. Er solle doch nachweisen und belegen, wo er das Geld für das Auto und die teure Reise herhabe. Dabei verstrickte er sich in Widersprüche. Demzufolge wurde ein Haftbefehl gegen ihn erlassen. Helmut verstand die Welt nicht mehr, hatte er doch alles gut durchdacht.

Nach einigen Monaten Verhör und der anschließenden Gerichtsverhandlung – Helmut hatte inzwischen gestanden – bestätigte ihm der Richter eine hohe Intelligenz sowie eine erhebliche kriminelle Energie für den Einbruch. Dass er in Verdacht geraten war, war nur dem Umstand geschuldet, dass eigentlich sein Hund ihn verraten hatte. Das Urteil fiel milde aus, weil er strafrechtlich noch nicht aufgefallen war. Was nun aus Anka wurde, ist nicht bekannt. Das neue Auto wurde beschlagnahmt, aber die Schiffsreise – als Erinnerungswert – konnte man den beiden nicht nehmen.

„Es ist nichts so fein gesponnen, dass es nicht kommt ans Licht der Sonnen." (deutsches Sprichwort)

Die Auskunft am Bahnsteig

Es ist 9.00 Uhr morgens und auf dem Hauptbahnhof von Köln steht ein Regionalzug, der in Richtung Düsseldorf-Krefeld fahren soll, aber erst noch das Einlaufen eines weiteren Regionalzuges aus Süddeutschland abwartet.

Im haltenden Zug sitzt ein sehr ungeduldiger Fahrgast aus Bayern, der eigentlich in einen ICE umsteigen wollte und dem das Warten langsam auf die Nerven geht. Einen Bahnbeamten, den er für fähig hält, ihm eine richtige Antwort zu geben, fragt er durch das heruntergelassene Abteilfenster: „Hallo, großer Meister, können Sie mir sagen, wann der Zug weiterfährt?“ „Selbstverständlich“, erwidert der Beamte freundlich und gibt dem Fragenden die entsprechende Antwort. Etwa fünf Minuten später kommt der Beamte wieder auf den Bahnsteig und an dem Zugabteil vorbei. Der Fahrgast aus Bayern zieht das Fenster wieder herunter und fragt den Beamten nochmals, wann der Zug denn abfahren würde. „Haben Sie mich eben nicht schon mal gefragt?“, sagt der Beamte, gibt aber trotzdem freundlich die gleiche Antwort wie zuvor.

Circa zehn Minuten später – der Bahnbeamte kommt erneut vorbei – spricht ihn der Fahrgast wieder an, mit der gleichen Frage. Da wird der Beamte sehr persönlich und meint: „Für gerade aus dem Irrenhaus Entlaufene bin ich nicht zuständig.“

In der Zwischenzeit hat sich in der Zugabteilung unter anderem ein weiterer Gast eingefunden. Der ist – wie an seiner Frage, ob noch ein Platz frei sei, zu erkennen ist – ein Kölner. Er setzt sich dem Bayern gegenüber und es kommt ein lockeres Gespräch zwischen den beiden zustande. In dessen Verlauf sagt der Bayer zum Kölner, er habe noch niemals solche unhöflichen Bahnbediensteten angetroffen wie gerade hier in Köln auf dem Bahnsteig. Das weist der dazugekommene Gast, der sich in seiner Ehre als Kölner Bürger gekränkt fühlt, zurück. So etwas sei vielleicht in Bayern möglich, aber nicht in Köln, meint er sarkastisch.

In diesem Augenblick sieht der Bayersmann den Bahnbeamten wieder den Bahnsteig herunterkommen. Er weist sein Gegenüber darauf hin, dass man ja mal ein Exempel statuieren könne, dann würde er sich selbst davon überzeugen können, wie recht er, der Bayer, habe. Wie nun der Bahnbeamte auf der Höhe seines Abteils ist, zieht er das Kabinenfenster herunter und fragt den Beamten mit höhnischem Unterton, wie lange er denn noch warten müsse, bis der Zug abfahre. Der Beamte fühlt sich „auf die Schippe genommen“ und verliert die Fassung, er brüllt vom Bahnsteig aus den Fragenden an, ob er denn des Deutschen nicht mächtig wäre und den Fahrplan nicht lesen könne oder ob er etwas an den Ohren hätte; wenn ihm seine Auskunft nicht genüge, möge er doch den Verkehrsminister selbst fragen, er gebe ihm gerne die Telefonnummer.

Schwedenkräuter

Emil hatte in letzter Zeit ständig Probleme mit seiner Verdauung. Daraufhin beherzigte er den Rat eines Freundes: Bevor er zum Arzt gehe, der ja doch nur Pillen verschreiben würde, solle er es doch mal mit „Schwedenkräutern" versuchen, einem homöopathischen Mittel, genau gegen seine Beschwerden. Diese „Schwedenkräuter" seien mindestens 15 verschiedene, aufeinander abgestimmte Naturkräuter, die ein schwedischer Arzt, der übrigens sehr alt geworden sei, vor vielen Jahren zusammengestellt habe.

Emil befolgte den Rat seines Freundes *Kräuter können ja nicht schaden,* dachte er, was natürlich so nicht stimmt, denn wenn Kräuter eine gesundheitlich wohltuende Wirkung haben, können sie bei falscher Anwendung auch schaden; deshalb der Rat seines Freundes, abends nur ein halbes Gläschen dieser angesetzten Kräutermischung zu trinken.

Emil ging also in die Apotheke und kaufte jene „Schwedenkräuter", schüttete diese in eine Flasche 30%igen Korns und ließ die Flasche, sie jeden Tag schüttelnd, 14 Tage lang stehen.

Emil war selbstständiger Schmied und Schlossermeister und hatte eine kleine Werkstatt auf dem Gelände eines Industrieunternehmens. Die Werkstatt hatte keinen Wasseranschluss, geschweige denn ein Handwaschbecken oder einen Sozialraum. Die Benutzung eines WCs im wenige Meter entfernten Nachbargebäude war ihm gestattet.

Emils Arbeiten – kunstvoll geschmiedete Hof- und Gartentore, eiserne Fenstergitter und anderes mehr – waren sehr gefragt, und als einziger Schmied im Ort hatte er wenig Konkurrenz und deshalb genug Arbeit. Als ehrenwerter Mitbürger war Emil ein allseits geachteter Mann, bekannt waren seine karnevalistischen Späße und seine humorvollen musikalischen Vorträge.

Von seiner kleinen Werkstatt aus, die über einen Festnetz-Telefonanschluss verfügte, machte er auch seine Materialbestellungen. Hin und wieder bekam er Besuch von einem Vertreter; das war bequemer für ihn, ging dabei doch keine Zeit verloren, denn während der Unterhaltung konnte er weiterarbeiten.

Nachdem die 14 Tage für die eingefüllten Schwedenkräuter vorbei waren, füllte er die jetzt vom Alkohol ausgelaugten Kräuter und die braunschwarz gefärbte Brühe durch ein Sieb um, in eine andere Flasche. Er war neugierig auf den Geschmack dieses jetzt mit Wirkstoffen der Kräuter angereicherten alkoholischen Getränks: „Diese widerlich aussehende, alles andere als wohlriechende Medizin soll gesund sein?!", murmelte er vor sich hin.

Er genehmigte sich gleich zwei volle Schnapsgläschen dieser wie gequirlte Jauche aussehenden, fürchterlich schmeckenden, undefinierbaren Medizin und vergaß dabei völlig den Rat seines Freundes, am Anfang der Kur nur ein halbes Gläschen zu trinken. Emil, auf seine robuste Gesundheit vertrauend, dachte: *Viel hilft viel,* zumal er recht skeptisch in Bezug auf die prognostizierte Wirkung war.

Am Morgen des folgenden Tages – es war Herbst und bereits sehr kalt – zündete er zuerst seinen „Bollerofen" in der Werkstatt an, denn mit kalten Händen lässt es sich, trotz des Schmiedefeuers, nicht gut arbeiten. Danach verspürte er in seinem Bauch ein Grummeln und Rumoren, als wenn da jemand seine Gedärme umdrehen würde. *Es scheint, das Zeug wirkt doch,* dachte er bei sich.

Kurz darauf kam ein bestellter Vertreter zu ihm in die Werkstatt. Er war tadellos gekleidet, mit frischem, weißem Hemd und passender Krawatte, die Auftragsmappe unter dem Arm geklemmt. Nach der Begrüßung begann er mit seinem bewährten eingeübten Verkaufsgespräch. Er wollte Emil seine V2A-Schrauben verkaufen. Nach langem Hin und Her, beim Aushandeln der Konditionen über Qualität, Preis und Lieferzeit, waren sie handelseinig geworden und Emil unterzeichnete den Auftrag.

Danach kam man noch ins Gespräch über die Tagespolitik und über das Wetter, wobei Emil von Minute zu Minute unruhiger wurde, denn durch das Rumoren in seinem aufgeblähten und gespannten Bauch, das immer stärker spürbar war, wurde ihm plötzlich glasklar, dass er schnellstens ein WC aufsuchen sollte; er ahnte nichts Gutes!

Ein WC aufzusuchen, dafür hatte er jedoch keine Zeit mehr, und wenn es auch nur wenige Schritte gewesen wären. In seiner Not verschwand er mit verzerrtem Gesicht hinter der Stanzmaschine, denn er wusste, dass dort ein Eimer mit Kühlwasser für die Drehbank stand. Er hatte gerade noch Zeit, seinen „Blaumann" aufzuknöpfen, um mit seinem Hintern im Rückwärtsgang und gebückt den Eimer anzusteuern, dabei waren in der Hektik des Geschehens auch noch die Hosenträger mit in den Eimer geraten.

Der verdatterte und irritierte Vertreter verstand nicht, warum Emil das Gespräch so abrupt abgebrochen hatte und mit einem Grimassen schneidenden Gesicht so plötzlich hinter der Maschine verschwunden war. Hatte er ihn etwa beleidigt? Er machte ein paar Schritte, um nach Emils Verbleib zu sehen. Aber was er da zu sehen bekam, verschlug ihm den Atem. Als kultivierter Mitteleuropäer hatte er nicht vermutet, was er da zu sehen und zu riechen bekam; es erinnerte ihn sehr an die Werkstätten in Afrika, wo er schon mal gewesen war.

Emil stand da, mit der Hose in der Hand, und wollte diese gerade hochziehen, denn für eine normale Hygiene reichte es nicht, er hatte kein Papier dabei, was in diesem Augenblick dringend erforderlich gewesen wäre, und Zeit hatte er auch keine mehr, um dem nachzukommen. Diese höchst peinliche Situation, in der er sich befand, war selbst für einen hartgesottenen Vertreter schwer erträglich.

Ein Unglück kommt selten allein. Emil hatte leider Gottes ganz vergessen, eine halb volle Spraydose vom jetzt glühend heißen Ofen zu nehmen, die genau in diesem Moment mit einer mächtigen Detonation explodierte und die zerfetzte Dose mit solcher Wucht gegen eine Trennwand, vorbei am Kopf des Vertreters, katapultierte und dabei, wie später noch zu sehen war, ein fast ein Zentimeter tiefes Loch in der Wand hinterließ.

Die danach folgenden Schrecksekunden wollte Emil, immer noch ganz verdattert, jetzt nutzen, um sich bei dem Vertreter zu entschuldigen, doch der war weg, nicht mehr zu sehen. Der Vertreter, kreidebleich vor Schreck, hatte „Reißaus“ genommen, ohne sich umzudrehen. Bei dem Anschlag auf sein Leben, wie er meinte, hatte er vor lauter Panik sogar seinen Koffer in der Werkstatt stehen lassen – verständlich, denn der Vertreter hatte den Ort des Schreckens fluchtartig verlassen.

Einige Tage später traf sich Emil mit seinem Freund, der ihn fragte, ob er seinen Rat mit den Schwedenkräutern befolgt habe. „Hör mir bloß auf mit deinen Kräutern“, gab Emil ihm zur Antwort, an den Schreckfolgen leide er heute noch.

Es kommt eigentlich selten vor, dass aufgrund einer harmlosen Kräutermischung ein Darm und eine Spraydose gleichzeitig explodieren und dabei außer einer ramponierten Wand ein angekratztes Selbstvertrauen verursachen. Etwas Gutes hatten die unbeabsichtigten Explosionen aber schließlich doch noch: Fortan griff Emil zwar wieder auf die Kräutermischung zurück, wenn es bei ihm mit der Verdauung haperte, folgte dabei jedoch dem Rat seines Freundes, nur ein halbes Schnapsglas davon zu trinken.

Damit sich eine ähnliche Situation nicht wiederholen würde, ließ Emil eine Wasserleitung in seine Werkstatt verlegen sowie ein WC und ein Handwaschbecken einbauen.

Schon Martin Luther hat zu seinen Gästen gesagt: „Ihr furzet nicht, hat’s euch denn nicht geschmecket? Lasst Fürze dröhnen, auch bei Kirchenfesten. Macht nichts, wenn jemand sich dabei erschrecket.“

Das alte Gewehr

Der letzte Sturm hatte das Scheunendach des mecklenburgischen Bauern „Brümmer“ arg zerzaust. Die Dachschindeln des Giebels waren zu über 30 Prozent abgedeckt und es musste schleunigst wieder eingedeckt werden, weil sonst das in der Scheune lagernde Heu beim nächsten Regen zu verderben drohte.

Deshalb wurde die ortsansässige Dachdeckerfirma „Delitsch“ beauftragt, das Dach zu reparieren. Als Voraussetzung für den Auftrag wurde die Dachdeckerfirma verpflichtet, einen Stapel alter Dachlatten, die schon viele Jahre im leer stehenden Schweinestall in einer Ecke aufgestapelt waren, bei der Eindeckung mit zu verwenden. Neue Dachlatten waren notwendig geworden, weil die noch auf dem Dach befindlichen mit der Zeit morsch und faul geworden waren, was mit ein Grund dafür war, dass die Nägel die Schindeln nicht mehr halten konnten, und der Sturm tat sein Übriges.

Auf dem Dach waren außer einem Gesellen noch zwei Lehrlinge damit beschäftigt, die faulen Dachlatten zu lösen und neue zu befestigen. Ein weiterer Lehrling war damit beschäftigt, die Dachlatten im Schweinestall auf Brauchbarkeit zu prüfen und auf Länge zu schneiden.

Nachdem der Stapel alter Dachlatten bald zu Ende ging, kam ein in ein Futteral eingewickeltes altes Gewehr zum Vorschein, verdreckt und zum Teil verrostet. Das Gewehr, ein Karabiner 98 Typ Mauser Kaliber 7,92, musste schon viele Jahre unter dem Stapel Dachlatten gelegen haben. Lehrling Maik war ganz fasziniert von diesem Gewehr; er hatte noch nie ein solches in Händen gehalten, er verstand sowieso nichts von Waffen, geschweige denn von einem solchen Gewehr. Er stellte es zunächst beiseite, um es später wieder hervorzuholen und eventuell auszuprobieren.

Nachdem das Dach nun wieder neu eingedeckt war, sollte noch die alte Wetterfahne auf der Spitze des Giebels angebracht werden – eine Aufgabe für den kleinsten Lehrling namens Tim, ein enger und langjähriger Freund von Maik.

In der Zwischenzeit nahm sich Maik das Gewehr und fummelte an der Sicherung herum; er stellte sich in den Türrahmen, legte das Gewehr auf den Tim an und rief diesem zu: „He Tim, ich schieße dich gleich vom Dach herunter“, nicht ahnend, dass das Gewehr noch geladen war. Kimme – Korn – Schuss … Der Tim torkelte und fiel kopfüber vom Dach, acht Meter tief auf die Erde.

Vom Schreck wie gelähmt, starrten alle Anwesenden auf den in seinem Blut liegenden Tim, der sich nicht mehr bewegte. Maik, der noch nicht begreifen konnte, was er da angerichtet hatte, war durch den Schuss und den starken Rückstoß so geschockt, dass er wie ein Häufchen Elend im Türrahmen des Schweinestalles auf dem Boden saß. Langsam dämmerte es ihm, dass er seinen besten Freund vom Dach geschossen hatte! Er schluchzte und weinte gotterbärmlich.

Nachdem nun alle begriffen hatten, was passiert war, wurden der Notdienst und die Polizei verständigt, sie kamen auch sofort. Der Notarzt konnte bei Tim nur noch den Tod feststellen und bat die Polizei, den Maik mit ins Krankenhaus zur Schockbehandlung mitnehmen zu dürfen, was gestattet wurde. Das Gewehr wurde von der Polizei konfisziert.

Der Meister, der Geselle sowie die beiden anderen Lehrlinge waren nicht minder entsetzt – wie betäubt waren sie von dem Geschehen. Alle fragten sich, woher der alte Karabiner kam, der mindestens 40 Jahre lang versteckt gewesen und durch Zufall von Frank unter dem Stapel Dachlatten entdeckt worden war. Weiterhin war es ein Rätsel, dass die Schlossfeder über so viele Jahre noch in der Lage war, den Schlagbolzen nach vorn zu treiben und dabei den Schuss auszulösen, was bei dem angerosteten Karabiner an ein technisches Wunder grenzte. Möglich war auch, dass der Maik das eingerostete Schloss nicht aufkriegte und er deshalb die im Lauf steckende Patrone nicht sehen konnte. Auch war nicht klar, unter welchen Umständen und warum jemand ein Gewehr im Schweinestall versteckt hatte.

Bauer Brümmer erinnerte sich daran, wie er als kleiner Bub seinem Onkel zugesehen hatte, wie dieser mit einem Gewehr einen Fuchs erschoss. Aber nach dem Tode seines Onkels hatte er nie wieder ein Gewehr auf dem Hof gesehen. Möglicherweise musste der Karabiner in aller Eile versteckt worden sein, denn anders war nicht zu erklären, wie jemand ein geladenes und gespanntes Gewehr dieser Art versteckte und es niemals wieder hervorholte.

Bei der pathologischen Untersuchung wurde festgestellt, dass der Tim einen glatten Durchschuss durch die obere rechte Brust hatte, aber nicht deswegen war er zu Tode gekommen, sondern durch den anschließenden Sturz kopfüber vom Dach.

Das Leid in der Familie von Tim, insbesondere seiner Schwester, war unermesslich, der ganze Ort war von Trauer erfüllt. Töne wurden laut, den Maik solle man auch erschießen, obwohl kaum einer trauriger war als er, hatte der doch seinen langjährigen Freund verloren.

Beim Begräbnis, an dem das halbe Dorf teilnahm, spielten sich herzzerreißende Szenen ab. Maik suchte man aber vergeblich auf dem Friedhof, was verständlich war; man hatte ihm seitens des Trauerhauses signalisiert, der Trauerfeier fernzubleiben.

Später, nachdem sich die Gemüter etwas beruhigt hatten und die Presse ausführlich über das Geschehen berichtet hatte, spekulierte man mehr über den Besitz des Gewehres respektive wie es in den Schweinestall gekommen war. Die örtliche Presse hatte über das Geschehen unter dem Aspekt eines tragischen Unfalls berichtet, was es ja schließlich auch war.

Bei der späteren Gerichtsverhandlung wertete der Richter die Unerfahrenheit des Schützen; es könne allerdings nicht hingenommen werden, wenn jemand mit einem Gewehr in Friedenszeiten auf einen Menschen zielt, selbst nicht aus Spaß; viele Menschen seien so schon zu Tode gekommen. Maik wurde wegen groben Unfugs mit Todesfolge zu zwei Jahren Gefängnis verurteilt und zu anschließender fünfjähriger würdiger Grabpflege.

Karl

Der Winter 1948 war hart, mit einem sehr kalten Januar, klirrendem Frost und mit steifem Ostwind an diesen Tagen, wovon nachfolgend berichtet wird.

In diesem Jahr, drei Jahre nach Kriegsende, hatten das Land Nordrhein-Westfalen und der Kreis Euskirchen sich entschlossen, der Arbeitslosigkeit, die insbesondere auf den kleinen Dörfern herrschte, durch Denaturierungs- und Rückbauarbeiten – wie beispielsweise an der ehemaligen Flughafenrollbahn Odendorf-Rheinbach – entgegenzuwirken. Das Geld kam vom Marshallplan und wurde über die neu gegründete Kreditbank für Wiederaufbau (KfW) an die jeweiligen Gemeinden und letztlich vom Bürgermeister an die Beteiligten ausgezahlt, pro Stunde 1,– D–Mark. Die Bauern, deren Feldarbeit getan war, und Flüchtlinge aus den nahe gelegenen Dörfern waren froh, sich bei dieser Arbeitsbeschaffungsmaßnahme etwas verdienen zu können, selbst bei diesem saukalten Winterwetter. (Die damalige D–Mark entsprach einer heutigen Kaufkraft von circa fünf bis sechs Euro.)

Die von der Reichswehr und der OT (Organisation Todt) noch nicht ganz fertiggestellte Rollbahn hatte den Zweck, vorwiegend Jagdflugzeuge mit einem Landegewicht von 15 Tonnen vom kleinen Flughafen – als Sichtschutz – in den etwa drei Kilometer entfernten Flamersheimer Erbenwald zu lenken. Die Rückbauarbeiten bestanden im Wesentlichen darin, die eingrenzenden Betonfundamente für die Packlagen von Erde freizubuddeln und für den Weitertransport zu zerkleinern, um dann schließlich abtransportiert werden zu können. Die bewehrten Fundamente waren

40 Zentimeter breit und 80 Zentimeter tief im Boden, alle fünf Meter gab es eine Dehnungsfuge. Die Aufgabe bestand nun darin, die Betonblöcke mit Handarbeit mittels Flaschenzug aus der Erde zu heben respektive diese transportfähig zu zerkleinern, denn Kräne oder ähnliche Erdbewegungsmaschinen waren entweder vom Krieg defekt und mangels Ersatzteile nicht zu reparieren oder sie wurden für den Wohnungsbau und Wiederaufbau der zerstörten Städte eingesetzt.

Nach heutigen Vorstellungen ist es kaum jemandem klarzumachen, dass es möglich ist, diese Arbeiten mit den primitivsten Werkzeugen in Handarbeit zu bewältigen. Ich sage dem Leser: „Es geht!" Die dafür benötigten Werkzeuge waren zum Teil vorhanden oder sie wurden aus Alteisen hergestellt: Schrottmeißel mit langen Stielen, Spaltkeile, entsprechend schwere Zuschlaghämmer, Kreuzhacken und Schaufeln, dazu ein eiserner Dreibock sowie ein Kettenflaschenzug. Der Dorfschmied stellte seinen Karbid-Gasbrenner zur Verfügung für die Eisenbewehrung und hatte darüber hinaus die Aufgabe, laufend Meißel und Spaltkeile auf seiner Feldschmiede zu schärfen und zu härten.

Zunächst wurden die Fundamente auf Arbeitsbreite freigeschaufelt, um dann mit Schrottmeißeln und Spaltkeilen die Fundamente auf kleinere Blöcke zu bearbeiten, damit diese dann mit Kettengerüst und Flaschenzug aus der Baugrube gehoben werden konnten, um auf die bereitstehenden Kippkarren der Bauern verladen zu werden. Mit Treckern wurde dann das Schüttgut in eine nahe liegende, ausrangierte Sandgrube gefahren.

Im Verlauf des Tages erschien Karl auf der Arbeitsstelle. Er kam mit einem Vorkriegs-DKW-Motorrad angefahren, packte aus der mitgebrachten Aktentasche einige Flaschen selbst gebrannten

Zuckerrübenschnaps aus und rief mit seiner unvergleichlichen Bärenstimme den Arbeitern zu: „Die Erbet bei dem Sauwödder kann mer nur maache, wenn mer dobei jet richtjes ze drönke hätt", und schenkte jedem aus seiner Buddel so viel Hochprozentiges ein, wie derjenige wollte.

Karl war ein Kleinbauer aus dem Nachbardorf. Sein Erscheinungsbild glich einem Trapper aus dem Wilden Westen, nur anstatt Cowboyhut trug er eine lederne Motorradmütze mit Fliegerbrille, Filzstiefel und einen ledernen Winterrock, vermummt mit einem Wollschal. Er hatte ein zerfurchtes Gesicht mit krummer Nase und eine Stimme wie ein Brummbär. Man kannte ihn als „Radikarlchen", bedingt durch seine Lebensart. Egal was er machte, alles, was er sich vornahm, wurde von ihm radikal und ohne Kompromisse durchgesetzt. Aufgrund seiner Hakennase wurde er seinerzeit von den Nazis kurzfristig in Haft genommen, weil diese ihn als „Juden" verdächtigten; er konnte sich aber dadurch retten, dass er die Hosen herunterließ. Manch einem war seine direkte, bärbeißige, manchmal beleidigende Art unangenehm, dabei war er stets hilfsbereit und konnte auf seine Weise freundlich sein.

Karl besaß einen kleinen Bauernhof, war verheiratet und hatte eine einzige, jetzt 19-jährige Tochter. Diese hatte den Familienauftrag, in den Jahren 1938 bis 1945 jeden dritten Tag mit dem Fahrrad in die nahe Kreisstadt Euskirchen zu fahren und – wie es damals hieß – ihrer Großmutter Essen zu bringen sowie bei ihr nach dem Rechten zu sehen. Doch der wahre Grund war ein völlig anderer. Nämlich war infolge der damaligen Judenverfolgung im Keller des Hauses der alten Frau ein Verlies eingerichtet, dort hielt Karl einen guten Freund von ihm – einen jüdischen Viehhändler – über die Jahre versteckt, und Bettina – so hieß seine Tochter – schaute nicht nur bei ihrer Oma nach dem Rechten, sondern brachte dem Juden in jener Zeit Essen und Trinken.

In welcher Todesgefahr sich Karl dabei befand, kann nur einer ermessen, der die damaligen Hetzkampagnen und Verfolgungen miterlebt hat. Denn auf das Verstecken von Juden stand unweigerlich die Todesstrafe – für Karl und seine Tochter eine lebensbedrohliche Situation! Er wäre hingerichtet worden und seine Tochter in eines der berüchtigten Kinderheime gekommen.

Die frühzeitig vorgesehene Flucht des Juden ins Ausland war durch Verrat vereitelt worden, seine Konten wurden gesperrt und sein Pass eingezogen. Damit war sein Schicksal für den Transport in die Gaskammer besiegelt, wenn Karl ihn nicht versteckt hätte.

Im Jahr 1943 gab es eine mittlere Katastrophe in der Familie von Karl, denn die damals 14-jährige Bettina war schwanger geworden. Der Vater war – man glaubt es kaum – der Jude (wir wollen ihn Ibrahim nennen) – was nun? Einmal davon abgesehen, dass Bettina gerade aus der Schule und selbst noch ein halbes Kind war, wären mit der Geburt des Kindes alle Beteiligte in Todesgefahr gewesen.

Bei der Familienberatung fiel die Entscheidung nach langem Hin und Her auf eine Abtreibung, was auch nicht ungefährlich war, denn Abtreibung wurde damals sehr streng bestraft. Man hatte auch einfach zu viel Angst vor der Nennung eines Vaters, denn für einen Nichtbeteiligten, der seine Vaterschaft zugegeben hätte, war die Strafe, eine Minderjährige geschwängert zu haben, nicht minder groß. Deshalb fand sich auch keiner, der bereit gewesen wäre, seine Vaterschaft für das Neugeborene anzumelden.

Also wurde nach einer „Engelmacherin" gesucht, denn einem Arzt wäre es zur damaligen Zeit nicht eingefallen, eine Schwangerschaftsunterbrechung an einer gesunden jungen Frau vorzunehmen, zumindest nicht in den Kreisen, worin sich Karl bewegte.

Eine Hebamme, schon im Rentenalter, wurde gefunden, die den Abort an Bettina vornahm; dabei wäre es fast zu einer weiteren Katastrophe gekommen, denn der Blutverlust war so hoch, dass doch noch ein Arzt gerufen werden musste, der unter strengster Verschwiegenheit die Blutung stillen konnte – mit dem Makel, dass, wie sich später herausstellte, Bettina keine Kinder mehr bekommen konnte.

Die Bettina war Karls einzige Tochter und wurde vom Vater sehr geliebt. Er war untröstlich über das Geschehene und holte nach langer Überlegung und vielen schlaflosen Nächten seinen alten Wehrmachtsrevolver aus dem Versteck. Von seiner Frau war keine Hilfe zu erwarten, denn sie war schon immer dagegen gewesen, einen Juden zu verstecken; mittlerweile schliefen sie in getrennten Schlafzimmern.

Dass Karl seinen Revolver hervorholte, war ihr nicht verborgen geblieben. Sie war es denn auch, die ihm das leicht erkennbare Vorhaben auszureden versuchte: Bei allem menschlichen Verständnis solle er sich nicht unglücklich machen, denn die Recherchen der Kripo würden die Hintergründe für die von ihm geplante und ausgeführte Tat herausfinden und ihn zumindest für viele Jahre ins Zuchthaus bringen, wenn er nicht sogar zum Tode verurteilt würde. Was solle denn dann aus ihr als Mitwisserin und aus der gemeinsamen Tochter werden?

Doch einem einmal gefassten Vorsatz wollte Karl, entsprechend seinem Markenzeichen des „Radikarlchen“, treu bleiben und sein Vorhaben ausführen, komme, was da wolle. Zu tief war er in seiner Ehre und seiner Gutmütigkeit gekränkt. Seiner Frau blieb noch eine letzte Hoffnung, Karls geplanten Rachemord zu verhindern: Sie bemühte den Ortspfarrer zu sich nach Hause, um, wie sie diesem sagte, ihrem Mann seine große Dummheit auszureden. Karl, der nie ein großer Kirchgänger war und auch mit dem Glauben „nicht viel am Hut“ hatte, bekam einen Tobsuchtsanfall beim Besuch des Priesters. Sie ließen ihn sich zuerst austoben, um danach vernünftig mit ihm reden zu können, aber es war zwecklos, er ließ kein Argument gelten.

Einige Zeit später war Karl – der einige Tage nicht zu sehen gewesen war – nicht mehr wiederzuerkennen. Er war wie ausgewechselt, zu jedermann freundlich, als wenn eine große Last von ihm gefallen wäre. Dieses seltsame Verhalten von Karl ließ seine Frau Schlimmes ahnen. Sie beauftragte ihre Tochter heimlich, den Ibrahim aufzusuchen, um zu erfahren, was los war.

Ibrahim empfing Bettina mit geröteten Augen und geschwollenem Gesicht. Er bat sie, sich hinzusetzen. Mit zittriger Stimme entschuldigte er sich bei ihr und kam noch einmal auf das Geschehene zurück. Sie habe ihn unbewusst durch ihre anschmiegsame Art verführt, obwohl er, wie sie wisse, sie nicht vergewaltigt habe. Aber er hätte wissen müssen, dass dies ein himmelschreiendes Unrecht war. An die möglichen Folgen habe er in diesen Momenten auch nicht gedacht, es sei so gewesen, als hätte sein Verstand plötzlich ausgesetzt.

Mit der Zeit, in all den Jahren, in denen sie ihm das Essen gebracht hatte, hatte Bettina Ibrahim lieb gewonnen. Sie versöhnten sich und er versprach ihr, sollte er jemals wieder als freier Mann hier herauskommen, werde er versuchen, alles wiedergutzumachen.

Sie erzählte ihm vom Vorhaben ihres Vaters, aber er lächelte und sagte, dass er schon bei ihm gewesen sei; aber über Weiteres wollte er mit ihr nicht reden, nur so viel, dass er für ihren Vater volles Verständnis habe und sie sich miteinander versöhnt hätten. Es wäre ein sehr langes und handfestes Gespräch gewesen, dessen Inhalt er aber nicht preisgeben wolle.

Zu Hause berichtete Bettina der Mutter, was sie gehört und gesehen hatte. Daraufhin sah Bettinas Mutter ihren Mann mit ganz anderen Augen an und hatte Achtung vor ihm.

Mittlerweile hatte Karl seinen alten Revolver im hohen Bogen in den Dorfteich geworfen und beauftragte seine Tochter nun wieder, wie üblich, die Essenstransporte nach Euskirchen auszuführen.

Über diese Vorkommnisse war inzwischen Gras gewachsen; es wurde zwar gemunkelt im Dorf, aber keiner, bis auf die Beteiligten, wusste etwas Genaues, zumal Bettina nach wie vor nach Euskirchen fuhr, also konnte nach allgemeiner Auffassung nichts geschehen sein.

Inzwischen war der unheilvolle Krieg zu Ende, die Amerikaner öffneten die Konzentrationslager und zwangen die Bürger der umliegenden Gemeinden, sich das Elend der noch lebenden und inhaftierten Lagerinsassen anzusehen. Das Entsetzen war groß, das hätten sie nicht gewusst, war die übliche Sprechweise, sie hätten zwar die Verbrechen geahnt, aber ein solches Ausmaß an Ungeheuerlichkeiten hätten sie nun doch nicht erwartet, was von vielen Historikern energisch bezweifelt wird. Denn schon 1941 erzählte man sich unter den Schülern der Volksschule den Witz: *„Churchill hat aus Kohle Butter gemacht." Antwort: „Hitler hat aus Juden Seife gemacht."*

Wenn Kinder sich solche Witze erzählen, kann das logischerweise nur von deren Eltern kommen. Manch einer hat sich nach Bekanntwerden und angesichts dieser Gräueltaten verschämt weggeduckt und zurückgezogen.

Nun, Ibrahim kam wieder frei. Er offenbarte sich der damaligen amerikanischen Besatzungsmacht und bekam als einziger Viehhändler im südlichen Rheinland die Konzession, wieder Viehhandel treiben zu können. Die Not der Eifelbauern, denen das gesamte Vieh in der Ardennenschlacht weggetrieben wurde, war groß. Sie hatten weder Vieh noch Geld und freuten sich über jede Kuh, die wieder zurückkam, es waren nur noch wenige.

Bemerkenswert war aber die Tatsache, dass Ibrahim dem Karl als Entschädigung eine Unterkonzession für den Viehhandel überließ. Nun konnten die beiden im südlichen Teil von Nordrhein-Westfalen und Rheinland-Pfalz Handel treiben und kamen alle beide zu erheblichem Vermögen.

Per Vertrag bekamen die Bauern, wenn sie keine Kuh bezahlen konnten, von Karl eine Kuh für ein Jahr geschenkt. Die Familie hatte damit Milch für die Zeit, und das Kälbchen konnten sie behalten, damit später wieder eine kleine Kuhherde entstehen konnte.

Außerdem hatte Karl auch noch die Konzession, von Rheinland-Pfalz nach Nordrhein-Westfalen Kleintransporte zu unternehmen, die er mit seinen zwei Pferden und einem gummibereiften Anhänger bewerkstelligte. Unter anderem war er von der katholischen Kirche beauftragt worden, für etliche Gemeinden den Messwein aus dem Weingebiet der Ahr zu beschaffen, und das war bei Weitem nicht alles, was er über die streng kontrollierte Landesgrenze schaffte.

Auf einer dieser Touren auf dem Rückweg von der Ahr auf der Bundesstraße 56 am Gehöft „Kloster Essig" war eine Bushaltestelle, wo er mit seinem Gespann vorbeikam. Die einzigen wartenden Mitfahrer waren eine junge Frau und ihre zwei Buben, die neben ihren drei Koffern standen. Sie mussten schon einige Zeit dort auf den Bus gewartet haben, der aber nicht kam. Die Frau winkte Karl, er möge bitte halten. Weinend fragte die junge Frau, ob er sie mit den zwei Buben und den drei schweren Koffern nach Euskirchen mitnehmen könne. Nun, meinte Karl, der schon dabei war, nach links in Richtung Odendorf abzubiegen, das sei ein Umweg von 20 Kilometern und er wisse nicht, ob er das seinen beiden Rössern noch zumuten solle. Aber in Anbetracht der weinenden Frau sagte er, typisch Karl: „Eropp met üch!", dabei half er den dreien samt Koffern auf seinen Pferdetransporter und fuhr geradeaus nach Euskirchen.

Auf dieser Fahrt kam zwischen der Frau und Karl eine Unterhaltung zustande. Sie erzählte ihm, dass sie ursprünglich aus Köln komme und ausgebombt sei. In den letzten Kriegsjahren habe sie im Sauerland gelebt. Ihr Mann sei in Bonn beschäftigt, dort seien aber keine Wohnungen mehr zu bekommen, deshalb würde sie mit den Buben nach Euskirchen zu Bekannten ziehen.

An dem von ihr beschriebenen Haus angekommen, half er wieder abladen. Die drei waren glücklich, dass sie nicht zu Fuß hatten laufen müssen. Glücklich und voll des Dankes fragte sie ihn – der so freundlich war, den Riesenumweg in Kauf zu nehmen und sie mitzunehmen –, was sie ihm denn schulde. Darauf Karl: „Nix krien ich dofür, sett fruh wenn ihr jetzt doheem set." Sprach's, reichte ihr noch eine Flasche Wein und drehte mit seinen Pferden ab.

Nach einigen Wochen bekam Karl Besuch, ein dicker Mercedes fuhr bei ihm vor. Zwei gut gekleidete Männer stiegen aus und schritten auf das Haus zu, einer von beiden hatte eine Aktenmappe unter dem Arm. Das könne nichts Gutes bedeuten, meinte Karl zu seiner Frau, bat sie aber freundlich zur Tür herein.

Ob er der Karl Schmitz sei, fragte der Mann mit der Aktenmappe. Karl bejahte und weiter: „Et sidd esu us, als kämt ihr vom Finanzamt, wat wollt ihr dann von mir?" „Wir kommen zwar von Bonn aus dem Ministerium, aber unser Besuch bei Ihnen hat einen ganz anderen Grund", meinte der Mann mit der Aktenmappe. Danach stellte er sich vor, er sei der Staatssekretär aus dem Bonner Wirtschaftsministerium und habe an ihn eine Frage: ob er vor einigen Wochen mit seinem Pferdewagen eine Frau mit zwei Kindern nach Euskirchen gefahren habe. „Jawohl, dat hann ich", antwortete Karl, „war dat schlömm?" „Nein", meinte der Staatssekretär, „das war ein lobenswertes Verhalten von Ihnen, und meine Frau, sie war das nämlich, lässt Ihnen nochmals dafür danken." Darauf meinte Karl: „On dovür kott ür extra von Bonn?" „Nein", meinte der Beamte, „für so viel Herzlichkeit möchte sich die Bundesregierung revanchieren. Auch für die Barmherzigkeit dem Juden gegenüber, wie Sie aus der Presse erfahren konnten. Für all das habe ich Ihnen die Konzession für einen Zementhandel für ein bestimmtes Kontingent anzubieten, ich habe die Unterlagen gleich mitgebracht", sagte der Sekretär und holte seine Mappe für die Unterschrift hervor.

Zunächst fiel Karl überhaupt nichts ein, seine Frau saß mit offenem Mund dabei und brachte auch kein Wort heraus. Dabei muss man wissen, dass zu jener Nachkriegszeit der Zement wegen Knappheit einige Jahre bewirtschaftet wurde, sodass solch eine Konzession einem Lottogewinn gleichkam.

Nachdem die beiden sich von ihrer Überraschung erholt hatten und Karl begriffen hatte, was das für ihn bedeutete, nahm er das Angebot an und unterschrieb. Obwohl Karl ein zerfurchtes Gesicht hatte, konnte jeder Betrachter unschwer Freude und Glück in seinem Gesicht ablesen. Der Beamte und sein Fahrer bedankten sich für den freundlichen Empfang sowie für die von Karls Frau überreichte Flasche Wein und verabschiedeten sich.

Einige Zeit später verunglückte ein Landwirt mitten in der Ernte in einer Kiesgrube schwer. Er konnte gerade noch vor einer herabstürzenden Wand in der Grube gerettet werden und erlitt schwere innere Verletzungen. Der Grubenbesitzer hatte es nicht mehr geschafft und wurde unter den Erdmassen begraben.

Als Landwirt mitten in der Ernte auszufallen, war für einen kleinen Bauernbetrieb eine Katastrophe. Auch hierbei sprang Karl ein; uneigennützig und eben radikal. Er half der Familie bei der Ernteeinbringung und betrachtete das als Selbstverständlichkeit. Bei denen, die ihn nicht kannten, eckte er oft an mit seiner barschen Art, dabei war er aber im Kern ein herzensguter Mensch.

Der „Marienhof“ – eine landwirtschaftliche Domäne mit vorwiegend Viehwirtschaft – wurde von einem kränkelnden Mann und einer vitalen Frau mittleren Alters bewirtschaftet. Eines Tages starb plötzlich und unerwartet der Landwirt und die Frau stand nun mit über 30 Melkkühen allein da, ausschließlich Jungvieh.

Karl war inzwischen 67 Jahre alt, Rentner, und hatte seinen Bauhandel und seine Landwirtschaft an seinen Schwiegersohn abgegeben. Eines Tages, nachdem das Begräbnis und die ersten Trauertage am „Marienhof“ vorbei waren, stand Karl bei der Witwe vor der Tür. Ob er ihr helfen könne, fragte er sie, er könne sich nämlich nicht vorstellen, dass sie ohne Hilfe alleine auf dem Hof zurechtkäme. Die vollkommen überraschte Bäuerin bat ihn ins Haus. Sie servierte ihm einen Kaffee und ein Stück selbst gebackenen Kuchen, als Grundlage für eine Plauderei.

Im Verlauf der Unterhaltung erklärte die Witwe, dass sie tatsächlich demnächst alleine sein werde, weil ihre erwachsene Tochter wieder ihrem erlernten Beruf nachgehen und in die Stadt ziehen würde. Wie er sich denn seine Hilfe vorstellen würde, fragte sie Karl. Das könne er erst dann sagen, wenn er sich den Betrieb einmal ansehen könne, meinte dieser daraufhin.

Gesagt, getan. Zunächst zeigte sie ihm den Kuhstall, worauf Karl ein „O Gott, o Gott“ von sich gab. Bei so einem heruntergekommenen Kuhstall könne er sich kaum vorstellen, irgendwie nützlich sein zu können, meinte er. In diesem Stall seien bestimmt 30 Jahre keine Renovierungen mehr vorgenommen worden, meinte die Bäuerin, das habe daran gelegen, dass ihr Mann kränklich gewesen sei und dass sie auch nicht genug Geld dafür gehabt hätten. Der Stall müsse komplett erneuert und auf die Neuzeit eingestellt werden, meinte Karl, er könne sich auch keine hohe Milchleistung vorstellen, fuhr er mit Blick auf die Kühe fort. Die Bäuerin war schon fast beleidigt über so viel destruktive Kritik und er solle jetzt endlich sagen, ob er helfen wolle oder nicht. Karl erbat sich von ihr, eine Nacht darüber zu schlafen, er würde dann wiederkommen.

Die Bäuerin hatte schon im Stillen damit gerechnet, dass Karl nicht mehr kommen würde, war dann aber erstaunt, ihn zwei Tage später wieder vor ihrer Tür zu sehen.

Er habe sich überlegt, was und wie er ihr helfen könne. Zunächst einmal müssten die Halterungen für die Kühe total erneuert werden, die Entmistung durch bauliche Veränderungen modernisiert werden und das Jungvieh müsse einen anderen Stall haben, Platz wäre ja genug. Seine Frau sei vor drei Jahren gestorben und er bräuchte deshalb zeitlich keine Rücksicht mehr zu nehmen, er könne und wolle ihr helfen.

Die Witwe, platt vor Erstaunen, meinte, erstens koste das viel Geld, das sie nicht habe, und bezahlen könne sie ihn auch nicht. Das habe er sich schon gedacht, erwiderte Karl, und er habe ihr daraufhin einen Vorschlag zu machen: „Zunächst bemühen wir uns um einen Bankkredit – das ‚Wir‘ bedeutet eine Bürgschaft von mir –, dann holen Sie sich bei der KfW einen Zuschuss. Und noch etwas: Für meine Arbeit will ich kein Geld haben, aber Essen und Trinken sind frei sowie ein Zimmer in Ihrem großen Haus.“ Beeindruckt von so viel forscher Tatkraft, stimmte die Bäuerin zu. Es wurde ein Vertrag ausgearbeitet und dieser bei einem Gläschen Wein unterschrieben.

Durch Mitunterzeichnung unter den Kreditvertrag und Eintragung ins Grundbuch wurde der beantragte Kredit von der Bank bewilligt, auch die KfW stimmte entsprechend dem geforderten Betrag durch Zuwendungsbescheid zu. Der Stallumbau konnte beginnen.

Karl fungierte aufgrund seiner Lebenserfahrung und zurückliegender eigener Baumaßnahmen als Bauleiter. Er war überall dabei und kritisierte beim Architekten, wenn ihm etwas nicht passte oder wenn die Bauarbeiter schludrig gearbeitet hatten.

Die Renovierungsarbeiten fanden bewusst und gezielt in den Sommermonaten statt, der Stall musste naturbedingt vor dem Weideabtrieb fertiggestellt sein. Auch hierbei sorgte Karl mit seiner Bärenstimme bei den Bauarbeitern für flotte Arbeit und einen zügigen und pünktlichen Abschluss der Bauarbeiten.

Nun sollte man meinen, alles sei bestens und „Friede, Freude, Eierkuchen" – wenn nicht eines Tages, oder besser gesagt nächtens, der Karl im Nachthemd im Zimmer der Bäuerin gestanden hätte mit dem unmissverständlichen Begehren, mit ihr schlafen zu wollen. Die Witwe erschrak, nachdem sie sich den Schlaf aus den Augen gerieben hatte, um danach mächtig zu protestieren. „So geht das nicht!", schrie sie mit schriller Stimme, sie möchte das nicht und es stehe auch nicht im Vertrag. Beschämt und zutiefst beleidigt schlich Karl sich danach auf sein Zimmer.

Am nächsten Morgen, beim gemeinsamen Frühstück – Karl saß schon mit einem gepackten Koffer am Tisch –, gab es eine kurze Aussprache, wobei er sich zunächst einmal entschuldigte, um ihr dann zu sagen, dass er nun genug geholfen habe und er von nun an nicht mehr bleiben könne. Er sei ein ganz normaler Mann mit Bedürfnissen und wenn sie als Witwe das niemals mehr wolle, wie sie ihm das zu verstehen gegeben hatte, könne er das akzeptieren, aber damit wäre sein Hilfsangebot beendet.

Diesen unerfreulichen Ausgang, nach zweijähriger vertraulicher Zusammenarbeit, hatten beide gewiss nicht gewollt, aber im zwischenmenschlichen Bereich war die Vertrauensbasis zerstört. Er wünschte ihr noch viel Glück bei der Bewältigung ihrer Arbeit und verließ den Hof.

Die Bäuerin sah danach aus, als wäre sie um viele Jahre gealtert. Im Stillen dachte sie, vielleicht doch einen Fehler gemacht zu haben; sie hätte auf diese Situation schließlich auch anders – menschlicher und diplomatischer – reagieren können, was aber nun nicht mehr rückgängig gemacht werden konnte.

Diese Kurzgeschichte soll dazu beitragen, einen Mann zu ehren, der es durch seine Art und durch sein Aussehen nie leicht im Leben hatte, der aber immer hilfsbereit war und auch die mit seiner bärbeißigen Art verbundenen unangenehmen Konsequenzen in Kauf nahm. Manche, die Karl kannten, meinten, er hätte in seinem Leben ein Vermögen verschenkt. In dieser Welt, wo jeder nur auf seinen eigenen Vorteil bedacht zu sein scheint, bleibt er für uns alle ein Vorbild.

Sofia

Sofia war ein typisches Nachkriegskind, ein Nachkömmling. Den Namen gab ihr der Vater Jupp (Josef), er wurde später in die Kurzform „Fia“ umbenannt; diesen Kurznamen behielt sie auch in der Schule, selbst später noch als erwachsene Frau.

Geschlossen wurde die Ehe der Eltern im Jahr 1932, kurz bevor Adolf Hitler an die Macht kam. Sie stammte aus kleinbäuerlichen Verhältnissen, er aus einer Handwerkerfamilie. Vor seiner Ehe vom zukünftigen Schwiegervater befragt, wie denn sein wirtschaftlicher Status aussehe, erwiderte Jupp: „Ich bin Kunstmaler und meine zukünftige Frau hat auch nichts.“ Damit war seine wirtschaftliche Situation hinreichend und genau beschrieben.

Bei der Geburt von Fia im Juli 1947 waren ihre zwei Brüder in der Pubertät und in einer Lehrausbildung. Die Mutter war eine couragierte Frau mittleren Alters, die wie viele andere Frauen in und nach der Kriegszeit versuchten, sich und ihre Familien – insbesondere die Kinder und die Alten – über die Runden zu bringen. Jupp, der Vater, als Feldwebel an der Front in Russland, war ein intelligenter, fähiger Kunstmaler.

In den letzten Tagen der Kriegszeit wurden während der Ardennenschlacht 1943 bis 1944 bei Hürtgenwald viele Bauern der Umgebung evakuiert und das gesamte Vieh – Herden von rotbraunen Kühen – wurde westwärts getrieben, um nicht den alliierten Truppen in die Hände zu fallen. Mehrere Tausend dieser Kühe wurden durch das in der Nähe liegende Eifelstädtchen Mechernich auf eine große Wiese getrieben. Das Blöken dieser zum Teil frisch melkenden Kühe war kilometerweit zu hören. Das war der Anlass für die Behörden, der Bevölkerung zu erlauben, die Kühe zu melken, bevor sie weiter nach Westen getrieben wurden.

Fias Mutter stammte von einem Bauernhof und war außerdem eine ausgebildete Köchin, die sich nicht nur die selbst gemolkene Milch sicherte, sondern ein junges Rind aus der Herde aussuchte und dieses kurz vor dem Abtrieb, nächtens auf der Weide, schlachtete, zerlegte und den Kopf und die Knochen sowie die Innereien vergrub. Damit und mit der zu Käse verarbeiteten Milch war eine ausreichende Ernährung der Familie für viele Monate gesichert.

Der Neid der Nachbarn, die sie beobachtet hatten, führte aber dazu, dass sie bei den Nazibehörden angezeigt wurde, und nur der Intervention von Jupp – als hochdekoriertem Feldwebel an der Front in der Ukraine – war es zu verdanken, dass seine Frau dafür nur für wenige Monate ins Gefängnis kam.

Diese Auszeichnung hatte sich Jupp als vorgerückter Aufklärer und ausgebildeter Vermessungsoffizier bei der Reichswehr erworben und wurde in dieser Eigenschaft in der Ukraine eingesetzt. Bei einem mutigen Aufklärungsstoßtrupp war er als Einziger hinter der Front eingekesselt worden und dadurch in einen feindlichen Hinterhalt geraten. Er konnte sich nur befreien, indem er dem Artilleriestützpunkt seinen Standort per Funkspruch mit den Koordinaten einer riesengroße Wiese angab, mit der Anweisung: „Feuer frei, aus allen Rohren." Auf diese Weise hoffte er, heil aus seiner Einkesselung herauszukommen, denn seine Beobachterstellung war den Russen nicht bekannt. Er kam mit viel Glück wieder frei und rettete gleichzeitig ein ukrainisches Dorf vor der Zerstörung, weil sich die Dorfbewohner durch Abhören des Funkverkehrs rechtzeitig in Sicherheit bringen konnten. Was die deutsche Batteriebefehlsstelle nicht ahnte, war eine von Jupp erfundene russische Stellung auf einer Wiese, die es in Wirklichkeit aber gar nicht gab.

Ein eingereichter Kurzurlaub, den, wie er meinte, er sich durch seine Heldentat verdient hätte, wurde vom Kommandostab abgelehnt. Danach fälschte er sich als geübter und begnadeter Kunstmaler und Grafiker einen Überweisungsschein, worin er sich als Ordonnanzoffizier für ein Krankenhaus in der Nähe seiner Heimatstadt ausgab und somit Gelegenheit hatte, im letzten Kriegsjahr seine Familie zu besuchen. Durch seinen mit getürkten Blutdurchschlägen verbundenen Arm und seinen eingeübten, leicht humpelnden Gang mit zwei Krücken wurde ihm überall Hilfe zuteil. Seine Kompanie staunte nicht schlecht, als er nach einer Woche völlig gesund wieder bei seiner Einheit auftauchte; sie hatten keine Ahnung gehabt, wo er gewesen war, und ihn schon als vermisst gemeldet.

Bei den ukrainischen Soldaten hatte sich Jupp, der absolut kein Unrecht leiden mochte, Achtung verschafft; nicht nur als er das ukrainische Dorf vor der Zerstörung bewahrte, indem er die unbedeutende große Wiese durch seine Artillerie umpflügen ließ, sondern auch als er den russischen Truppen heimlich einen deutschen Nazioffizier meldete, der in grausamster Weise junge ukrainische Frauen und Kinder vergewaltigt hatte und sie danach erschoss. Dabei ergab sich eine Gelegenheit, ihn zu verraten, als der Offizier allein mit einem Jeep die Gegend erkundete und dabei von der ukrainischen Bevölkerung gefangen genommen wurde. Nach russischem Standgerichtsurteil wurde er von den Ukrainern erschossen und zusammen mit seinem Jeep in einem tiefen Granattrichter vergraben, was aber beim Vorrücken der deutschen Truppen beim Frontabschnitt „Nijpatoria“ dann doch noch bekannt und augenscheinlich wurde.

Als Jupp 1946 entlassen wurde, war seine Frau 48 Jahre alt und noch einmal schwanger geworden. Für Jupp war das ein Anlass großer Freude; nicht so für seine Frau. Sie wollte das Kind nicht mehr und es fiel ihr schwer, sich seelisch im vorgerückten Alter auf ihre Schwangerschaft einzustellen, die sie natürlich erheblich belastete. Und weil ein Schwangerschaftsabbruch in dieser Zeit kaum möglich war, ging sie, zutiefst unglücklich, wochenlang nicht vors Haus.

Dann, neun Monate später, im Juli 1947, wurde die Mutter in einer schweren Geburt von einem gesunden Mädchen entbunden. Sofia war nun auf der Welt. Sie hatte die familientypische Hakennase, leicht abstehende Ohren und einen „Silberblick“ – demnach kein besonders hübsches Baby –, und weil von der Mutter als unerwünschter Nachkömmling nicht geliebt, wurde sie obendrein auch noch ein Schreihals. – Jupp, wieder aus dem Krieg zurück, liebte seine Tochter hingegen abgöttisch, er konnte darum gar nicht anders, als sich verstärkt um Fia, wie er sie nunmehr immer nannte, zu kümmern.

Jupp, bekannt für seine Malkünste – er konnte in nur wenigen Minuten einen Zeitgenossen exakt porträtieren –, war als ein Gerechtigkeits- und Wahrheitsfanatiker bekannt; er konnte offensichtliches Unrecht nicht ausstehen.

In seiner Heimatstadt gab es nach dem Zusammenbruch gemäß der Selbstverwaltung eine erste Kommunalwahl, in deren Verlauf ein Bürgermeister gewählt wurde, mit einer nebulösen Vergangenheit. In den Kriegsjahren war er nie eingezogen worden; er war während dieser Zeit für die Verteilung der Kriegsgefangenen zuständig. Aufmerksame, spielende Kinder fanden beim „Häuschen bauen“ und beim Graben im nahen Wald sechs Frauen- und Männerleichen. Nach den noch gut erhaltenen Kleidern zu urteilen, waren es osteuropäische Kriegsgefangene. Nach eingehender Untersuchung waren alle durch Kopf- und Genickschuss zu Tode gekommen. Bei einem der Ermordeten fanden sich bei der Leiche in den Kleidern noch Reste von Unterlagen, woraus man schließen konnte, dass der neu gewählte Bürgermeister in die Ermordung involviert gewesen war. Es geschah allerdings nichts, weil der Bürgermeister anscheinend in der richtigen Partei war. Das ließ Jupp jedoch nicht ruhen und er brachte diese Angelegenheit zur Anzeige gegen unbekannt, was aber trotz des erheblichen Verdachts – angeblich wegen Mangels an Beweisen – unter den Teppich gekehrt wurde.

Jupp wollte das alles nicht auf sich beruhen lassen und malte nachts mit großen Buchstaben auf die Straße: „Mörder unter uns!“ Danach kam Bewegung in die Justizbehörden und eine Prozesslawine ins Rollen. Die Stadtverwaltung sah die öffentliche Ordnung gefährdet und strengte ein Verfahren gegen Jupp an.

Bei der Gerichtsverhandlung fragte Jupp den Richter, was es denn kosten würde, wenn er den Bürgermeister einen opportunistischen Schweinehund, Kriegsgewinnler und Mörder nennen würde. Nach allgemeiner Heiterkeit im Gerichtssaal meinte der Richter süffisant, beim wiederholten Ausspruch müsse er mit einer Beleidigungsklage seitens des Bürgermeisters rechnen, und das wäre bestimmt nicht billig. Er, der Richter, könne die Strafhöhe nicht konkretisieren, aber 1.000 Mark könnten es schon sein. Das sei ihm zu teuer, meinte Jupp, er würde aber dafür sorgen, dass die ausgegrabenen Gebeine noch einmal von der Pathologie untersucht würden.

Ein nicht zu überhörendes Gemurmel war darauf im Zuhörerraum zu hören, was sich anhörte wie: „Recht so, recht so“, bis der Richter zur Ruhe mahnte. Es blieb aber nicht aus, dass Jupp wegen Eingriffs in den öffentlichen Straßenverkehr zu einer Geldstrafe von 500,00 Mark verurteilt wurde. In seiner Urteilsbegründung meinte der Richter, die Strafe sei deshalb so milde ausgefallen, weil er als Täter bei der Tat erheblich unter Alkohol stand und mit 0,8 Promille angetroffen wurde. Darauf meinte Jupp, das solle ihn, den Richter, weiter nicht stören, denn das sei nämlich sein Normalzustand, sonst ließe sich für ihn die Ungerechtigkeit nicht aushalten.

Eines hatte er aber mit seiner persönlichen Aktion in diesem Prozess bewirkt: dass der Staatsanwalt eine Untersuchung einleitete und Mordanklage gegen unbekannt erhob. Im späteren Verlauf wurde der Bürgermeister bei einer Unterschriftenaktion in der Gemeinde abgewählt, man hatte ihm das Vertrauen entzogen.

Fia wuchs heran, geliebt und gefördert von ihrem Vater. Nicht zuletzt deshalb, weil die Mutter ihre beiden Söhne in unverantwortlicher Weise bevorzugte und Fia sich von ihrer Mutter ungeliebt fühlte. Auch die notwendige Ohren- und Augenkorrektur wurden auf Veranlassung des Vaters ausgeführt, was ihr Selbstwertgefühl erheblich stärkte und Auswirkungen auf ihr späteres Leben haben sollte. Nur die leicht gekrümmte Hakennase ließ man ihr – es war sozusagen ein Merkmal jüdischer Herkunft seitens ihrer Großmutter.

Sie kam gut mit in der Schule, zur Freude der Lehrer und der Eltern. Schon im vierten Schuljahr waren der Lehrerschaft ihre Intelligenz und ihre außergewöhnliche Schlagfertigkeit aufgefallen. Es entging ihr keine Unregelmäßigkeit und Ungerechtigkeit in der Klasse, woraufhin sie zur Klassensprecherin gewählt wurde.

Das Verhältnis zwischen Fia und ihrer Mutter ließ sich indessen nur mit Hassliebe erklären. Das ging so weit, dass sie ihre Mutter mit Rattengift im Kuchen vergiften wollte, was nur durch einen Zufall verhindert werden konnte. Das Entsetzen in der gesamten Familie war daraufhin sehr groß. Ein Psychiater wurde konsultiert, um die Hintergründe aufzudecken, dabei kam klar jene beiderseitige Hassliebe zum Vorschein. Aufgeschreckt darüber, was hätte geschehen können, und nicht zuletzt Jupps Vorhaltungen seiner Frau gegenüber veranlassten diese, das Verhältnis zu ihrer Tochter zu verbessern, was dazu führte, dass auch Fias Verhältnis zu ihrer Mutter besser wurde, aber nie ganz geheilt werden konnte.

Jupp hatte einen älteren Bruder, der durch eine Kriegsverletzung zeugungsunfähig geworden war. Seine Frau hätte so gerne noch ein Kind gehabt und litt sehr darunter, dass dies mit ihrem Mann nun nicht mehr möglich war. Weil der Familienverband aber intakt und ausgesprochen harmonisch war, verstand man sich und half sich untereinander.

Bei einer Familienfeier kam es scherzweise zu der Frage, ob der Jupp ihr denn kein Kind machen könne. Zunächst einmal wurde in der Runde kräftig darüber gelacht. Aber wenig später meldete sich der Bruder mit Frau bei Jupp und Frau zum Kaffee an. In vertraulicher Unterhaltung und im Laufe des Gespräches meinte die Frau seines Bruders etwas zögerlich verlegen, die Frage neulich sei gar nicht so absurd gewesen, man kenne sich schließlich und es bliebe ja auch in der Familie. Wenn alle damit einverstanden wären, könne sie sich vorstellen, mit dem Jupp zur richtigen Zeit eine Woche in Urlaub zu fahren, danach würden sie dann wieder getrennte Wege gehen.

Nach dieser ernsthaften, aber doch ungeheuerlichen Frage war es Jupp, der die Fassung bewahrte; seine Frau war zunächst fassungslos und konsterniert, stimmte dann aber letztlich nach einer langen Pause doch zu. Sie meinte zu ihrer Schwägerin scherzhaft: „Von mir aus kannst du ihn danach auch gleich ganz behalten." Jeder in der Runde wusste aber, wie das gemeint war.

Die Vereinbarung kam zustande und wurde ohne etwas Schriftliches beschlossen – unter dem Vorbehalt, keiner Menschenseele etwas davon bekannt zu geben. Der richtige Zeitpunkt wurde ausgewählt und Jupp unternahm mit seiner Schwägerin eine einwöchige Rheintour, was damals schon wieder möglich war. Sie fuhren von Bonn aus mit einem Rheinschiff nach Königswinter und mieteten sich in einem Hotel ein.

Man mag darüber denken, wie man will, aber viele von uns sind das Ergebnis einer wunderbaren Nacht oder eines Urlaubs unserer Eltern, so auch hierbei. Möglicherweise wäre die Menschheit längst ausgestorben, wenn es diese Kuckuckskinder nicht zu allen Zeiten gegeben hätte.

Aus diesem Zweckbündnis entstand ein gesunder Sohn: „Fridolin". Dem kritischen Betrachter konnte aber nach einiger Zeit nicht verborgen bleiben, dass auch er die Hakennase seines Erzeugers geerbt hatte.

Fia war inzwischen 16 Jahre alt, etwas älter als ihr Vetter Fridolin. Dessen Vater betrieb einen Fahrgastschiffsbetrieb mit Bootsverleih auf einem großen Eifel-Stausee, wobei der Fridolin mithalf. Schon seit ihrem zehnten Lebensjahr verbrachte Fia ihren Schulurlaub bei ihrem Vetter am Stausee, oft auf dem Fahrgastschiff. Fridolin kümmerte sich um die Gäste, gab Sitzanweisungen und half beim Ein- und Aussteigen der Bootsgäste; Fia kassierte dann bei den Ausflugsgästen die Mitfahrbillets, was ihr ungemein viel Freude machte.

Mit der Zeit entstand zwischen den beiden so etwas wie ein positives Spannungsfeld, woraus etwas später eine echte Verbundenheit entstand, ohne dass Außenstehende oder die Elternpaare davon etwas mitbekamen. Das lustige Herumalbern der beiden werteten die Eltern nicht als das, was es wirklich war, nämlich eine ernsthafte, tiefe Liebe der beiden zueinander.

Als Fia aus der Schule entlassen wurde – übrigens mit sehr guten Zeugnisnoten –, war sie nicht mehr zu halten und traf sich ständig mit Fridolin. Alle Ermahnungen ihrer Mutter, ihr zu helfen, insbesondere bei der Hausarbeit, fruchteten wenig.

Eines Abends, rein zufällig, vielleicht aus einem inneren Antrieb heraus, kam die Mutter von Fridolin noch mal auf das Schiff zurück, um zu kontrollieren, ob die Seeventile alle geschlossen waren, dabei hörte sie dort leise Stimmen. Mit bis zum Halse klopfendem Herzen schlich sie sich in die Fahrgastkabine und erstarrte vor Schreck, denn was sie da zu sehen bekam, verschlug ihr den Atem. Es fiel ihr danach wie Schuppen von den Augen, nach dem, was sie da zu sehen bekommen hatte, und sie fragte sich, wie es wohl sein konnte, dass sie und ihr Mann sich all die Zeit geirrt hatten und die Albernheiten zwischen Vetter und angeblicher Cousine missdeutet hatten. Ohne von den beiden bemerkt zu werden, schlich sie sich diskret zurück.

In einem ernsthaften Gespräch mit ihrem Mann kamen beide überein, dass es nun allerhöchste Zeit sei, beide über die Unmöglichkeit einer Verbindung aufzuklären.

Eine Gelegenheit für das notwendige Gespräch mit den beiden Betroffenen ergab sich kurz vor dem Kirchwehfest des Ortes. Als die beiden erfuhren, dass sie Halbgeschwister seien, wobei man auch die Schilderung der besonderen Umstände nicht ausließ, traf es sie wie ein Blitz aus heiterem Himmel. Fridolin war tagelang nicht ansprechbar. Für Fia war es wie eine Lebenskatastrophe, mit gesundheitlichen Auswirkungen, sie wollte tagelang nichts mehr essen. Was weiterhin in ihr vorging, offenbarte ihr Äußeres: Sie magerte ab und wurde krank.

Alle Beteiligten bemühten sich liebevoll um die beiden, aber es war ihr Vater, der in einem langen Gespräch auf sie beide einwirkte, insbesondere auf Fia, und sie letztlich davon überzeugen konnte, dass die damaligen Umstände schließlich zu Fridolins Leben und Dasein beigetragen hätten und dass es trotz allem nicht richtig sei, ihr Leben deshalb wegzuwerfen.

Der monatelange bedenkliche Zustand der beiden war erst dann zu Ende, als man sich entschloss, sie auch räumlich zu trennen. Fridolin besuchte die Kapitänsschule in Cuxhaven und Fia wurde am Gymnasium in der nahen Kreisstadt angemeldet, wobei sie bei einer entfernten Verwandten von Jupp ein Zimmer nahm, was denn auch von ihm gesponsert wurde.

Mit der Zeit, die bekanntlich alles heilt, erholten sich die beiden wieder, abgelenkt durch das intensive Lernen beim Studium in

Cuxhaven und in der Schule. Obwohl bei Fia nicht direkt erkennbar war, welch seelische Verletzung durch die Trennung bei ihr entstanden war, behielt sie doch einen Schatten auf ihrer Seele, der für lange Zeit ihr weiteres Leben bestimmen sollte.

Jupp konnte es nicht lassen, neben seiner Arbeit auch weiterhin zu malen und als Jux auch schon mal Geldscheine zu zeichnen; er malte alles, was ihm unter die Feder kam. Er skizzierte mit Vorliebe Kirchen in den Eifeldörfern, die deshalb zum Teil als skizzierte Denkmäler heute noch für die Nachwelt erkennbar sind. Außerdem war er Archivar und konnte seine Familie bis in das Jahr 1497 exakt darstellen und seine Urahnen malen. Auch malte er ein Familienwappen aus Vorlagen seiner Ahnen und veranlasste die Eintragung im „Deutschen Wappenbrief“.

An einem Abend hatte er einen Hundertmarkschein einfach nur so aus Jux nachgemacht und diesen zum Trocknen an den Lampenschirm der Küche geklemmt. Am nächsten Morgen wollte er sich diesen Schein noch einmal ansehen, fand ihn aber nicht mehr. Verzweifelt suchte er alle Möglichkeiten ab – vergebens. Was er nicht wissen konnte, war der Umstand, dass seine Frau den vermeintlichen Geldschein genommen hatte, um damit beim Becker die Brötchen zu bezahlen, weil sie annahm, Jupp hätte den Schein für sie zum Einkauf angeheftet. Sie übergab Jupp dann auch noch das Wechselgeld, worauf dieser seine Frau wütend anschrie: „Hol sofort den Hundertmarkschein zurück, um Schlimmeres zu verhindern!“

Damit soll dokumentiert werden, dass der Schein so gut gefälscht war, dass er bei einer flüchtigen Inaugenscheinnahme der Bäckersfrau nicht als Falschgeld erkennbar war. Vielleicht kam der Schein auch deshalb nicht zurück, weil Jupp den Geldschein mit fein ziselierter Aufschrift: „Wer diesen Schein für echt hält, wird bestraft“ versehen hatte.

An einem Sonntagmorgen 1961, nach dem Frühschoppen, bekam Jupp Besuch von einem ehemaligen Kriegskameraden. Die Wiedersehensfreude war riesengroß. Bei mindestens einem Schoppen Wein in der nahen Gastwirtschaft wurden die Kriegsgeschehnisse noch einmal ausgegraben, wobei nicht nur ernste, sondern auch lustige Dinge wieder zum Vorschein kamen. Man war sich aber darüber einig, viel Glück gehabt zu haben und mit heiler Haut – von kleinen Verwundungen abgesehen – davongekommen zu sein. Es gelte jetzt, sich das wiederzuholen, was ihnen der Krieg, angezettelt von einem verbrecherischen System, genommen hatte. Damit war bei Martin, so wollen wir den Kriegskameraden nennen, ein Stichwort gefallen, was er übrigens als seinen Hauptgrund für den Besuch bei Jupp nannte.

Mit leiser Stimme erklärte er Jupp, dass, wie er ja sicher noch wisse, er Abteilungsleiter und Vertrauter des Eigentümers einer deutschen Notendruckerei sei. Diese war im Bombenkrieg vollständig zerstört worden. Nach den Kriegswirren wurde der Betrieb wieder als Notendruckerei aufgebaut und er selbst wurde als gesuchter Druckereifachmann wieder eingestellt. Es sei Vorschrift gewesen – wegen Brandgefahr –, einige Paletten Originaldruckpapier an geeigneter Stelle auszulagern. Man hätte sich an ihn als vertrauensvollen langjährigen Mitarbeiter gewandt und ihn mit dieser Aufgabe betraut. Einiges sei aber bei der Auslagerung der Papierpaletten schiefgelaufen, wobei eine ganze Palette mit Originaldruckpapier abhandengekommen sei. Er wisse aber, wo diese Palette untergekommen sei und habe sich jetzt nach seiner Emeritierung als Betriebsleiter des Stapels bemächtigt.

Jupp hatte bis dahin aufmerksam zugehört; es sei ihm aber noch nicht verständlich, was das mit ihm zu tun hätte, bemerkte er. Nun meinte Martin verschmitzt, er kenne ihn und wisse, was er könne. Dabei erinnerte er ihn nochmals an die Kriegszeit und an das Husarenstück mit dem Urlaubsschein und an seine Gravierkünste.

Langsam dämmerte Jupp, wozu ihn Martin verführen wollte, und schüttelte den Kopf. Martin ließ sich dadurch aber nicht aus dem Konzept bringen. Stur, wie er nun mal war, versuchte er Jupp für seinen Plan zu begeistern, für Zwanzigmarkscheine die Druckplatten herzustellen; wenn einer das könnte, dann er. Er redete so lange auf Jupp ein, bis dieser schließlich zustimmte – roch dieses Unternehmen doch nach Abenteuer, wofür Jupp immer zu haben war.

Es musste Material für den Druckbildspeicher und eine Negativ-Offsetdruckplatte hochreinen Aluminiums von 99,9 Prozent beschafft werden, die eine geschätzte Auflagenhöhe von 100.000 Druckvorgängen aushalten sollte, wobei die unauffällige Beschaffung des Materials keine leichte Aufgabe war.

Jupp, der das alles in Angriff nahm, legte sich alte Marschmusik auf seinen Plattenspieler auf und arbeitete an seinen Platten, oder besser gesagt, er gravierte Tag und Nacht in seiner Freizeit in einem abgeschlossenen Zimmer eines kleinen Bauernhauses. Von seiner Frau befragt, was er denn da mache, gab Jupp zur Antwort, er sei mit Gravierarbeiten für den Druck von Etiketten für Weinflaschen beschäftigt, was zum Teil ja auch stimmte. Was viele nicht für möglich hielten – es gelang Jupp tatsächlich, druckfähige Platten für den Druck von Zwanzigmarkscheinen herzustellen.

Eine kleine, stillgelegte Etikettendruckerei in der Nähe, komplett ausgestattet mit Druckerpresse und den notwendigen Maschinen, konnte angemietet werden. Jupp hatte außerdem einige Embleme für Weinflaschen entworfen, die er den Winzern an Ahr und Mosel und den Weinhändlern preiswert anbot.

Nach dem ersten Andruck war es notwendig, die Platten noch mal nachzujustieren, danach konnte gedruckt werden. Am Tage Etiketten und nachts Zwanzigmarkscheine. Die erste Auflage von 1.000 Scheinen, bedruckt auf dem Originalpapier, war so gut, dass es viel später nur Experten gelang, diese Scheine als Fälschung zu identifizieren.

Nun mussten die Scheine an den Mann, das heißt in Verkehr gebracht werden. Dabei ging man auf die Dorffeste im Umkreis von circa 100 Kilometern bis nach Holland und Belgien. In weniger als einem Jahr hatte man 6.000 der gefälschten Scheine gegen echtes Geld umgetauscht, die dabei mitwirkenden ausgesuchten Helfer bekamen für ihre Bemühungen 20 Prozent vom umgetauschten Betrag.

Das ging drei Jahre gut. Sie hatten inzwischen 62.000 Scheine umgetauscht, bis man Jupp eine Zeitung brachte mit der Schlagzeile: **„Achtung, falsche Zwanzigmarkscheine im Umlauf!“** Seit nunmehr einem halben Jahr beobachte man dieses Falschgeld in ganz Deutschland und insbesondere im grenznahen Ausland, habe aber bisher die Fälscherwerkstatt noch nicht gefunden, man vermute sie aber in der Gegend der Grenzstadt Monschau in der Eifel.

Dem Jupp, der die Zeitung gelesen hatte, fuhr es wie ein Blitz in die Knochen. Auf seine Anordnung hin wurde die Aktion sofort gestoppt, die restlichen gedruckten Scheine eingesammelt und mit dem noch vorhandenen Druckpapier verbrannt. Die Druckerwerkstatt wurde aufgeräumt und alles, was Verdacht erregen konnte, wurde diskret beseitigt. Die Druckerplatten wurden konserviert, in einer Blechkiste verstaut und an einem geheimen Ort vergraben. Allen Helfern wurde das noch vorhandene Falschgeld abgenommen und mit echtem Geld ausgetauscht, was sie gänzlich behalten konnten. Noch einmal auf die Gefahr der Entdeckung hingewiesen, beschwor man sie, keiner Menschenseele von der Sache zu erzählen; davon abgesehen, kämen sie danach selbst ins Gefängnis. Sie hielten daraufhin alle dicht.

Erst nach einigen Jahren las man in einer Randbemerkung der regionalen Zeitung, dass man sich bei den Behörden womöglich geirrt hätte und die Scheine im nahen Ausland gedruckt worden seien. Nachdem man alle falschen Zwanzigmarkscheine aus dem Geldkreislauf entfernt habe und keine neuen Fälschungen mehr aufgetaucht seien, habe man die Nachforschungen aufgegeben und den Vorgang zu den Akten gelegt; zum anderen seien inzwischen neue Zwanzigmarkscheine in Umlauf gebracht worden.

Nach dieser Nachricht und nachdem sich alle Beteiligten in gewisser Weise finanziell saniert hatten, wurden alle anlässlich eines Geburtstages zu einer Familienfeier eingeladen. Diese fand auf einem Ausflugsschiff von Jupps Bruder statt. Man war sich der Gefahr bewusst, dass sich nach dem vielen Alkoholkonsum einer verplappern könnte und etwas an falsche Ohren dringen könnte.

Jupp hatte sich inzwischen ein kleines Haus mit einem Atelier bauen können und war überdies im Besitz eines gebrauchten Mercedes. Der Bruder hatte einen neuen Motor in sein Schiff gebaut und konnte sich sogar ein zweites Ausflugsschiff leisten. Der Fridolin erwarb sich als begeisterter Segler einen gebrauchten Zweimastschoner von 13 Meter Länge, Typ „Colin Archer“, wovon später noch die Rede sein wird. Die anderen Beteiligten hatten ebenfalls persönliche Anschaffungen gemacht, wie zum Beispiel Motorräder und Autos.

Nach Abschluss des Gymnasiums wollte Fia Jura studieren, was von der Mutter aber strikt abgelehnt wurde. Erstens sei das zu teuer, sie halte schließlich das Geld in der Familie zusammen, und zum anderen sei sie ein Arbeiterkind, sie solle sich gefälligst einen Lehrberuf aussuchen. Jupp wollte sich da nicht einmischen, denn es herrschte zurzeit sowieso dicke Luft im Haus, weil herausgekommen war, dass er eine Freundin hatte und dadurch eine Kommunikation mit seiner Frau seit Längerem nicht mehr so richtig zustande kam.

Fia fand eine Lehrstelle in einem Textilunternehmen mit Hutabteilung. Nach dem zweiten Lehrjahr wurde sie plötzlich schwanger, wusste aber nicht, wer der Vater war. Es war bei einer Kirmes in einem kleinen Dorf der Umgebung passiert, wobei sie nach einer durchtanzten Nacht schwach geworden war. Trotz intensiver Suche konnte sie den Vater nicht finden, und um die Katastrophe abzuwenden, heiratete sie kurzfristig einen Bundeswehrsoldaten aus Bayern, der in der Nähe stationiert und ihr sehr zugetan war, aber von der Schwangerschaft keine Ahnung hatte.

Nachdem ihr Zustand offensichtlich wurde, konnte sie ihre Hutmacherlehre nicht mehr zu Ende bringen und kümmerte sich um ihren Mann und die Wohnung. Mit ihren Eltern, insbesondere mit ihrem Vater, hatte sie in dieser Zeit nur noch sehr wenig Kontakt. Ihren Mann, den sie eigentlich nie richtig liebte, vielleicht weil sie das nach der Vorgeschichte mit Fridolin nicht – oder noch nicht – konnte, musste das wohl gespürt haben, denn er war mittlerweile dem Alkohol äußerst zugetan und kam sehr oft betrunken nach Hause. Als guter Torkipper in einer Fußballmannschaft fühlte er sich in der Vereinskneipe besser aufgehoben als zu Hause.

Ein Schlüsselerlebnis hatte Fia an einem Abend, nach einem ominösen Telefonanruf aus einem Bordell. Sie wurde von einer Frau gebeten, sie solle bitte schön ihren Mann bei ihr abholen, denn der sei nicht mehr fähig, gerade zu stehen, geschweige denn mit dem Auto zu fahren.

Wutentbrannt ließ sie sich von Freunden zu dem Bordell hinfahren. Bei einer Unterhaltung mit der besagten Dame erfuhr Fia von ihr, dass sie für ihre Dienste noch nicht restlos bezahlt worden sei, sie wolle den Rest von ihr haben. Fia, mittlerweile hochschwanger, bezahlte, um aus dieser demütigenden Situation herauszukommen und schnellstens nach Hause zu fahren.

Nach einer schweren Auseinandersetzung mit ihrem Mann wollte Fia die Trennung. Aber Jupp, der sich inzwischen eingeschaltet hatte, konnte die Wogen glätten. Danach kam man überein, nicht zuletzt um dem Gespött der Kleinstädter zu entgehen, gemeinsam nach Bayern zu den Schwiegereltern zu ziehen.

Aber die Ehe hatte einen Knacks bekommen und das bisschen Liebe, das anfangs zweifellos vorhanden war, ging durch die zurückliegenden Vorkommnisse gänzlich verloren.

Inzwischen gebar Fia, sie war gerade 18 Jahre alt geworden, ein Mädchen, dem sie ihre ganze Aufmerksamkeit und Liebe widmete. Mit ihrer Schwiegermutter verstand Fia sich sehr gut, jedoch nicht mit dem Schwiegervater. Der hatte sich für seinen Sohn etwas Besseres gewünscht, beispielsweise eine zupackende Bäuerin aus der Nähe für seinen kleinen Bauernhof; dafür war Fia wohl die falsche Frau.

Die Spannungen wuchsen von Tag zu Tag und von ihrem Mann war keine Hilfe zu erwarten, bis in Fia die Entscheidung reifte, mit ihrem Kind wieder nach Hause zu ziehen. Sie telefonierte mit ihrem Vater und bat ihn tränenüberströmt um Hilfe, der sie dann auch gewährte. Er überwies ihr das Reisegeld für die Zugfahrt und teilte ihr nach Klärung mit seiner Frau mit, dass er in seinem Hause ein Zimmer für sie bereithalte.

Unter dem Vorwand, in die nahe Stadt zu fahren, ließ Fia sich mit ihrer Tochter und wenig Gepäck von einer Taxe zum Bahnhof fahren. Sie hinterließ ihrem Mann einen Brief auf dem Nachttisch der Schlafkammer, in dem sie ihre ganze Enttäuschung über die gemeinsame Zeit mit ihm zum Ausdruck brachte sowie die Unmöglichkeit, im Spannungsfeld seines Elternhauses weiterzuleben. Sie sehe sich zu diesem Schritt gezwungen, weil sie sonst für sich und ihr Kind eine Katastrophe befürchte, und wenn ihm etwas an ihr liege, könne er ja nachkommen, mithilfe ihres Vaters lasse sich bestimmt auch ein Arbeitsplatz für ihn finden.

Jupp holte sie vom Bahnhof ab. Glücklich wie seit Langem nicht mehr, fiel sie ihrem Vater weinend in die Arme. Ihre Mutter, mal wieder Großmutter geworden, kümmerte sich auffallend liebevoll um ihre Enkelin, und für Fia war die vor ihr liegende Zeit eine der glücklichsten, die sie bisher erlebt hatte, wie sie empfand.

Wie erwartet, kam ihr Mann zu ihr zurück, was seiner Mutter zu verdanken war, die ihn aus christlicher Verantwortung heraus dazu animiert hatte, seine Frau und das Kind in dieser Situation nicht allein zu lassen.

Schnell fand sich eine gut bezahlte Arbeitsstelle für ihn als Werksfahrer, denn er hatte in der Bundeswehrzeit den Führerschein für Lkws machen können und war demzufolge in der Lage, diese gut bezahlte Arbeit anzunehmen.

Ein relativ kleines Zimmer für eine Familie mit Kleinkind, das kann auf die Dauer nicht gut gehen, überlegte sich Fia und versuchte, in der Heimatstadt oder in der Umgebung eine Wohnung mit zwei Zimmern und Küche zu finden, was ihr schließlich auch gelang.

Fridolin hatte sich inzwischen selbstständig gemacht. Mit seinem stabilen und für schweres Wetter konstruierten 13 Meter langen Zweimaster und schon etwas betagten Segelschoner – es war ein kraweelbeplanktes Holzschiff – bot er Segeltörns in der Nordsee an. Wer einmal als Gast mit diesem Segler mitfuhr, hatte nachher an Land immer noch Probleme mit seiner Gangart und der Psyche. Denn den meisten Segelgästen fuhr das Stöhnen und Knarren bei bewegter See in die Glieder, insbesondere bei der Freiwache in der Nacht; das Schiff ächzte und stöhnte wie das „alte Haus von Rocky Docky“.

Irgendwann war Friedolin kurz vor einem Segeltörn der „Smutje“ abhandengekommen und so fragte er in seiner Not die Fia, ob sie für eine Woche Segeltörn auf der Nordsee die Küche an Bord übernehmen möchte, es koste sie absolut nichts, Essen und Trinken seien frei, bei mäßiger Bezahlung.

Sie hatte schon öfter auf dem Rursee gesegelt, aber noch nie auf der Nordsee; demzufolge war sie nicht sofort bereit dazu. Friedolin musste sie „mit Engelszungen“ von diesem einmaligen Abenteuer, wie er betonte, überzeugen. Nicht zuletzt weil sie die Liaison mit Friedolin noch nicht ganz vergessen hatte, stimmte sie schließlich zu, nachdem ihre Mutter sich bereit erklärt hatte, in dieser Zeit ihr Kleinkind zu hüten.

Mit fünf mehr oder weniger erfahrenen Seglern mittleren Alters und jünger bunkerten sie Lebensmittel im Jachthafen von Cuxhaven für einen acht- bis zehntägigen Törn; wichtig dabei für die Gäste waren vor allem die fünf Kisten Bier. Sie wollten zunächst Helgoland anlaufen und dann die Insel Sylt. Je nach Wetter wollten sie weiter in die dänischen Gewässer, um dann mit einem langen Schlag mit dem dann vermuteten Ost- oder Westwind zurück in den Heimathafen zu segeln.

Mit frischer Brise aus Südwest legten sie Mitte Juli mit halbem Wind ab. Hinter dem Leuchtturm „Roter Sand“ waren sie aus dem Fahrwasser der Weser und in der Nordsee.

Der Fia war die Steuerbug-Segelei unten im schwankenden Schiff nicht ganz geheuer. Am ersten Tag auf See musste sie zweimal über die Reling „umdisponieren“, man versprach ihr aber Besserung für die nächsten Tage, wenn sie sich erst einmal an die Bewegungen des Schiffes gewöhnt habe. Fia hielt tapfer durch, obwohl sie manchmal nur eine Hand zum Arbeiten hatte.

Ohne große Probleme liefen sie am frühen Abend im Helgoländer Jachthafen ein. Für Fia war es eine Wohltat, wieder festen Boden unter den Füßen zu haben; die Männer hielten sich währenddessen an den mitgenommenen Bierflaschen fest. Am nächsten Tag ging es weiter Kurs Sylt. Der Wind hatte inzwischen auf Südsüdwest gedreht, sie segelten deshalb vor dem Wind; die kleinen Schaumkronen signalisierten eine Windstärke von fünf Beaufort, auf langen Wellen eine herrliche Segelei, der schönste Törn bisher.

Sie kamen noch im Hellen im Sylter Jachthafen an; Zeit genug, sich die Insel anzusehen. Auch den nächsten Tag blieben sie auf Sylt, vornehmlich in Westerland, währenddessen sie das Strandleben genossen. Am nächsten Morgen liefen sie sehr früh aus, Richtung des dänischen Esbjergs. Auch dieser Törn war recht angenehm. Beim Suchen nach einem Liegeplatz hätten sie im Hafen beinahe ein Schiff gerammt, es war sehr knapp, aber es ging noch einmal gut.

Für Fia waren die Arbeit in der Küche und der gesamte Aufenthalt auf dem Schiff bisher einigermaßen heiter bis angenehm gewesen – nicht mehr so auf der Rückreise! Der Wind hatte nicht gedreht und kam nach wie vor mit 175° von Südsüdwest; sie waren deshalb gezwungen zu kreuzen, das bedeutete Segeln bei doppeltem Weg und dreifacher Zeit. Dabei hatte der Wind noch zwei Windstärken auf sieben Beaufort zugelegt, mit mächtigen Wellen und riesigen Schaumkronen.

Das Stöhnen und Knarren des alten Seglers bei enormer Übelkeit war für eine unerfahrene Seglerin wie Fia fast unerträglich, dazu kamen das Schlagen der Segel und das Pfeifen des Windes. Mehrmals übergab sie sich kniend über der WC-Schüssel, wobei ihr – welch ein Jammer! – beim vorhergehenden Eintauchen des Seglers der Klodeckel immer auf den Hinterkopf schlug.

Sie wollte einfach nicht mehr! Stark seekrank, schrie sie herum, wurde zickig und schmiss mit den Töpfen auf jeden, der ihr dumm kam; an Kochen war eh nicht mehr zu denken. Der Kapitän Fridolin bat sie nach oben an Deck; auch dort war es durch die Schräglage, milde ausgedrückt, unangenehm. Mit zittrigen Knien und voller Angst kam sie an Deck, ihr wurde eine Schwimmweste angelegt und mit einem „Lifebelt“ an der Reling festgemacht.

Mageninhalt hatte Fia nicht mehr, ihr Gesichtsausdruck hatte inzwischen von blass auf Gelb, jetzt auf Grün gewechselt. In ihrer Not wollte sie über Bord springen, man war deshalb gezwungen, sie am Mast festzubinden, wie in einem Piratenfilm. Erst nachdem sie nach Stunden feststellte, dass die See dem Schiff und der Mannschaft trotz Starkwind, Kränkung und Rollbewegung nichts anhaben konnte, wurde sie ruhiger, und nachdem sie versprach, nicht über Bord zu springen, band man sie los.

Danach muss die Fia wohl ein anderer Mensch geworden sein, jedenfalls war sie von da an introvertiert, einsilbig und verschlossen. Von ihrem ehemaligen Freund Fridolin hatte sie allerdings genug, für alle Zeiten.

Nach fünf Tagen kamen Schiff und Mannschaft wohlbehalten in Cuxhaven an. Fia trat unverzüglich die Heimreise an. Sie kümmerte sich fortan um ihre Familie, insbesondere um ihr Kind und ihren Mann.

Fazit der Seereise: „Niemals unvorbereitet eine Segeltour auf hoher See machen!“

Die Erbschaft

Gespannt saßen sie im Büro des Notars, der sie zur Testamentseröffnung zu diesem Termin eingeladen hatte: vier Geschwister – drei Männer und eine Frau. Der betagte Bruder ihrer Mutter war verstorben, er war 97 Jahre alt geworden. Seit 1952 war er mit 35 Jahren als ordentlich bestellter Botschaftssekretär unter dem Botschafter Volker Stenzel und danach viele Jahre in der deutschen Botschaft in Peking beschäftigt gewesen.

In seiner Freizeit beschäftigte Heinrich sich vornehmlich mit der „Han-Dynastie“ und war bei den Ausgrabungen in der Gegend von Zhengzhou als exzellenter Porzellanexperte sehr oft zugegen. In der wenigen Zeit, die er in Deutschland war, bekam er sehr oft Besuch von Bettina, der Tochter seiner Schwester, die ihm sehr ans Herz gewachsen war. Zu ihren drei Brüdern war der Kontakt zu Heinz, so wollen wir ihn nennen, nicht so besonders herzlich; immerhin waren sie stets alle reichlich beschenkt worden bei ihren Besuchen, er brachte ihnen Sachen aus China mit, die sie vorher noch nie gesehen hatten.

Dabei konnte er immer so lustige Geschichten von den Menschen in China erzählen, beispielsweise dass die chinesischen Frauen sich beim Wäschebügeln den Mund voll Wasser machen und dann durch die Nase auf die Wäsche sprühen. Dabei waren sie sich nie so ganz sicher, ob sie das auch glauben sollten. Dennoch hörten sie ihm immer gespannt zu, wenn er ihnen über Land und Leute berichtete. Er ging damals so weit in seinen Voraussagen, dass China in spätestens 50 Jahren wirtschaftlich einmal so stark werden könnte wie Amerika. Wenn einer von den Jungs die chinesische Sprache studieren sollte, so sagte er weiter voraus, könnte er als Kaufmann sehr reich werden.

Als der Älteste von ihnen in der Aula vor seiner Schulklasse einen Vortrag über ein selbst gewähltes Thema halten musste, wählte er, inspiriert von den Schilderungen seines Onkels, den wirtschaftlichen Aufschwung im zukünftigen China als sein Thema. Obwohl sein Klassenlehrer, dem er die Arbeit vorlegen musste, sehr skeptisch bezüglich des Inhalts war, wurde ihm trotzdem gestattet, dieses Thema zu wählen.

Er argumentierte über den besonderen Fleiß, die Disziplin und die Duldungsfähigkeit des Milliardenvolkes. Selbst die Kommunisten hätten die jahrhundertealten Leitlinien und Weisheiten des „Konfuzius" nicht vollständig ausrotten können. Nach seinem Vortrag war die Heiterkeit in der Aula, wo man zu diesem Vortragsanlass mehrere Klassen zusammengebracht hatte, sehr groß, selbst der anwesende Direktor meinte etwas süffisant, dass sein Vortrag vielleicht ein wenig zu ambitioniert gewesen sei, was die wirtschaftlichen Aussichten Chinas betreffe. Es werde bestimmt noch bis zu 100 Jahre dauern, bis Chinas Wirtschaft die der USA eingeholt hätte, wenn überhaupt. Inzwischen wissen wir heute besser, wie recht der Vortragende damals hatte.

Wie recht der Vortragende tatsächlich hatte, ist denn auch kein Geheimnis mehr. Selbst wenn noch vieles im Argen ist, wie zum Beispiel die Menschenrechte, wird China seinen Weg machen. Selbst wenn das wirtschaftliche Wachstum heute keine zehn Prozent mehr beträgt wie anfänglich, wird der Aufschwung unaufhaltsam und nachhaltig sein.

Heinrich, als gut besoldeter Beamter nach Tarif A14 plus Auslandszuschlag, konnte sich bei dem damaligen preiswerten Leben in Peking etwas ansparen; er hatte sein Geld in der Heimat gut angelegt, in Wohnhäuser, Ländereien und einer Sammlung wertvollen chinesisches Porzellans, das wussten auch die Erben.

Wie gebannt blickten nun die einzigen Erben auf den Notar, der dabei war, das Vermächtnis des Erblassers zu verlesen. Zunächst einmal schilderte er im Testament markante Geschehnisse aus Heinrichs Leben und wie dieser sich nach dem frühen Tode seiner beiden Eltern um seine jüngere Schwester hatte kümmern müssen und später um deren Tochter Bettina, die er besonders lieb gewonnen hatte. Sein Bankguthaben solle dazu dienen, die Begräbniskosten zu bezahlen und den Rest auf alle vier Erben gleichermaßen aufzuteilen; der Notar sollte sein Testamentsvollstrecker sein.

Dem Ältesten ihrer Brüder hatte er die umfangreichen Ländereien im Badischen zugedacht; die beiden großen Häuser jeweils den beiden anderen Brüdern. Ihr hatte er die recht umfangreiche Porzellansammlung chinesischen Porzellans vermacht und die Vermächtnisse auch im Testament begründet.

Weil der Älteste schon immer am liebsten Landwirt geworden wäre, hätte er jetzt die Grundlage und Möglichkeit dazu. Diese Erbschaft war aber vorbehaltlich gebunden an eine 25-jährige Grabpflege. Die Bewirtschaftung der beiden Mietshäuser hätte einen erheblichen Verwaltungsaufwand bedeutet, den er der Bettina nicht zutrauen wollte, und ihr dafür seine in den vergangenen Jahren gesammelte Porzellanmanufaktur vermachte. Danach entschuldigte er sich bei allen, die er möglicherweise unbedacht beleidigt habe, und hoffe, dass der liebe und verzeihende Gott ihn gnädig aufnehmen würde.

Nach der Testamentsverlesung waren außer der Bettina alle sehr glücklich. Sie fühlte sich mit dem „bisschen bunten Porzellan“ gegenüber ihren Brüdern außerordentlich benachteiligt und hatte Tränen in den Augen. Ihre Brüder versuchten sie zu trösten, was aber nicht gelang. Nur der Notar, der die Sammlung kannte, meinte, sie solle nicht traurig sein und die umfangreiche Sammlung von einem Experten schätzen lassen; erst dann wisse sie, ob ihr möglicherweise etwas entgangen sei.

Das Erste, was sie zu Hause machte, war, ihren PC anzumachen, um sich unter „Google“ alles über chinesisches Porzellan anzuschauen. Dabei kamen ihr die Porzellanausgrabungen im Gebiet von Zhengzhou respektive die „Han-Dynastie“ ins Blickfeld. Sie las:

Obwohl man sich uneinig ist, wird vermutet, dass das Porzellan in der Zeit des östlichen Han-Kaiserreiches erfunden wurde. Es wird vermutet, dass dort das erste Porzellan dadurch hergestellt wurde, indem man die keramischen Materialien auf die notwendige Temperatur erhitzte. Auf diese Art und Weise wurde eine Art leichte, aber starke Keramik gefertigt, die zu künstlerischen und dekorativen Zwecken ausgezeichnet war. Nach dem Porzellan besteht seitdem eine stetig hohe Nachfrage!

Nachdem Bettina sich so informiert hatte, dachte sie, dass die Sammlung wohl bis zu 10.000 Euro wert sein könnte. Sie freute sich schon im Stillen und überlegte, was sie mit dem Geld anfangen wolle, denn dass sie die Sammlung verkaufen würde, daran bestand für sie kein Zweifel, allein schon deshalb, weil ihre Wohnung viel zu klein war und sie vorher für die Ausstellung alle ihre Zimmermöbel ausräumen müsste.

Um sich aber vorher doch noch von einem Experten den Wert taxieren zu lassen, bestellte sie einen Deutsch sprechenden Chinesen mit internationaler Reputation, den man ihr als ehrlichen, aufrichtigen Experten und Kenner des Porzellans empfohlen hatte.

Sie erkundigte sich telefonisch zuallererst nach seinem Honorar. Normalerweise bekomme er für seine Taxe zwei Prozent des taxierten Wertes. Bettina meinte, damit könne sie nichts anfangen, und bat um eine Pauschaltaxe, unabhängig vom Wert der Sammlung. Sie einigten sich am Telefon vorbehaltlich auf einen Betrag von 500 Euro.

Zum vereinbarten Termin stand ein glatzköpfiger Mann vor ihrer Tür mit Brille und spitzem Kinnbart, unverkennbar ein Chinese.

Er stellte sich sehr höflich als der Experte vor, der mit ihr am Telefon gesprochen hatte, und überreichte ihr seine Visitenkarte. Sie warf nur einen flüchtigen Blick darauf und wollte sich diese später ansehen.

Sie bat ihren Gast in das Wohnzimmer, das sie vorher für die umfangreiche Sammlung ausgeräumt hatte. Der chinesische Experte – ein ordentlich bestellter Professor für chinesische Geschichte, so stand es auf der Visitenkarte – stellte sich nach einem näheren Blick auf einige Porzellanstücke mitten in das Zimmer, nahm die Brille ab und sagte mit einem entrüsteten Unterton: „Liebe Frau, was Sie hier stehen haben, dafür reicht eine Taxe von 500 Euro bei Weitem nicht aus!“ Er bestehe auf einem Honorar von mindestens 20.000 Euro. Darunter mache er seine Tasche nicht auf und fahre gleich wieder nach Hause.

Bettina war geschockt nach dieser klaren Auskunft ihres Gastes. Sie habe das Geld nicht, und selbst wenn sie es hätte, würde sie nicht so viel ausgeben, solange sie den ungefähren Wert der Sammlung nicht kenne. Der Chinamann meinte daraufhin höflich, er könne sie verstehen und mache ihr deshalb einen Vorschlag. Er gehe davon aus, dass sie die Erbschaft verkaufen wolle, und er kenne eine Menge reicher Sammler, die bestimmt Interesse an ihrer Sammlung hätten. Er würde sich jetzt umhören und sie wegen eines Termins mit einem interessierten Sammler anrufen.

Nach circa zwei Wochen kam ein Anruf von dem chinesischen Professor, um ihr den Termin mitzuteilen. Er würde in Begleitung eines sehr kompetenten chinesischen Sammlers sein, sie solle bitte zu diesem Termin ihren Notar bestellen und sich auf mehr als eine Million Euro gefasst machen. Er werde auch für sie mit verhandeln und deshalb auf der zweiprozentigen Provisionsgebühr des gesamten ausgehandelten Kaufpreises bestehen, sofern sie einverstanden sei.

Sie war mit viel Herzklopfen einverstanden und bestätigte den Termin per E-Mail. Es war ihr ganz recht, ihren Notar dabeizuhaben; er sagte ihr auch, dass ihr Onkel etwas von zwei Millionen Wert erwähnt hätte, die diese Sammlung mindestens haben müsse. Bei der Testamentseröffnung hätte er das aber aus formalen Gründen im Beisein ihrer Brüder nicht sagen dürfen. So viel lasse sich jedoch jetzt schon sagen, dass ihre Erbschaft vom Wert her ziemlich ausgeglichen sei mit dem Wert, den ihre Brüder geerbt hätten. Sie beide, ihr Onkel und er, hätten das so vereinbart.

Am Tag des Termins waren alle Akteure im Wohnzimmer versammelt: der Professor, der mitgebrachte Sammler – ein sympathischer Mittfünfziger aus Taiwan –, der Notar und Bettina. Nachdem der Sammler sich die Auslage angesehen hatte, wandte er sich mit unverkennbar leuchtenden Augen und zittriger Stimme an den Professor und sagte etwas auf Chinesisch, was der Professor so übersetzte: Die Sammlung gefalle ihm, er würde sie gerne kaufen. Darauf der Professor auf Deutsch: Wenn er, der Sammler, zweieinhalb Millionen Euro hätte, wäre das kein Problem – und übersetzte es ihm auf Chinesisch.

Es begann ein langes Hin und Her, bei dem mindestens eine Stunde gefeilscht wurde, wobei die Nerven von Bettina ganz schön strapaziert wurden, denn sie glaubte fast, der Sammler würde abspringen; mehr als einmal hatte er die Türklinke bereits in der Hand. Bettina hatte jetzt live mitbekommen, was „fernöstliche Handelspraxis“ bedeutete!

Endlich war es so weit, sie einigten sich auf einen Betrag von 2.250.000 Euro, wovon der Professor 45.000 Euro und der Notar 1.500 Euro bekamen. An Ort und Stelle, nämlich auf dem Küchentisch, wurde der Kaufvertrag schriftlich fixiert, der Termin für die Abholung der jetzt wertvollen Sammlung, wie Bettina meinte, wurde auf den nachfolgenden Tag avisiert, wobei auch der Kaufpreis in bar ausgezahlt würde; Bettina hatte es so gewollt, denn so viel Geld auf einem Haufen hatte sie noch nie gesehen. Jetzt, nachdem sie wusste, welch wertvollen Schatz sie in ihrer Stube hatte, verschloss sie, wie sie allein war, alle Türen und Fenster ihrer Wohnung.

Am Abend des nächsten Tages hielt ein Tresorauto sowie nachfolgend ein Pkw vor ihrem Haus, und im Beisein des Notars, den sie für den Abend noch mal bestellt hatte, wurde die wertvolle Sammlung in Begleitung einiger Bodyguards des Käufers verpackt und verladen. Wieder auf dem Küchentisch wurde der Kaufbetrag bar ausgezahlt, den der Notar für Bettina entgegennahm.

Nach einiger Zeit ergab sich die Gelegenheit, Bettinas Geburtstag zu feiern; dazu hatte sie ihre Brüder eingeladen. Sie erbat sich bei der Einladung keine aufwendigen Geschenke; wenn, dann nur Blumen.

Bei der nachmittäglichen Geburtstagsfeier bedauerten die Brüder noch einmal, dass die Bettina bei der Erbschaft so schlecht abgeschnitten hätte.

Ihr Bedauern sei überflüssig, meinte sie darauf belustigt, denn nachdem sie die Porzellansammlung aus der Erbschaft für 2.250.000 Euro, abzüglich geringer Kosten, verkauft hätte, wäre ein Bedauern wohl nicht angebracht, denn überschlägig betrachtet hätte sie wohl am besten von allen vieren bei der Erbschaft abgeschnitten.

Daraufhin blieb den dreien fast der Kuchen im Halse stecken und scheinheilig gratulierten sie ihrer Schwester zu der Erbschaft.

Alle vier hatten sie bei der Erbschaft einen guten Schnitt gemacht. Sie vereinbarten daraufhin ein Familienfest, wobei alle vier übereinkamen, dem Onkel, als gebührenden Dank, ein schönes Grabmal auf dem Friedhof an sein Grab zu stellen.

Niemals sollst du ein Geschenk verweigern,

und wenn es noch so dürftig ist.

Der Wert kann sich erheblich steigern,

wenn nicht, dann schmeiß es auf den Mist.

Josef Neuburg-Haas

Ausflug auf der Elde

Es war Anfang Juli und herrliches Sommerwetter an diesem Samstag.

Die Terrasse des Hotel-Restaurants „Eldebrücke“, direkt an der Elde gelegen, war voller Gäste, denn es gab ofenfrischen Erdbeerkuchen mit oder ohne Sahne, dazu Kaffee in vielen Variationen. Gisela, die Backfrau des Betriebes, kam mit dem Backen kaum hinterher, denn der von ihr bereitgestellte Kuchen schmeckte besonders gut. Das hatte sich bereits herumgesprochen.

Justus und Erna, beide aus der Gegend von Köln, hatten sich für diesen Tag ein Kanu gemietet und kamen die Elde heraufgepaddelt. Die beiden waren ein kurioses Pärchen: er, ein schmächtiger kleiner Mann, und sie, hinter ihm im Boot sitzend, mindestens doppelt so schwer wie er. Sie hatten die Werbung für frischen Erdbeerkuchen gelesen und steuerten auf die Terrasse zu, um dort anzulegen.

Es dauerte eine gewisse Zeit, bis sie ausstiegen. Anscheinend waren sie sich noch nicht einig darüber, wer von ihnen als Erster aussteigen sollte, denn dass sie ungeübt im Kanufahren waren, konnte man an dem linkischen Gebaren erkennen, mit dem ihr Aussteigen einherging. Er stieg zuerst aus, um ihr danach behilflich zu sein. Aber als er ausgestiegen war, ging das Kanu durch das hintere Schwergewicht vorn hoch, geriet aus dem Gleichgewicht und drohte umzukippen. Es war deshalb nicht leicht, Erna aus dem schwankenden Boot zu befreien. Dabei stritten die beiden sich heftig:

Er: „Ja, ja, vom Affnömme welste nie jet wesse." Sie schnauzte zurück: „Mos et dann ooch su een scheißkleen Bötche sin?" Er wieder: „En de Lüneburger Heid wollste net, on für dee Berch haste kein Luft."

Die Gäste auf der Terrasse, die das Kölner Platt sinngemäß mitbekamen und dabei die kuriose Prozedur des Aussteigens verfolgen konnten, fingen an zu lachen. Durch das Lachen gekränkt, beschimpfte Erna nun laut die unwillkommenen Zuschauer: „Wat jeddet dann doo zo laache, passt opp, dat üch dä Kooche net em Hals stecke bliev."

Das Ehepaar nahm an einem frei gewordenen Tisch Platz und bestellte sich Pflaumenkuchen. Sie mit und er ohne Sahne. Dazu zwei Latte macchiato.

Mit Zufriedenheit sah die Bedienung, dass es den beiden neuen Gästen schmeckte, denn Erna verzehrte bereits das dritte Stück Kuchen, natürlich immer mit viel Sahne.

Von der Terrasse aus konnte man bequem dem Bootsverkehr auf der Elde, einer viel befahrenen Wasserstraße, zuschauen. Diese bildete hier den Übergang in die Mecklenburgische Seenplatte. Alle Freizeitkapitäne mussten mit ihren Sportbooten, wollten sie in die Seenplatte oder zurück, an dieser Engstelle vorbei.

Die Wasserstraßenverbindung mit den vielen dazwischenliegenden Seen ist einzigartig in Europa. Wer hier mit seinem Boot unterwegs ist, hat die Möglichkeit, halb Europa auf dem Wasserweg zu befahren. Deshalb ist die Mecklenburgische Seenplatte für viele Wassersportbegeisterte ein Eldorado, das sie vor allem im Sommer erkunden.

Der Nachmittag ging vorbei und Justus meinte, man solle langsam an die Heimfahrt denken. Sie bestellten sich noch einen Cognac, bezahlten und gingen zum Kanu.

Erna, viel größer als Justus, war bekleidet mit einer viel zu engen Jeans, welche die Bauchschürze nicht ganz verdecken konnte, einer dünnen, bunten Bluse mit weitem Ausschnitt, damit ihr großer Busen auch möglichst zur Geltung kam. Irgendwie passte auch die wuschelige schwarze Haarpracht nicht zu ihr, denn sie hatte einen hellen Teint und blaue Augen. Mit ihren offenen Sandalen war sie eher für einen Spaziergang als für eine Kanufahrt bekleidet.

Am Bootssteg ging die Streiterei zwischen den beiden wieder los. „Du bist zuirsch dran", sagte sie. „Und wer soll dir dann beim Ensteege helpe?", fragte er. Sie einigten sich darauf, dass sie zuerst einsteigen solle.

In Anbetracht der bevorstehenden mittleren Katastrophe begannen die zuschauenden Gäste zu lachen, weil sie ahnten, was geschehen könnte.

Sie stieg zuerst mit einem Fuß ins Kanu, während er sie an der Hand festhielt. Unglücklicherweise kam in diesem Moment ein großes Fahrgastschiff vorbei, das durch die Wellen, die es erzeugte, das Kanu – zum Entsetzen der Zuschauer – zum Wackeln brachte. Damit hatte Erna keinen sicheren Stand mehr, geriet aus dem Gleichgewicht und stürzte mit einem lauten Schrei in die Elde, wo sie auch sofort untertauchte. Ein mutiger junger Mann sprang von seinem Tisch auf und stürzte sich mit einem Hechtsprung der Frau hinterher in die Elde. Er ergriff die Frau an den Haaren, aber leider war es nur eine Perücke. Erna hatte das

Schwimmen noch nicht verlernt und kam nun prustend und schnaubend an den Steg geschwommen. Man half ihr aus dem Wasser auf die Terrasse.

Da stand sie nun wie ein Häufchen Elend mit triefenden Kleidern, kahlköpfig, ohne Schminke, der Büstenhalter war ihr nach unten gerutscht, beide Brüste hingen ihr auf der nassen Haut und zeichneten sich unter der jetzt durchsichtigen Bluse unvorteilhaft ab, die Speckröllchen waren zu sehen – ein Bild des Jammers!

Die Gäste platzten vor Lachen. Erna fing prompt an zu weinen und das Lachen der Gäste schlug nun in Mitleid um.

Nachdem sie sich beruhigt hatte, schimpfte sie mit Justus: „Niemals wird ich widder mät dem Scheißböötchen fahre, doo kris doo mich nit mit eren."

Das Personal des Hotels nahm Erna mit in die Wellnessabteilung, wo sie duschen und ihre Kleider in der Sauna trocknen konnte. Justus half ihr beim Föhnen der Perücke.

Er hatte inzwischen eingesehen, dass Erna nicht mehr ins Kanu steigen würde, band es am Steg fest, um es später abzuholen, und bestellte ein Taxi für die Heimfahrt.

Die Heimfahrt

Es war ein wunderschöner Segeltag an diesem Sonntag auf der Ostsee, kurz bevor am Sonntagabend der Wind ganz einschlief. Danach lenkten viele Wochenendsegler mit schon gerefften Segeln ihre Boote dem Heimathafen „Burgtiefe“ auf der Halbinsel Fehmarn zu.

Vor der Hafeneinfahrt gab es meist ein ganz schönes Gedränge vieler kleiner Segeljachten, die alle einen Liegeplatz erreichen wollten. Nicht so sehr waren es die Dauerlieger, die ihren festen Liegeplatz im Hafen hatten, sondern es waren die vielen Gastsegler, die an diesem Augusttag die schöne Brise ausnutzten und sich von ihren Heimathäfen den Hafen „Burgtiefe“ als sonntagnachmittägliche „Kaffeetörn“ ausgesucht hatten.

Das Segeln ist für manchen Sportsfreund etwas besonders Glückhaftes, was viele Landratten nicht verstehen können. Es liegt etwas Befreiendes darin, von achterlichem Wind getrieben mit dem Boot über die schäumenden Wellen zu gleiten, den Wind zu spüren und so die Natur aus erster Hand zu erleben. Wer einmal mitgesegelt ist, der spürt schon, dass dem Segeln etwas Berauschendes, ein nicht erklärbares Phänomen innewohnt. Segler meinen über sich selbst, sie seien halt eben von einem Virus befallen, von einem gewissen Zwang zu segeln, getrieben gleichermaßen von Fernweh und Sehnsucht nach anderen, fernen Welten.

Viele Segler würden viel lieber notgedrungen zuerst ihr heilig’s Blechle und als Letztes ihr Haus verkaufen, ehe sie auf ihr Boot verzichten. Das muss auch die frühere Menschheit schon so erfahren haben, denn diesem Sehnsuchtstrieb haben wir es zu verdanken, dass Kolumbus, Vasco da Gama, Heinrich der Seefahrer und andere Persönlichkeiten ferne Länder und Kulturen entdeckten und den Handel über weite Strecken überhaupt erst ermöglichten.

Die Segler sind schon ein eigenartiges Völkchen, immer auf der Suche nach Möglichkeiten, ihr Boot beziehungsweise ihre Jacht schöner und schneller zu machen, dabei aber die Sicherheit auf See nicht zu vernachlässigen.

Ein wesentlicher Aspekt für Langfahrten oder Weltumsegelungen ist das Vorhandensein einer ausreichend großen Rettungsinsel. Dieses mittels Reißleine sich selbst im Notfall aufblasende „Sicherheitszelt“ erzeugt beim Aufblasen sehr schnell einen sehr hohen Aufblasdruck. Das ist der Grund, dass die Rettungsinseln zweckmäßigerweise oben auf Deck griffbereit befestigt sind, um im Notfall schnell griffbereit zu sein. Und nur beim Segeln auf ungefährlichen Segelrevieren und um mehr Platz auf Deck zu haben, werden sie schon mal in eine Backskiste gesteckt, was – wie nachfolgend geschehen – fatale Folgen haben kann.

Im nachfolgend geschilderten Fall – wobei nicht gerade ein Ernstfall vorlag – hatte der Skipper unerfahrene Gäste mit an Bord. Um mehr Platz auf Deck zu haben, hatte er seine Rettungsinsel in der Steuerbordkiste untergebracht. Ungefähr eine Seemeile vor der Hafeneinfahrt „Burgtiefe“ spielte sich dabei folgendes Drama ab:

Skipper an einen Segelgast: „He Franz, hol mal aus der Steuerbordkiste eine Leine heraus!“ Franz zurück „Welche Leine denn? Hier liegen so viele.“ Kapitän an Franz „Nimm die Leine, die obendrauf liegt.“ Franz zerrte eine Leine heraus, die nicht so richtig herauswollte, und nur mit einem kräftigen Ruck bekam er die Leine los. Als unerfahrener Segelgast konnte er natürlich nicht wissen, dass er damit die Reißleine der Rettungsinsel gezogen hatte.

Was sich nun abspielte, ist an Dramatik nicht zu überbieten. Die Rettungsinsel blies sich nun in wenigen Sekunden mit großer Kraft in der Steuerbordkiste auf, und weil der Platz nicht ausreichte, drückte die Rettungsinsel krachend und knirschend die Begrenzungen total auseinander, was bei der heute üblichen Leichtbauweise verständlich ist. Ein Teil der Rettungsinsel drückte den Deckel der Steuerbordkiste hoch und füllte wie ein Pilz aufsteigend die Luke aus. Damit nicht genug, schwoll die Rettungsinsel weiter an und drückte mit einem widerlichen Krachen das hintere Cockpit auseinander, der Spiegel (hintere Abschluss-Außenhaut) bekam dadurch einen gefährlichen Riss, wobei nun Wasser durch das Leck unter der Bilge ins Boot strömte, was zunächst nicht zu erkennen war.

Die ganze Bootsbesatzung musste nun mit Entsetzen der vollständigen Ausbreitung der Rettungsinsel und damit dem zerstörerischen Werk zusehen. Bis der Skipper auf die glorreiche Idee kam, aus der Bordküche ein Messer zu holen, um damit in die Insel zu stechen und somit den Druck wegzunehmen, war es aber schon zu spät, denn länger als eine halbe Minute hatte die ganze Katastrophe nicht gedauert.

Die im Pulk unmittelbar in der Nähe mitfahrenden Boote respektive deren Besatzungen konnten sich des Lachens nicht erwehren. Insbesondere bekamen sie den Streit mit, den der Kapitän mit dem Segelgast hatte: „Du blinder Idiot!“ und: „Unaufgeräumter Seelenverkäufer, woher soll ich wissen, wo du deine

Rettungsinsel versteckt hast?“ waren als Wortfetzen über die See zu hören.

Aber es war noch nicht vorbei. Man bemühte sich, auf dem Boot „klar Schiff“ zu machen, und zog unter lautem Fluchen die Fetzen der Rettungsinsel aus der Steuerbordkiste, was eine ganze Weile dauerte. Währenddessen das Boot unter Motor vom Steuermann weiter auf die Hafeneinfahrt zusteuerte, war die Mannschaft mit dem Aufräumen des Decks beschäftigt. Der Bootsbesatzung war nicht aufgefallen, dass in das Schiff erheblich Wasser eingedrungen war. Erst als der Motor zu stottern anfing, kam man auf den Gedanken, sich im Inneren des Schiffes umzusehen.

Inzwischen hatte das Wasser in der Bilge einen so hohen Stand erreicht, dass ein Abpumpen über den Motor nicht ausreichte, um das hereinströmende Wasser zumindest auf gleichem Stand zu halten. Um das Boot vielleicht noch in den Hafen zu bekommen, wurden alle freien Hände gebraucht, um mit der Pütz und sonstigen greifbaren Gefäßen das Wasser hinauszubefördern. Einer der Bootsgäste kippte den Inhalt der noch halb gefüllten Lebensmittelbox über Bord, um damit Wasser zu schöpfen.

Inzwischen waren es nur noch wenige Hundert Meter bis zur Hafeneinfahrt. Das Boot, halb voll Wasser, hatte inzwischen einen gefährlichen Tiefgang erreicht und machte deshalb nur wenig Fahrt. Es bestand die Gefahr, den Liegeplatz im Hafen nicht mehr zu erreichen, weshalb der Skipper die um ihn herumfahrenden Bootsinhaber durch lautes Zurufen um Hilfe bat.

Die sahen natürlich alle die sich abzeichnende Katastrophe. Folglich waren sie schon von selbst in der Nähe des untergehenden Schiffes geblieben und hatten bereits auf den Hilferuf gewartet.

Das Boot wurde abgeschleppt und unter Mithilfe der Kollegen erreichte der Skipper gerade so noch den Liegeplatz, bis das Boot dann endgültig, unter den Tränen des Kapitäns, am Liegeplatz unterging.

Ein Glück war nur, dass zwischen Kielunterkante und Hafengrund mal gerade ein Meter Platz war und dadurch das Boot nicht zu tief sinken konnte und damit eine Reparatur des Lecks bei einem späteren Heben leichter möglich war. Vielleicht war das ja auch ein Fall für die Versicherung?

Kurios in diesem Falle war der Umstand, dass gerade eine Rettungsinsel zum Untergang eines Bootes maßgeblich beigetragen hat. Nicht auszudenken, was für Auswirkungen dies gehabt hätte, wäre das auf hoher See geschehen!

Fazit: „Niemals eine Rettungsinsel in einer Backskiste verstecken!“

Der Dachhase

Benno, ein Metzgermeister in einer Kleinstadt in Mecklenburg-Vorpommern, hatte gerade die Kochwurst aus dem Kessel zum Abkühlen auf den Werktisch gelegt, um sie – nachdem sie abgekühlt war – auf Stangen mit dem Rollwagen in den Kühlraum zu schieben, als seine Frau Agnes aufgeregt zur Wurstküche hereingelaufen kam, um ihn ans Telefon zu rufen, das in einer abgegrenzten Ecke des Verkaufsraumes platziert war.

Auf dieses Telefonat, bei dem es um eine Herde schlachtreifer Schweine ging, hatte er bereits gewartet. Benno hatte dem Landwirt ein Angebot gemacht, sie waren sich aber noch nicht handelseinig geworden, und er vermutete nun, dass Landwirt Theo ihm telefonisch den Zuschlag erteilen wolle.

Leider wollte Landwirt Theo – als bekanntes Schlitzohr – nachverhandeln, denn er wusste, dass seine frei laufenden Sauen als Bioschweine auf dem Markt neuerdings sehr gefragt waren.

Etwas verärgert kehrte Benno wieder zurück in seine Wurstküche. Danach hörte Agnes ihren Mann laut fluchen: „Verdammt noch mal! Jetzt ist aber endgültig Schluss! Das ist jetzt schon zum x-ten Mal passiert, das mach ich nicht mehr mit, diese Schweinerei!"

Agnes hatte ihren Benno selten so fluchen und schimpfen gehört und eilte besorgt in die Wurstküche: „Was ist denn los? Mit wem hast du denn eben so geschimpft?", wollte sie wissen.

Hochrot vor Aufregung deutete Benno auf den Werktisch und auf die angefressenen Würste: „Der Kater vom Nachbarn nebenan war wieder mal in der Wurstküche; ich hatte in der Eile, schnell ans Telefon zu kommen, die Tür aufgelassen. Und jetzt schau dir das an! Das verfluchte Viech hat zwar nicht viel gefressen, ist aber mit seinen dreckigen Tatzen über die Würste gelaufen – überall liegen Katzenhaare herum! Eine Wurst hat er wohl auch mitgenommen, wie es scheint.“

Pussi, Nachbars Kater, hatte schon mehrmals Fleisch und Wurst stibitzt. Benno hatte ihn dann jedes Mal vom Grundstück gescheucht; meist vergebens, denn sobald die Luft rein war, schlich er wieder um die Wurstküche herum und machte sich mit seinem bettelnden „Miau! Miau!“ vor der Hoftür des Ladens bemerkbar. Agnes, die nicht ganz unschuldig am Benehmen der Katze war, warf ihr dann öfter ein Wurstende zu.

Neulich – die Nachbarn waren wohl nicht zu Hause – war von Pussi ein jämmerliches Miauen zu hören, sie ließ sich auch nicht beruhigen. Bis es dem Benno zu viel wurde und er sich der Katze annahm. Obwohl beide Tierliebhaber waren, ging die Katze ihnen normalerweise bei Annäherung aus dem Weg.

Dieses Mal aber kam es Benno so vor, als wenn sie seine Nähe geradezu suchte: Mit hängendem Schwanz, sich krümmend und miauend, sich auf dem Rücken wälzend, kroch sie Benno vor die Füße. Dabei bemerkte er, dass eine Wurstkordel mit Schlaufe aus ihrem Hintern hervorlugte, was dem Tier augenscheinlich große Schmerzen bereiten musste; womöglich hatte es beim Koten den verdickten, unverdauten Kordelknoten in seinem Hintern nicht loswerden können.

Benno hielt den Kater am Genick fest und zog ihm mit einem kräftigen Ruck die Kordel heraus. Der dabei entstehende entsetzliche Schrei der Katze lockte nun die Agnes in den Hof. Sie schimpfte mit Benno: „Was hast du mit dem armen Viech gemacht, war das denn nötig?“

Benno stand wie angewurzelt im Hof und hielt seiner Agnes die stinkende Kordel unter die Nase: „Schau, das hatte die Katze im Arsch! Kein Wunder, dass die Pussi nicht scheißen konnte.“ Und scherzhaft fügte er hinzu: „Wenn ich dir so ein Ding aus dem Hintern gezogen hätte, hättest du auch ein Brüllen losgelassen.“ Daraufhin eilte Agnes beleidigt wieder in ihren Laden.

Interessant und bemerkenswert dabei ist, wie das sonst scheue Tier in seiner Not instinktiv die Nähe von Menschen suchte. Gedankt hat die Katze dem Benno das allerdings nicht, denn ein paar Tage später schlich sie wieder im Hof herum, ließ sich aber nicht mehr einfangen.

Oft genug hatte Benno seinen Nachbarn darauf hingewiesen, dass sein Kater ihm schon manchen Schaden zugefügt habe; er solle seine Katze bitte im eigenen Hof halten. Er habe alle Zäune, Luken und Löcher auf seinem Grundstück verschlossen und nun komme sie über die Dächer in seinen Hof. Wie, das hatte er noch nicht herausgefunden, der Kater musste jedenfalls ein schlaues Tier sein.

Eigentlich waren die Nachbarsfamilien über all die Jahre gut befreundet – sollte eine Katze sie nun etwa auseinanderbringen? Aber das letzte Vorkommnis war denn doch zu viel für Benno und er schwor sich insgeheim Abhilfe; er wusste nur noch nicht, wie, wollte er doch das gute Verhältnis mit seinem Nachbarn nicht trüben.

Irgendwann erwischte Benno Pussi wieder in der Wurstküche, weil er mit beiden Händen eine Wanne mit Kochfleisch zum Laden trug und dadurch die Tür für circa zehn Minuten offen blieb. Reflexhaft zog Benno nach Rückkehr in die Wurstküche die Tür zu. Beim Anblick der Katze, die Benno nicht sofort bemerkt hatte, schwante dieser dann aber wohl nichts Gutes, denn sie kam jetzt nicht mehr heraus.

Zornentbrannt nahm sich Benno einen Besenstiel, der zufällig in der Ecke stand, um dem Räuber ein für alle Mal das Stibitzen zu vermiesen. Er traf den Kater mit einem kräftigen Schlag so unglücklich im Genick, dass er tot liegen blieb!

Nun war Benno nicht zimperlich, tötete er doch jede Woche Schweine und Kälber. Das Problem war jetzt nur, die tote Katze so zu entsorgen, dass weder seine Frau noch die Nachbarn Wind davon bekämen.

Dabei kam ihm eine Idee. Der Kater, gut genährt, um nicht zu sagen fett durch Fleisch und Wurst, wurde nun von Benno nach allen Regeln der Fleischerkunst ausgenommen und enthäutet – mit Kopf, aber ohne Schwanz. Danach hängte Benno die so hergerichtete Katze an einem Fleischerhaken zum Auskühlen ins Kühlhaus. Das Fell und die Innereien warf er in die Abfalltonne zum Abholen durch die Tierkörperbeseitigung. Da hing es nun, das „Corpus Delicti“, als Dachhase im Kühlhaus zwischen Schweineschinken.

Wie das Schicksal es nun wollte, besuchte der Nachbar den Benno in seiner Wurstküche wegen des Gartenzauns, der beiden gehörte und repariert werden musste. Und weil die Tür zum Kühlhaus offen stand, suchte er den Benno mit einem Blick durch den offenen Kühlraum, wodurch nicht zu vermeiden war, dass er die Katze am Fleischerhaken sehen konnte.

„Das ist ein Hase“, sagt Benno geistesgegenwärtig, weil ihm in diesem Moment nichts Besseres einfiel, „den habe ich abends mit meinem Auto überfahren“, fügte er noch beiläufig hinzu. „Das ist aber ein schöner, fetter Hase“, meinte der Nachbar, und tatsächlich konnte man kaum einen Unterschied feststellen, jedenfalls nicht vonseiten eines Laien – die Größe sowie der Kopf, jetzt ohne Ohren, waren zum Verwechseln ähnlich mit einem Hasen. „Du kannst ihn haben“, meinte Benno zum Nachbarn, der daraufhin fragte: „Was willst du denn dafür haben?“ „Du kannst mir beim Gartenzaun entgegenkommen“, erwiderte Benno und nahm den „Dachhasen“ vom Haken, um ihn dem Nachbarn eingepackt zu übergeben.

Es vergingen einige Tage, als dem Nachbarn das Fehlen seiner Katze auffiel. Trotz intensivem Suchen in der Nachbarschaft und einer Suchanzeige in der Regionalzeitung war alles vergebens.

Einige Wochen später fragte Benno die Nachbarsfrau, die im Metzgerladen einkaufte: „Wie hat euch eigentlich der Hase geschmeckt?“ „Och“, erwiderte sie, „er hat etwas streng geschmeckt, aber das ist bei Wild nun mal nicht zu vermeiden; mit meiner scharfen Soße hat er jedoch ganz gut geschmeckt.“ „Und was macht eure Katze?“, wollte Benno weiter wissen. „Nun, die wird wohl dem Verkehr zum Opfer gefallen sein“, meinte Frau Nachbarin.

Wie erwartet, kam es wegen des Gartenzauns zum Streit zwischen Benno und seinem Nachbarn; der Nachbar wollte sich nicht mehr an seine Gegenleistung für den geschenkten Hasen „erinnern“.

„Hör mir bloß auf mit dem Hasen“, meinte der Nachbar, und dann gab ein Wort das andere. Zum Schluss sagte Benno wutentbrannt: „Wenn du wissen willst, wo deine Katze geblieben ist, ich kann es dir sagen: Du hast sie mit deiner Frau gefressen!“ Danach entstand eine lange Gesprächspause … Am Gesicht des Nachbarn, der mit offenem Mund dastand und zuerst nicht glauben wollte, was er soeben gehört hatte, merkte Benno, dass er einen Fehler gemacht hatte.

Durch seine unbedachten Worte hatte er sich seinen Nachbarn nun womöglich zum Feind gemacht, denn all seine entschuldigenden Worte, er hätte ja den Dachhasen haben wollen, nutzten nichts. Bennos vorherige Worte hatten im Gemüt des Nachbarn wie ein Blitz eingeschlagen.

Es dauerte über ein Jahr, bis sie sich wieder vertragen hatten und beide über diesen Vorfall lachen konnten. Nur, eine Katze hat sich der Nachbar nie mehr angeschafft, sie hätte ihn wohl zu sehr an den Hasenbraten erinnert.

Cloid

Schon seit über eine Stunde saßen sie zusammen, der Erzieher und Beauftragte der Erziehungsanstalt „Erlenhof" und der Geschäftsführer einer Geflügelschlachterei.

Mit Engelszungen versuchte der Erzieher dem Geschäftsführer klarzumachen, wie wichtig es doch sei, seinen Jugendlichen eine Möglichkeit zu geben, sich im Berufsleben zu bewähren und so den schwer erziehbaren Jungen zu helfen, um sich später im Leben zurechtzufinden. Er wisse aus langjähriger Erfahrung als Erzieher, wie schwer es für diese Jugendlichen sei, die aus der Bahn geraten waren und meistens aus völlig zerrütteten Familien stammten, die ohne Lob und Liebe erzogen wurden, den Vater nie kennengelernt hatten, vom Stiefvater verprügelt wurden und auch von der Mutter – oftmals eine Prostituierte – zu wenig Unterstützung erhielten. Sie konnten zu keiner Zeit ein gesundes Selbstwertgefühl entwickeln und hatten meistens nur Negativerfahrungen in ihrem jungen Leben.

Nun, meinte der Geschäftsführer, es könne aber nicht seine Aufgabe sein, problembehafteten Mitarbeitern auf den rechten Pfad zu bringen, er habe selbst genug Probleme in seinem Betrieb und könne sich daher nicht auch noch um die persönlichen Probleme seiner Mitarbeiter kümmern.

Wenn alle Unternehmer so denken würden wie er, meinte der Erzieher daraufhin, wo bliebe denn da die Solidargemeinschaft, die Verantwortung gegenüber der Gesellschaft? Weiterhin redete er auf den Geschäftsführer ein, wie mit einem kranken Pferd, schließlich wisse er, dass sein Betrieb noch Mitarbeiter suche, warum also nicht einem aus dem Heim diese Chance geben, zumal diese zum Billigtarif zu haben seien. „Nun gut“, meinte der Unternehmer, „zeigen Sie mir doch mal einen von Ihren Schützlingen. An wen haben Sie denn dabei gedacht?“

Der Erzieher holte tief Luft, weil er im Stillen dachte, vielleicht doch noch Vermittlungserfolg zu haben, und holte ein Foto aus seiner Tasche. „Ich habe hier einen kräftigen jungen Mann von 16 Jahren, der unbedingt arbeiten und sich etwas verdienen will, nur hat er einige Handicaps.“ „Die da wären?“, fragte der Unternehmer; wir wollen ihn Helmut nennen. „Gerne gebe ich Ihnen darüber Auskunft, aber ich muss dabei etwas länger ausholen und bitte Sie, mich ausreden zu lassen. Friedrich Cloid, er ist seit seinem sechsten Lebensjahr bei uns im Heim, wurde bei uns eingeschult und hat seit seinem 14. Lebensjahr gelegentlich in der heimeigenen Gärtnerei gearbeitet, deshalb weiß ich auch, dass er arbeiten kann, und für die Hofarbeit, die bei Ihnen verlangt wird, ist er genau der richtige Typ.“ „Und was sind seine Handicaps, von denen Sie sprachen?“ „Er wurde uns von einem Jugendheim, irgendwo aus dem Ruhrgebiet, zugewiesen; er wurde seiner Mutter, die eine Prostituierte war, weggenommen, war völlig verwahrlost, hinkte durch ein zu kurzes Bein, hatte eine sich überschlagende Fistelstimme und war Bettnässer, was er auch heute noch ist; was sie aber nicht zu stören braucht, denn nachts schläft er immer im Heim. Er käme morgens mit dem Bus zur Arbeitsstelle und würde abends wieder mit dem Bus zurück ins Heim geholt. Das Essen würde ihm mitgegeben werden; ich habe aber nichts dagegen, wenn er bei Ihnen eine Tasse Kaffee bekäme.“

Der Unternehmer war inzwischen hinter seinem Schreibtisch aufgestanden. Mit hochrotem Gesicht und mit erregter lauter Stimme raunzte er den Heimleiter an: „Sie komischer Heimleiter wagen es, mir einen bettnässenden Krüppel als vollwertige Arbeitskraft anzudienen, auch noch mit einer Fistelstimme? Wir sind hier keine Besserungsanstalt für Hurensöhne, versuchen Sie Ihr Glück bei landwirtschaftlichen Unternehmen."

Der Heimleiter verbat sich den Ausdruck „Hurensöhne". „Wenn Sie den Friedrich nicht nehmen, werde ich ihn bei seinem 18. Lebensjahr entlassen müssen und ihn dann ohne Arbeitserfahrung der Gesellschaft übergeben, wobei die große Gefahr besteht, dass er an falsche Freunde gerät und er dann irgendwann im Gefängnis landet, ohne jemals eine reelle Chance erhalten zu haben. Wollen Sie das?"

Helmut wollte gerade antworten, da fiel ihm seine Frau ins Wort, die das Gespräch zwischen den beiden mitbekommen hatte. An ihren Mann gewandt meinte sie: „Du brauchst doch jemand, der die Kistenwaschanlage bedient, das würde der junge Mann doch sicher können, oder?" Diesem Argument seiner Frau hatte er nichts entgegenzusetzen und so stimmte er einer Einstellung zu, denn er hatte bisher noch keinen gefunden, der es bei dieser Schmutzarbeit lange aushielt.

Noch vor einem Arbeitsvertrag wurde die Einigung mit Handschlag beider Gesprächspartner besiegelt, die vertragliche Vereinbarung sollte vorbehaltlich eines weiteren Besuchs, dann aber mit Friedrich in den nächsten Tagen erfolgen.

An besagtem Tag erschien der Heimleiter mit Friedrich Cloid, der sich für die Vorstellung ordentlich angezogen hatte. Sein Hinken war trotz eines erhöhten Absatzes an seinem verkürzten Bein zu erkennen. Von Helmut befragt, ob ihn das nicht beim Gehen behindere, meinte er mit sich überschlagender Fistelstimme: „Nein, ich kann sogar damit Fußball spielen, das sieht durch das Hinken zwar lustig aus, aber ich bin fast so schnell wie meine Mitspieler."

Helmut und seine Frau hatten zunächst Mühe, ihr Lachen über die Fistelstimme zu unterdrücken, aber sonst war der Gesamteindruck von Friedrich annehmbar. Helmuts Frau meinte zu ihrem Mann gewandt, man solle ihm eine Chance respektive einen Arbeitsvertrag geben. Der Betriebsleiter Alfred wurde über die besonderen Umstände des nun neuen Mitarbeiters informiert und gebeten, ihn unter seine Fittische zu nehmen, jedenfalls hätte er jetzt jemanden für die Kistenwaschanlage.

Im Arbeitsvertrag wurde neben einer 40-stündigen Wochenarbeitszeit eine dreimonatige Probezeit vereinbart. Auf Pünktlichkeit bei Beginn der Arbeitszeit wurde großen Wert gelegt; hier meinte der Heimleiter, wenn der Bus mal ausfallen würde oder verspätet sei, würde er Friedrich mit seinem Pkw zur Arbeit bringen. Während der Pausen könne er selbstverständlich im Gemeinschafsaufenthaltsraum mit den anderen 35 Mitarbeitern sein Essen einnehmen sowie nach der Arbeit die Duschzellen benutzen. Dann bekam er noch einen persönlichen Schrank zugewiesen.

Etwas Besonderes sollte an dieser Stelle noch erwähnt werden. Die Mutter von Helmut, die auf dem Betriebsgelände wohnte, war bereit, mittags für den Friedrich mitzukochen, damit er einmal am Tag eine warme Mahlzeit hätte.

Der monatliche Arbeitslohn wurde ausgehandelt und sollte an das Heim überwiesen werden; wenn aus besonderem Anlass auch sonnabends gearbeitet werden musste, sollte auch das einvernehmlich dokumentiert werden.

Noch vor Ablauf der dreimonatigen Probezeit und der nun vollumfänglichen Gültigkeit des Arbeitsvertrages hatte sich Friedrich eingearbeitet und der Betriebsleiter Alfred war, abgesehen von seinen ständigen Widerworten, mit seiner Arbeit zufrieden.

Im Betrieb waren einige türkische Mitarbeiterinnen beschäftigt, für die nach notwendigen Überstunden eine Sonderpause eingelegt wurde. Dabei wurden extra für die türkischen Mitarbeiterinnen mit Käse belegte Pausenbrote im Aufenthaltsraum serviert, die aber bei Pausenbeginn nicht mehr vorhanden waren. Die Enttäuschung der Türkinnen, die sich sechs Stunden nach dem Mittagessen auf die Brote gefreut hatten, war groß. Friedrich hatte sie alle, neben seinen eigenen Broten, aufgegessen. Diese und weitere Ungehörigkeiten häuften sich in letzter Zeit, sodass der Betriebsleiter bei Helmut vorstellig wurde: „Das geht nicht mehr so weiter mit dem Cloid! Seine ständigen Widerworte bringen mich jedes Mal zur Weißglut, er macht mittlerweile, was er will, und bei Zurechtweisungen wird er aufmüpfig. Das mache ich nicht mehr mit!“

„Nun Alfred“, meinte Helmut, „wir können ihn deswegen nicht entlassen, abgesehen davon, dass wir jetzt eine Mitverantwortung tragen; wenn er jetzt entlassen wird, hat er überhaupt keine Chance mehr, einen anderen Arbeitsplatz zu bekommen, wer nimmt ihn dann? Tu mir bitte den Gefallen, Alfred, und versuche es weiterhin mit ihm, aber im guten Ton.“

Helmut ließ den Friedrich kommen und redete ihm ins Gewissen; er solle seine Situation einmal überdenken und froh sein, trotz seiner Handicaps einen Arbeitsplatz gefunden zu haben. Dieses Gespräch solle er als erste Abmahnung betrachten, weitere Abmahnungen würde automatisch eine Entlassung nach sich ziehen; außerdem würde auch sein Erzieher informiert.

Das fruchtete bei Friedrich, seine Arbeitsmoral verbesserte sich deutlich. Er wurde danach schon mit wesentlich anspruchsvolleren Arbeiten betraut, die er zur vollen Zufriedenheit ausführte. Sein Selbstwertgefühl besserte sich erheblich, was man daran zu merken glaubte, dass seine Aussprache ruhiger wurde; die Fistelstimme blieb zwar, aber überschlug sich nicht mehr. Bei einem Personalmeeting, bei denen einmal alle drei Monate der Erzieher mit dabei war, bemerkte dieser mit bemerkenswerter Offenheit, dass Friedrich nicht mehr sein Bett nässte.

Viele Monate vergingen, bis zu einem bemerkenswerten Ereignis in der Firma. –Was war geschehen? Ein langjähriger und zuverlässiger Verkaufsfahrer wollte kündigen. Nun wachsen zuverlässige, fleißige, ehrliche und hoch motivierte Mitarbeiter nicht auf den Bäumen. Als Unternehmer sollte man bemüht sein, diese Mitarbeiter zu halten und auf berechtigte Kritiken tunlichst eingehen; diese waren seitens der Geschäftsführung nicht ernst genommen worden.

Schon seit mehreren Wochen fehlte dem Verkaufsfahrer Geld bei der Abrechnung; es waren jeweils einige 100 Mark, deren Verschwinden sich keiner erklären konnte, solange man auch suchte. Leider musste die Buchhaltung dem jungen Verkaufsfahrer die fehlenden Beträge vom Lohn abziehen, denn er war für das Bargeld verantwortlich, was jedes Mal mit viel Ärger verbunden war – bis es dem Fahrer zu viel wurde und er daraufhin mit seiner Kündigung drohte.

Diese Kündigungsandrohung war wie ein Paukenschlag, der in der ganzen Firma zu hören war. Es wurde hin und her überlegt, wie das Geld weggekommen sein könne, bis sich ein gewisser Verdacht erhärtete und ausgesprochen wurde: Cloid! Begründet war dieser Verdacht durch die Anschaffungen, die dieser in letzter Zeit gemacht hatte: teure Kleider, ein Radio und anderes mehr.

Es wurde vereinbart, kein Wort darüber bei Friedrich verlauten zu lassen, denn man wollte ihm eine Falle stellen. Er wurde bewusst nicht beaufsichtigt und tappte deshalb direkt in die Falle: Er rannte mit dem gestohlenen Geld auf das WC und der Helmut sofort hinterher. Er überraschte ihn dabei, wie er das Geld einsteckte, und befahl ihm in forschem Ton, sofort ins Büro zu kommen.

Dort warteten bereits die Mitarbeiter aus der Buchhaltung, einige Fahrer, der Betriebsleiter sowie die Ehefrau des Unternehmers. Nachdem Helmut mit Friedrich im Büro war, wurde die Tür abgeschlossen und der Schlüssel abgezogen. Dem zitternden, leichenblassen Friedrich wurde aufgetragen, seine Taschen zu leeren, dabei stellte sich heraus, dass er das gestohlene Geld in seinem Tabakbeutel versteckt hatte.

Helmut brüllte ob der nun erwiesenen Dieberei ganz fürchterlich an Friedrich gewendet: „Du bist also doch der Hurensohn geblieben, der du warst; mit viel Vorschusslorbeeren haben wir dich verkrüppelten Bettnässer in unsere Firma aufgenommen, von deiner Krähenstimme einmal ganz abgesehen; alle in der Firma waren bemüht, aus dir einen akzeptablen Mitbürger zu machen, und nun beklaust du einen Arbeitskollegen! Etwas Widerlicheres kann man sich überhaupt nicht vorstellen!“ Hier fiel ihm seine Frau ins Wort: „Hör jetzt auf, Helmut.“

Etwas milder fuhr er fort: „Was glaubst du, Herr Cloid, was passiert, wenn ich jetzt die Polizei rufe? Dann bist du auch noch vorbestraft und hast überhaupt keine Chance mehr, jemals eine Arbeitsstelle zu finden. Deshalb mache ich dir trotz allem den Vorschlag, zuzugeben, alle Diebereien begangen zu haben, und das unterschreibst du mir. Danach werde ich die Polizei nicht bemühen und die Sache intern mit dem Erzieher regeln, die ganze Angelegenheit bleibt dann unter uns. Du wirst nicht entlassen, bis du das Geld abgearbeitet hast. Bist du damit einverstanden?“

Ein klägliches, aber hörbares Ja war zu vernehmen.

Die Buchhaltung errechnete die Fehlbeträge und setzte ein Schuldanerkenntnis auf, die Friedrich unterschrieb, alsdann wurden die monatlichen Raten für die Abzahlung festgelegt, es wurden ihm acht Monate lang relativ erträgliche Raten von seinem Lohn abgezogen und dem Fahrer die Fehlbeträge ausgezahlt, der daraufhin seine Kündigung zurückzog.

Dieses rabiate Donnerwetter musste auf Friedrich wie ein Schock gewirkt haben, denn er rannte fortan der Arbeit nach. Damit aber kein seelischer Schaden entstand, ob dieser persönlichen Beleidigung, betrachtete die Unternehmersfrau es als ihre Aufgabe, sein Selbstwertgefühl langsam wieder aufzubauen.

Die Monate vergingen, Friedrich wurde immer selbstständiger, sowohl persönlich als auch bei der Arbeit. In einem Personalgespräch meinte der Abteilungsleiter, dass der Friedrich mittlerweile an Persönlichkeit gewonnen habe und inzwischen unverzichtbar für den Betrieb sei.

Monate später meldete sich der Erzieher für ein wichtiges Gespräch bezüglich Friedrichs an und erklärte dem verdutzten Unternehmer, der Friedrich sei jetzt 18 Jahre alt, somit wäre die gesetzliche Erziehungsaufgabe abgeschlossen und er müsse infolgedessen aus dem Heim entlassen werden. Aus dem Friedrich sei ja erkennbar ein ordentlicher Zeitgenosse geworden, erstaunlich, wenn man die Vorgeschichte kenne. In Anbetracht der nun neuen Lage ergebe sich die Möglichkeit, den Friedrich weiter im Betrieb zu beschäftigen, wenn ihm eine Wohnung zur Verfügung gestellt werden könnte.

Eine Zweizimmerwohnung im Nachbarort wurde gefunden. Sogleich fuhr Helmut hin, es war eine alleinstehende Witwe, deren einziger Sohn gerade ausgezogen war und die nun die Wohnung vermieten wollte, denn allein im Haus wollte sie nicht sein.

Helmut, als Unternehmer sehr bekannt, diente ihr nun den Friedrich als Mieter an, wobei er diesen jungen Mann „über den grünen Klee" lobte; er bürge dafür, dass er sich benehme. Wenn das so sei, meinte die ältere Frau, könne er sogar frühstücken und Abend essen bei ihr, gegen einen kleinen Obolus. Etwas müsse er ihr aber sagen, meinte Helmut, nämlich dass Friedrich einen Sprachfehler habe und leicht hinke. Makel hätten wir alle, meinte die Frau, das würde ihr nichts ausmachen. Daraufhin vereinbarten sie am darauffolgenden Tag ein Treffen mit dem neuen Mieter.

Helmut nahm sich den Friedrich noch mal vor und redete ihm ins Gewissen. Er sei jetzt frei und selbst für sein Leben verantwortlich, er habe für ihn bei der Vermieterin gebürgt und hoffe von ihm nicht enttäuscht zu werden. „So, und jetzt pack deinen Koffer und wir kaufen für die alte Dame einen Blumenstrauß – und dass mir keine Klagen kommen!“

Für den Weg von und zur Arbeit schenkten sie dem Friedrich ein gebrauchtes Fahrrad und erhöhten sein Gehalt entsprechend einer vollwertigen Arbeitskraft.

Seinen 18. Geburtstag feierte er im Heim, auch seine Mutter war angereist. Es muss ein schönes, einprägsames Fest gewesen sein, denn Friedrich beeindruckte am anderen Tag alle mit einem fröhlichen und befreienden Lachen, als wenn ihm ein großer Stein vom Herzen gefallen sei. Er bedankte sich bei allen, insbesondere beim Chef und seiner Frau, für all die Mühe, die sie sich mit ihm all die Jahre gemacht hätten.

Als Friedrich 20 Jahre alt war, bat er den Chef um ein Gespräch. „Nun Friedrich, was gibt es denn Wichtiges?“ Etwas unsicher meinte Friedrich, er sei jetzt über vier Jahre in der Firma und möchte sich jetzt verändern. Er habe ein Arbeitsangebot vom Vorgebirge in der Nähe von Bonn bei einer Gärtnerei, mit Familienanschluss und außerordentlich gutem Lohn, und möchte dort so schnell wie möglich anfangen. „Soll ich das jetzt als Kündigung aufnehmen?“, meinte Helmut etwas konsterniert, denn wer verliert schon gerne eine gute und eingearbeitete Arbeitskraft? „Nun gut, lieber Friedrich, ich werde dir bei deiner Entwicklung keine Steine in den Weg legen und freue mich sogar für dich über den Erfolg versprechenden neuen Arbeitsplatz, aber die dreimonatige Kündigungsfrist musst du einhalten.“

Nach Ablauf der Kündigungsfrist verabschiedete sich Friedrich von allen Betriebsmitgliedern; die Wohnung hatte er bereits gekündigt. Sein neuer Arbeitgeber holte ihn mit seinem Mercedes vom Betrieb ab. Damit war das Kapitel „Friedrich Cloid“ für alle Beteiligten abgeschlossen.

Durch das mitmenschliche Verhalten eines Unternehmens war aus einem verwahrlosten Jugendlichen eine bemerkenswerte Persönlichkeit geworden.

Noch etwas: Es mag etwa drei Jahre später gewesen sein, als vor dem Privathaus ein VW Käfer anhielt. Heraus stieg ein Mann mit dunklem Mantel und schwarzem Hut. Nach dem Klingeln an der Tür öffnete ihm ein junges Mädchen. „Papa, da ist ein Mann für dich, der will dich sprechen.“

Als Helmut zur Tür kam, konnte er zuerst nicht erkennen, wer da vor ihm stand; erst als er „Guten Tag, Chef“ sagte, erkannte er ihn wieder. „Ach, unser Cloid, komm herein, Junge!“ Friedrich ließ sich nicht lange bitten ob der herzlichen Einladung und bei Kaffee und Kuchen fing er an zu erzählen. Wie er im neuen Betrieb aufgenommen worden war und dass es eine schwere körperliche Arbeit sei; an drei Wochentagen müsse er morgens schon um drei Uhr aufstehen, um mit dem Trecker zum Großmarkt zu fahren zur Versteigerung. Manchmal müsse er auch mit Kunden über die Preise verhandeln, was ihm große Freude mache, denn sein Chef sei schon etwas älter, und er hätte alle Freiheiten, die man sich nur wünschen könne. In der Versteigerungshalle würden sie ihn „die Krähe“ nennen, aber das mache ihm nichts aus, denn es sei inzwischen sein Markenzeichen.

Der Grund seines Besuches sei, sich noch einmal herzlich zu bedanken für all die Mühe, die sie sich mit ihm hätten machen müssen; er würde gleich auch noch zu seiner ehemaligen Vermieterin fahren, um ihr ebenfalls zu danken. Danach bedankte er sich höflich für Speis und Trank und verabschiedete sich.

Die Flakstellung

Unter Hitler bekam im Jahre 1943 die „Organisation Todd“ unter anderem den Auftrag, eine Rollbahn zu bauen; diese sollte an Palmersheim (Kreis Euskirchen) vorbeigehen, bis in den „Flamersheimer Erbenwald“ (Nähe Rheinbach), circa sieben Kilometer lang. Die Rollbahn war circa 20 Meter breit und sollte ausreichen für Flugzeuge mit 20 Tonnen Landegewicht, wurde aber nie fertig. Um diese Landerollbahn respektive die Arbeiter vor tieffliegenden feindlichen Jagdbombern zu schützen, wurde hinter dem Dorf Palmersheim eine Flakstellung von der deutschen Heeresleitung aufgestellt.

Es waren drei Geschütze, ausgestattet mit Schnellfeuerkanonen, vom Kaliber 37 mm, mit einer Feuerfolge von 80 Schuss per Minute, in der Höhe und zur Seite schwenkbar, Reichweite circa 8.000 Meter. Jedem dieser Geschütze waren vier Soldaten zugeteilt; Befehlshaber war ein Oberleutnant aus Aachen.

Der leitende Ingenieur für die Rollbahn war Herr Gustav Mack, ebenfalls aus Aachen. Zur damaligen Zeit wohnte die Familie Mack im Ort Palmersheim und Herr Mack war bekannt mit eben diesem Oberleutnant; sie waren zufällig zusammengetroffen und stellten fest, dass sie unmittelbare Straßennachbarn in Aachen waren.

Familie Mack war im Laufe der Zeit eng befreundet mit der Kleinbauernfamilie, in deren Haus sie eine Wohnung mit vier Zimmern hatten. Die Bauernfamilie profitierte von der Miete der neuen Hausbewohner, die Familie Mack von der bäuerlichen Selbstversorgung, was zur damaligen Zeit der Mangelwirtschaft von großem Vorteil war.

Weil die Essensmenge knapp und die Essensqualität in der Flakstellung miserabel, manchmal sogar ungenießbar waren, vereinbarten beide Männer Abhilfe. Josef, der zehnjährige Enkel der Bauerfamilie, sollte jeden Mittag nach der Schule mit seinem kleinen Fahrrad dem Oberleutnant Essen aus der Bauerküche bringen, dafür dürfe er auch die Geschütze besteigen und durch das Scherenfernglas schauen.

Er konnte mit dem Fernglas die drei Kilometer entfernte B 56 erkennen, eine belebte Straße von Euskirchen nach Bonn; sogar die Autos konnte er ganz klar unterscheiden, fantastisch! Die Kanonen hoch- und runterzudrehen, begeisterte Josef, der mit dem Krieg aufgewachsen und von der Kanone begeistert war. Das dauerte vom Frühjahr 1944 bis zum Juli des gleichen Jahres.

An jenem Donnerstagmittag im Juli aber war alles anders. Josef hatte bereits sein Essen abgegeben, als ein Unteroffizier ihn aufforderte, sich schnellstens von den Geschützen zu entfernen und nach Hause zu fahren. Er fragte, warum, und bekam zur Antwort, dass feindliche Flugzeuge sich den Geschützen näherten. Kommandos hallten hin und her, die Geschütze wurden mit den Kanonieren besetzt und die Patronenlafetten eingeschoben. Josef hatte sich mit seinem Fahrrad circa 50 Meter entfernt und sich voller Neugier im angrenzenden Weizenfeld versteckt, um zu beobachten, was nun weiter geschah.

Es mag vielleicht zehn Minuten gedauert haben, als er bemerkte, dass etwa fünf „Leitlings" – das sind doppelrümpfige Jagdbomber – auf die Stellung zuflogen, sie flogen ziemlich tief über die Geschützstellungen hinweg, ohne Bomben abzuwerfen. Alle drei Geschütze schossen jetzt: *tack-tack-tack-tack-tack*. Ob sie getroffen hatten, war nicht zu erkennen, denn herunter kam keines der

Flugzeuge. Alle fünf flogen über die Stellung hinweg, machten dann aber einen Bogen und kamen aus der gleiche Richtung wie anfangs im Tiefflug, aber jetzt hintereinander auf die Geschütze zugeflogen.

Josef lag rücklings im Weizenfeld, um dieses hektische Treiben aufmerksam zu beobachten. Jetzt wurde es ihm aber doch bange, denn die Vorstellung, sie könnten ihre Bomben abwerfen, ließen ihn vor Angst erzittern und er bekam einen Schweißausbruch. Um jetzt wegzulaufen oder sich aufs Fahrrad zu schwingen, war es nun zu spät.

Geduckt wie ein Hase lag Josef im Weizenfeld, wobei ihm allerhand Gedanken durch den Kopf schossen: *Was, wenn sie jetzt nach dem Beschuss ihre Bomben abwerfen?* Dann könnten sie ihn womöglich auch treffen. Das war jetzt kein „Krieg spielen" mehr, wie nach der Schule mit seinen Freunden; er war jetzt ungewollt und leichtsinnigerweise mittendrin, im Krieg. Im Geheimen schwor er sich, sich niemals mehr in solch eine gefährliche Lage zu bringen.

Die „Leitlings" warfen Gott sei Dank keine Bomben ab, aber sie schossen alle fünf mit ihren großkalibrigen Bordkanonen auf die Flakstellungen, Josef sah nur noch Fetzen und Funken fliegen. An einem Geschütz brannte die Holzstaffage, die zur besseren Bedienung um die Geschütze herum gebaut waren. Mit Schreck stellte er fest, dass er noch vor wenigen Minuten daraufgestanden hatte, um an das Fernglas zu kommen. Das alles hatte nur wenige Sekunden gedauert, danach hörte Josef lautes Stöhnen und Schreie von verwundeten Soldaten.

Nachdem nun die Flugzeuge weg waren und der erste Schreck sich bei ihm gelegt hatte, richtete er sich auf und ging zu den Stellungen hin.

Was er hier sah, trieb ihm die Tränen in die Augen. Noch heute, als Erwachsener, hat er die damaligen Bilder vor Augen. Niemals wieder würde er „Krieg spielen" wollen; diese Bilder hatten sich bei ihm eingebrannt – wie bei einer CD – und waren eine Lektion fürs ganze Leben.

Auf dem Boden des vorderen Geschützstandes lag ein junger toter Soldat, er hatte ein großes Loch in seinem Bauch, aus dem seine Eingeweide hingen. Alles war voller Blut, weitere verwundete Soldaten wurden gerade verbunden. Das Stöhnen der Schwerverletzten war für Josef kaum zu ertragen.

Alle Geschütze waren beschädigt, zusammengeschossen. Der tote Soldat war der Geschützlenker (Kanonier). Die Flugzeuge hatten mit ihren Bordkanonen die zentimeterdicke Panzerung durchgeschlagen und den dahintersitzenden Soldaten in den Bauch getroffen. Er, ein sympathischer Junge von 19 Jahren, hatte ihm noch die Hantierung des Fernglases beigebracht, von ihm wusste er auch, dass er in Bonn – und darauf war er ungemein stolz – vom Flakhelfer zum Kanonier ausgebildet und danach zum Obergefreiten befördert worden war. Sie waren während der Sommerzeit Freunde geworden, vor seinem Einzug war er Student an einem Bonner Gymnasium und musste, wegen des Krieges, sein angefangenes Studium abbrechen.

Vom Oberleutnant erfuhr Josef, dass sie noch am Abend des gleichen Tages die Eltern des Soldaten in Bonn angerufen hatten, es waren nur 20 Kilometer, sie sollten ihren toten Sohn abholen kommen. Er sprach auch davon, dass er Zeuge war von dem herzzerreißenden Schrei und den Tränenausbrüchen der Mutter beim Anblick ihres toten Sohnes und dass sie große Mühe hatten, sie zu beruhigen. Sie habe auf den Krieg und auf den Verbrecher Hitler geschimpft, der ihr den einzigen Sohn genommen habe, ihren einzigen Sohn, der als Klassenbester eine große Zukunft vor sich gehabt hätte.

Josef konnte danach nicht mehr gut schlafen, er hatte Albträume und dachte an die vielen Hunderttausende Soldaten, die auf den Schlachtfeldern dieses Krieges ihr Leben und ihre Gesundheit geopfert hatten. So also war Krieg, und nicht so, wie er es immer in den Nachrichten hörte.

Immerzu hatte er das Bild seines toten Freundes vor Augen, essen konnte er die ersten Tage danach auch nicht mehr richtig, selbst in der Schule konnte er sich nicht mehr konzentrieren. Seiner Lehrerin war das aufgefallen, und nach dem Grund gefragt, erzählte Josef sein erschütterndes Erlebnis vor der gesamten Klasse. Danach durfte er zwei Tage zu Hause bleiben, bis er sich wieder konzentrieren könne.

Wieder in der Schule, wollte er, der vom Militärischen stets begeistert gewesen war, vom Krieg nichts mehr wissen. Nach diesem Flugzeugangriff wurde die Flakstellung aufgegeben, abgebaut und die Soldaten versetzt.

Die Hausschlachtung

Die Hausschlachtung, vornehmlich von selbst gezüchteten Schweinen mit anschließendem Verwursten, war bis in die 1960er–Jahre landläufig bekannt, wovon gerade in den ländlichen Regionen fleißig Gebrauch gemacht wurde.

Die Hausschlachtung war durchaus kein Privileg der Landwirte und wurde auch von Leuten betrieben, die noch Platz im Hinterhof oder in leer stehenden Gebäuden, Scheunen, alten Stallungen und aufgegebenen Kleinlandwirtschaften hatten. Die Schweine dienten außerdem auch dem Zweck der Resteverwertung aus Küche und Garten.

In den Kriegsjahren und danach noch diente die Hausschlachtung neben einem größeren Garten zum autarken Lebensunterhalt der Familien. Die Familien hatten oftmals ausgebombte Verwandten aus den zerstörten Städten, arbeitslose und andere Familienangehörige in ihrem Haushalt und konnten sich mit zwei Hausschlachtungen im Jahr über die damaligen schwierigen Zeiten retten.

So lebten in einem kleinen Dorf in der Voreifel der Kölner Bucht zwei alleistehende Frauen: Kathrin, eine Kriegerwitwe von 32 Jahren, und ihre Schwester Anna, ebenfalls Witwe, sie war 46 Jahre alt. Sie hatte nach dem Tode ihres Mannes, der verunglückt war, die kleine Landwirtschaft aufgegeben und die Ländereien verpachtet. Sie waren keinesfalls unattraktiv, man könnte sagen, gut aussehend, ohne körperliche Gebrechen. Sie lebten sehr zurückgezogen und hatten wenige Kontakte zur Nachbarschaft. Beide bewohnten ein größeres Haus mit allerlei Stallungen in einem geschlossenen Hof.

Durch den Krieg waren viele Männer nicht mehr zurückgekommen, und die Zurückgekommenen waren zumeist bei der Industrie in den Städten beschäftigt. So kam es, dass die beiden Frauen bis1950 noch keine passenden Männer gefunden hatten.

Sie hatten nun beim Dorfmetzger eine Hausschlachtung angemeldet, der Tag wurde auf einen Dienstag terminiert, 8.00 Uhr.

Andreas, ein junger Metzgermeister, der als ehemaliger Soldat aus Schlesien kam, war nach der Entlassung im Ort geblieben, weil er heimatlos war. Er hatte seine große Liebe Maria, eine Frau aus dem Dorf, geheiratet und mit ihr eine Metzgerei eröffnet. Dazu hatten sie auf dem Grundstück der Frau ein Haus mit Schlachtabteilung und Verkaufsladen errichtet.

Nun hätte die Lage der Metzgerei – gegenüber einem Lebensmittelgeschäft, unmittelbar neben einer Bäckerei und einer Apotheke, eine Lauflage – nicht besser sein können.

Beide waren sehr fleißig: Sie bediente im Laden die Kunden; er schlachtete in seinem kleinen Schlachthaus Kälber, Schweine und Rinder, machte nebenbei Hausschlachtungen und an den Wochenenden half er seiner Frau im Laden.

Maria war kinderlos und sehr kundenfreundlich. Andreas, groß, schlank und gut aussehend, äußerst charmant, mit einem forschen Auftreten. Er war der Schwarm vieler Frauen im Ort. Sobald er mit im Laden bediente, stieg der Umsatz erheblich.

Nun war der Dienstag, wie schon erwähnt, für die Hausschlachtung bei den beiden Frauen vorgemerkt. Für diesen Zweck hatte Andreas einen kleinen Handwagen, worin er all die Utensilien für seine Arbeit mitnehmen konnte:

1.eine Brühwanne

2.ein Hörnchen zum Schrubben der Borsten

3.zwei Eimer

4.eine Blutwanne

5.etliche Messer mit Wetzstahl, ein Handbeil

6.ein Bolzenschussapparat

7.Gummistiefel und Gummischürze

8.ein Gestell zum Aufhängen des geschlachteten Schweines

9.ein Flaschenzug

Fröhlich pfeifend verließ Andreas das Haus mit dem mit einer Plane abgedeckten Karren in Richtung der beiden Schwestern, die etwas außerhalb des Ortskerns wohnten.

Etwas seltsam kam ihm allerdings vor, dass die jüngere Frau, Kathrin, ihn im Morgenmantel empfing. Sie hielt ihm das Hoftor auf und meinte, er solle seine Karre im Hof abstellen und zuerst drinnen mit ihr eine Schnäpschen trinken. Total überrascht war er, dass die Schwester Anne ebenfalls im Morgenmantel im Haus herumlief und ihn mit einem hintergründigen Lächeln empfing.

Die beiden hatten den Tisch mit einem Frühstück für ihn gedeckt, weiterhin stand auf dem Tisch eine Flasche mit hochprozentigem Korn, eine Flasche mit Eierlikör und drei kleine Gläser.

Nun waren für Andreas, der als langjähriger Soldat in Frankreich gedient hatte, die Frauen, auch in vorgerücktem Alter im Morgenmantel, nicht unbedingt etwas Neues. Andreas war absolut kein Kind von Traurigkeit, aber in seinem Dorf hatte er nicht vermutet, worauf das hier möglicherweise hinauslaufen könnte. Es wurde ihm etwas mulmig, wenn er dabei an seine Maria dachte, und er meinte etwas barsch, er wolle nun endlich mal das Schwein sehen und ob der Tierarzt es schon besichtigt habe und der Trichinenbeschauer unterrichtet sei. Der Tierarzt wäre da gewesen, erwiderte Anna, und mit dem Schwein, das hätte noch etwas Zeit, er solle erst mal ein Schnäpschen trinken. Ob er schon gefrühstückt hätte?

Andreas wollte nicht unfreundlich sein und ließ sich ein Glas Doppelkorn servieren und dann noch einen und noch einen … Dabei verwickelten ihn die Frauen in eine zweideutige Unterhaltung und kicherten dabei wie pubertierende Gören.

Nach dem vierten Glas Doppelkorn müsse er jetzt aber erst einmal einen Kaffee haben, meinte Andreas. Er bekam den Kaffee und nahm sich dann auch einige belegte Brote. Die beiden Frauen hatten auch jede ihre drei Gläschen Eierlikör getrunken und meinten so nebenbei, es gäbe überhaupt kein Schwein, es ginge ihnen nur um ihn …

Dass Andreas vollkommen überrascht war, konnte man nun beim besten Willen nicht sagen; geahnt hatte er das schon lange. Wie ein großer Junge ließ er sich von Kathrin an der Hand die Treppe hinauf ins Schlafzimmer führen. Was dann geschah, darüber schweigt des Sängers Höflichkeit. Beim Hinuntergehen meinte Andreas noch scherzhaft, wenn er wüsste, dass seine Frau damit einverstanden wäre, würde er sie direkt noch dazunehmen.

Als er wieder unten war, fiel Anna ihm um den Hals und küsste ihn und hauchte ihm etwas ins Ohr. „Nein, nein, nein“, meinte

Andreas, heute geht das nicht mehr, er komme ja morgen wieder zum Schein Wurst machen, dann werde man sehen …

Maria war die Fahne aufgefallen, die ihrem Mann vorausflatterte. Ja, meinte er, er habe zwei Schnäpse getrunken, was durchaus üblich war bei Hausschlachtungen auf dem Lande, deshalb fragte Maria auch nicht mehr weiter.

Am nächsten Tag, pünktlich um 8.00 Uhr, kam Andreas am Haus der Frauen an. Anna empfing ihn freudestrahlend am Hoftor. Wie am Vortag wurde erst ein Doppelkorn getrunken. Anna hatte sich hübsch gemacht, die Haare gestylt, die Lippen rot, auf ihren Wangen hatte sie etwas Landluft aufgetragen. Nachdem sie den Morgenmantel ausgezogen hatte, trug sie nur noch ein durchsichtiges dunkles Hauskleid, worin alle ihre körperlichen Konturen erkennbar waren.

Andreas, betäubt von ihrem betörenden Parfüm und angeheitert vom Korn, ließ sich von Anna willenlos ins Schlafzimmer drängen. Hier zog sie ihn aufs Bett, halb sank er hin und ward in der nächsten Stunde nicht mehr gesehen.

Wieder unten, eröffnete Andreas, jetzt wieder klar im Kopf, der Anna, die allein war – Kathrin war außer Haus –, er müsse nachher mit seiner Maria das Schlachten und Wursten abrechnen und könne, um nicht aufzufallen, nicht mit leeren Händen nach Hause kommen. Seine Frau habe, was die Finanzen betrifft, die Hosen an, demzufolge müsse er jetzt die Abrechnung mit ihr machen. Er präsentierte auch gleich die von Maria ausgestellte Rechnung.

Die süßsäuerliche Miene von Anna war nicht zu übersehen, aber sie bezahlte die Rechnung. Sie bedankte sich bei Andreas und ließ ihn zur Tür hinaus mit einem schönen Gruß an seine Frau.

Hierbei war der seltene Umstand bemerkenswert, dass zwei Frauen einen Mann zum Sex verführt und dafür noch bezahlt hatten.

Nun, wem von den Beteiligten sollte man hier moralische Vorwürfe machen? Den beiden sexuell ausgehungerten Frauen, nach langen Jahren der Entbehrung, oder dem ehrenhaften Handwerker Andreas, der nach allen Regeln der weiblichen Kunst verführt wurde und im falschen Moment ungewollt schwach wurde?

Das neue Auto

Er merkte es schon seit einiger Zeit, dass etwas am Verhalten seiner Frau nicht stimmte. Sie wies jegliche Zärtlichkeiten und Annäherungsversuche ihres Mannes ab, und der Gutenmorgenkuss, bevor er sich in sein Büro begab, erfolgte in letzter Zeit nur noch mit spitzem Mund, völlig emotionslos und mit säuerlichem Gesicht.

Timo, so wollen wir ihn nennen, Besitzer eines mittelgroßen Kölner Baugeschäfts, wurde aufgeschreckt durch einen mysteriösen Telefonanruf von einer ihm unbekannten Frau, die ihren Namen nicht preisgeben wollte. Mit kurzen Worten teilte sie ihm mit, er solle besser auf seine Frau aufpassen, die einen Liebhaber habe und sich mit dem Gedanken trage, sich scheiden zu lassen.

Von diesem Anruf war Timo so geschockt, dass er geistesabwesend in seinem Betrieb umherlief, ohne eigentlich zu wissen, was er wollte. Er hatte als junger Mann von seinem Vater ein kleines Baugeschäft übernommen und dieses zusammen mit seiner Frau durch Fleiß und Können zu einem ansehnlichen Betrieb ausgebaut. Zurzeit hatte er ein gutes Auftragsvolumen, was nicht immer so war. Es gab auch Zeiten, wo der Betrieb durch das Ausbleiben der Zahlungen seiner Auftraggeber kurz vor der Pleite stand und nur durch eine Intervention seiner Frau mit der Hausbank das schwebende Damoklesschwert über seinem Betrieb abgewendet werden konnte. Dass sie mit dem Direktor der Hausbank verwandtschaftlich verbunden war, erleichterte dies. Inzwischen waren die zurückliegenden Sorgen aber verblasst, die kurzfristigen Kredite waren abgetragen und mit der Zeit war ein hübsches Guthaben auf dem Privatkonto angewachsen.

Durch seine Zuverlässigkeit und seine Freundlichkeit, gepaart mit seinem rheinischen Humor und seiner Schlagfertigkeit, wurde er in seinem Umfeld und auch im Vorstand der „Blauen Funken“, einer traditionellen Karnevalsvereinigung in Köln, zu einer allseits geachteten Persönlichkeit. Der verständnisvolle Umgang mit seinen Mitarbeitern auf den Baustellen führte dazu, dass er die Fluktuation in Grenzen halten und er dadurch auf die Verlässlichkeit seiner Stammarbeiter bauen konnte.

Seine hübsche Frau Kathi war im Geschäftsbetrieb mit integriert, nachdem ihre zwei Kinder aus dem Gröbsten heraus und schon aus dem Haus waren. Sie steuerte als ausgebildete Betriebswirtin das Büro und hielt ihrem Mann den Rücken frei, während er für die Baustellen zuständig war.

Die ersten kritischen Jahre des Aufbaus, der ständige Kampf mit den Auftraggebern um pünktliche Zahlung, Krankmeldungen, der ständige Streit mit Behörden und Finanzamt hatten sichtlich Spuren bei ihr hinterlassen. Jetzt war sie 45 Jahre alt und in einer schwierigen Zeit für Ehefrauen allgemein. Manchmal, nach der Hektik des Alltags, fragte sie sich, ob das denn alles gewesen sein sollte, was sie vom Leben erwarten konnte. Auch vermisste sie die Aufmerksamkeit von Timo; er verstand die Signale nicht, die von ihr ausgingen, oder deutete sie falsch; jedenfalls nahm er alles, was von ihrer Seite kam, für selbstverständlich. In dieser Phase sind viele bis dahin treue Ehefrauen der Versuchung ausgesetzt, die tugendhaften Wege zu verlassen – so auch in diesem Fall die Kathi.

Pedro war es, der ihr im Kopf herumschwirrte – ein gut aussehender, charmanter Mann mittleren Alters mit guten Manieren, immer top gekleidet. Er hatte ein selbstbewusstes Auftreten und mit seiner Fähigkeit, auf die Menschen zuzugehen, konnte er insbesondere die Frauen beeindrucken. Beheimatet in Köln, war er als Verkäufer in einer Kölner Mercedesniederlassung beschäftigt. Jedes Mal, wenn Kathi mit viel Herzklopfen in die Ausstellungshalle kam, kümmerte sich Pedro sofort um sie. Sie vereinbarten dann ein Treffen in einem etwas abseits gelegenen Hotel im Bergischen Land.

Kathi konnte oft im Büro schon gar keinen klaren Gedanken mehr fassen, so fieberte sie den bevorstehenden Treffen entgegen, ständig musste sie an Pedro denken, an seine Zärtlichkeit und seinen Witz, der sie immer zum Lachen brachte.

Natürlich war Timo Kathis Wesensveränderung aufgefallen. Bei seinen Annäherungsversuchen täuschte sie ständig Unpässlichkeit vor, die sie auf ihren Monatszyklus und das sich in letzter Zeit anbahnende Klimakterium zurückführte. Wohlweislich war ihm klar, dass ein Austausch von Zärtlichkeiten und Intimität nur dann möglich wäre, wenn seine Frau innerlich bereit und in der Lage dazu war. Nichtsdestotrotz hatte sich bei ihm schon ein sexuelles Defizit angestaut, was ihn ganz verrückt machte; er zog sich nach der Abweisung seiner Frau dann ganz zurück.

Bis nach jenem Anruf, da fielen ihm plötzlich die Schuppen von den Augen. Danach gab es eine gewaltige Auseinandersetzung mit seiner Frau, wobei sie seine Vorwürfe beleidigt abstritt und das ihr vorgehaltene Telefonat als üble Nachrede abtat. Danach war es nie mehr wie sonst zwischen den Eheleuten.

Timo dachte zurück an die Zeit, wie er Kathi gefreit hatte. Zuerst hatte er seine schöne Freundin mit einem gewissen Stolz seinen Freunden wie eine Trophäe vorgestellt, aber mit der Zeit entwickelte sich zwischen den beiden eine tiefe, innige Liebe, die später viele Krisen überdauern sollte.

Was hatte er falsch gemacht? Was war schiefgelaufen in seiner Ehe? Bei einem Gespräch über seine Ehe mit einem guten Freund kam ihm die Erkenntnis, seine Frau im höchsten Maße vernachlässig zu haben. Er war zum Workaholic geworden, hatte viele liebevoll vorgetragene Bitten seiner Frau wegen seiner vielen Arbeit abgewiesen.

Timo machte sich große Vorwürfe und überlegte, wie er seine Frau wiedergewinnen könnte. Zunächst einmal beauftragte er ein Detektivbüro, um seine Frau zu beobachten; vielleicht war es ja doch nur eine Verleumdung dieser unbekannten Frau ... Er wollte Sicherheit!

Das für ihn erschreckende Ergebnis der Recherche bestätigte dann doch den Hinweis dieser Unbekannten, dass seine Frau ihn mit einem jüngeren Mann betrog. Aber als praktizierender Katholik kam für ihn eine Scheidung nur als Ultima Ratio infrage, und zwar dann, wenn er seine Frau absolut nicht mehr umstimmen könnte. Dabei erinnerte er sich an jene Nacht nach einem Karnevalsabend, wie er, alkoholumnebelt, auch fremdgegangen war. Allein dieser Vorfall, wovon seine Frau bis heute nichts wusste, hatte bei ihm tagelang Gewissensbisse verursacht; trotzdem wollte bei ihm, typisch Mann eben, kein Verständnis für das Verhalten seiner Frau aufkommen.

Da brachte ihn ein lang gehegter Wunsch seiner Frau auf eine super Idee, wie er sie zurückgewinnen könnte. Sie wünschte sich schon lange sehnlichst einen Mercedes-Sportwagen der S–Klasse, Kaufpreis 150.000 Euro. Das war von Timo aber stets abgelehnt worden mit dem Argument, der Neidfaktor der Kunden könnte zu weniger Aufträgen führen, was nicht von der Hand zu weisen war. Sie musste deshalb verzichten.

Jetzt heckte er einen geradezu idealen Plan aus und hoffte, sich danach wieder mit seiner Frau zu versöhnen und gleichzeitig dem jungen Freund seiner Frau eine Lektion zu erteilen, was umso leichter erschien, weil der Geschäftsführer des Mercedes-Handelshauses, wo der junge Mann beschäftigt war, ein Freund von Timo war. Er war ebenso im Vorstand der „Blauen Funken" in Köln.

An einem passenden Tag ließ er sich von seiner Hausbank einen Termin geben, um sich von seinem Privatkonto 150.000 Euro auszahlen zu lassen, in Fünfzig-, Hundert- und Zweihunderteuroscheinen – Hauptsache der Geldkoffer würde richtig voll.

Wieder zurück im Haus, besorgte er sich eine wuschelige rote Männerperücke, eine abgetragene Jeans und dazu alte Schuhe sowie alte verdreckte Klamotten, ein schmutziges Hemd und einen schmutzigen Pulli, der sich bereits auflöste. Alsdann wartete er einige Tage ab, um zu prüfen, wann der junge Verkäufer wieder in der Mercedes-Verkaufshalle war. Nach den vergangenen drei Tagen, in denen er sich nicht rasiert hatte, zog er die alten Sachen an und setzte sich die Perücke auf. Zum Schluss färbte er sich einen Schneidezahn schwarz, eine Zahnlücke vortäuschend, kratzte sich Ruß unter die Fingernägel, packte dann den Geldkoffer in seinen Pkw, zusammen mit einem guten Anzug, frischem Hemd, passender Krawatte und guten Schuhen. Außerdem hatte er sich noch ein modernes, hochsensibles Aufnahmegerät verdeckt angesteckt.

Timo parkte sein Auto am Rand des Firmenparkplatzes und marschierte in die Verkaufshalle schnurstracks auf den teuersten Mercedes-Sportwagen zu, der im Verkaufsraum stand. Das fiel dem Verkäufer Pedro natürlich sofort auf und es kam folgender Dialog mit dem neuen Kunden zustande:

Verkäufer: He Tünnes, wat welst du dann he, heste dich verlaufe?

Kunde: Nee, ich han mich net verloofe, ich well hee dat Auto koofe, met allem dröm on dran. (Dabei streichelte er das Auto mit seinen schmutzigen Händen.)

Verkäufer: Du häss wohl zu lang in dr Sonn jesesse Tünnes, maach, dat du dich vom Acker machst.

Kunde: Kann ich mich einmol en dat schöne Auto setzen, vieleech darf ich och enz en Probefahrt maache?

Verkäufer: Du duseliges Drecksckschwein, du wells dat Auto koofe un häs kein 100 Euro en der Täch, zum letzten mol, maach, dat du verschwinds, sonst roofe ich die Hausordnung odder die Polizei. (Er beginnt, sein Handy hervorzukramen.)

Der Kunde verließ die Verkaufshalle und drehte sich an der Tür noch einmal um: „Do wirs noch von mir hööre, du Lackaffe!“, rief er noch mit erhobenem Zeigefinger dem Verkäufer zu, bevor er die Ausstellungshalle Richtung Parkplatz verließ.

Timo nahm seinen Anzug aus dem Auto, Schuhe Hemd, Toilettentasche, ging in eine nahe gelegene Kneipe und fragte die Wirtin, ob er sich frisch machen dürfte. Er durfte.

In der Toilettenkneipe rasierte und wusch er sich, putzte sich die Zähne, reinigte sich die Fingernägel, zog sich um, packte die alten Klamotten und verließ die Kneipe, nachdem er der Wirtin einen Zehneuroschein in die Hand gedrückt hatte.

Danach deponierte er die alten Klamotten in einer Mülltonne, nahm seinen Geldkoffer und spazierte in der Gewissheit, eine bühnenreife Schau abgezogen zu haben, durch den Haupteingang zum Büro des Geschäftsführers. Mit „Hallo Georg“ – „Hallo Timo“ begrüßten sie sich. „Was führt dich zu mir, Timo, möchtest du ein neues Auto kaufen?“ „Natürlich“, meinte Timo, „das hatte ich vor, aber dein Verkäufer hat mich hinausgeworfen, als ich den neuen Mercedes-Sportwagen aus deiner Halle kaufen wollte.“ Dabei öffnete er seinen Geldkoffer und fragte: „Das sind genau 150.000 Euro – ist das genug? Nur schade, dass dein Verkäufer mich hinausgeworfen hat“, klappte den Koffer wieder zu und machte Anstalten zu gehen. „Moment! Moment mal!“, rief Georg. „Wie war das mit dem Verkäufer?“ Timo, der schon auf halbem Weg zur Tür war, kam noch einmal – innerlich erleichtert – zurück. Er zog das Aufnahmegerät aus seiner Tasche und spielte dem Georg den Dialog vor. Der wurde leichenblass vor Wut und ließ den Verkäufer zum Rapport rufen.

Der wurde ebenfalls blass, wie er den vermeintlich Fremden als seinen Kunden an der Stimme wiedererkannte. Völlig konsterniert stotterte er etwas von „Penner“ und „Verschaukelung“, dabei schnitt ihm der Geschäftsführer zornesrot das Wort ab: „Bei uns ist jeder Kunde König, der als Käufer in meine Verkaufshalle kommt! Das scheinen Sie bis heute immer noch nicht begriffen zu haben!“, schrie er den Verkäufer an. „Sie sind ab sofort fristlos entlassen, kommen Sie morgen früh Ihre Papiere abholen!“

Danach unterzeichnete Timo den Kaufvertrag und bezahlte in bar. Damit war der erste Teil seines Planes mit der angedachten Versöhnung abgeschlossen.

Die sofortige Entlassung war vertraglich möglich, weil der Verkäufer in Teilzeit und nur auf Provisionsbasis beschäftigt war. Weiterhin stellte sich heraus, dass der Pedro eine langjährige Freundin hatte; sie war es übrigens auch, die den Timo angerufen hatte.

In fünf Tagen stand Timos und Kathis 24. Hochzeitstag bevor; für diesen Tag hatte Timo den Sportwagen bestellt, das Auto sollte mit einer bunten Schleife und einem Schild mit der Aufschrift „Herzlichen Glückwunsch!“ bereitgestellt werden. Am Morgen dieses Tages sollte der elfenbeinfarbene Sportwagen vor das Schlafzimmerfenster des Privathauses platziert werden, das war der Auftrag an das Autohaus, was denn auch erfolgte. Es war die Ostseite des Hauses, was zur Folge hatte, dass die aufgehende Morgensonne wie auf Geheiß das Auto beschien, sodass es wie von Gold überzogen erstrahlte.

Kathi hatte von alldem keine Ahnung, sie hatte sich nur über die SMS von Pedro auf ihrem Handy gewundert: „Keine Lust mehr, sorry“ war darauf zu erkennen, und trotz ihrer mehrmaligen Anrufen kam eine Verbindung mit Pedro nicht mehr zustande. Er war nämlich inzwischen hinter die Intrige von Kathis Mann gekommen; durch die Entlassung fühlte er sich unendlich gedemütigt.

Nach einer schlaflosen Nacht am anderen Morgen, nachdem sie die Gardinen vor dem Schlafzimmerfenster weggezogen hatte, um das Fenster zu öffnen, war sie völlig überrascht, als sie den heiß ersehnten Sportwagen mit dem Glückwunschschild erkannte.

In diesem Augenblick überkam sie eine Mischung aus Scham- und Glücksgefühlen, sie empfand eine tiefe Dankbarkeit ihrem Mann Timo gegenüber, der sie vor einer großen Dummheit bewahrt hatte, dabei liefen ihr Tränen über die Wangen. Timo, hochzufrieden, strahlte einen gewissen Stolz aus über den geglückten Coup, mit dem er seine geliebte Frau zurückerobert hatte.

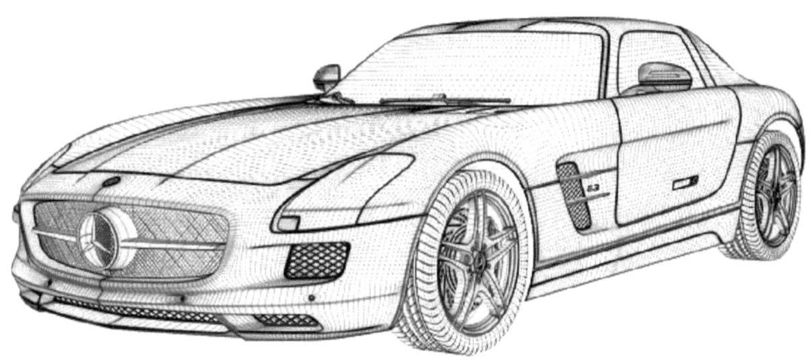

Im Stadtpark

Ein Stadtpark sollte immer die Visitenkarte einer Stadt sein, als Ruhezone für die Stadtbürger und für die Gäste.

Unmittelbar vom Stadtkern einer süddeutschen Stadt, in der Nähe von München, gibt es einen solchen wunderschönen und vorzeigbaren Stadtpark, der den Besuchern Ruhe und Ausgleich zum Stress des Alltags vermittelt.

Inmitten von Thuja, Kirschlorbeer, Bux und Eiben, am Ende einer Platanenallee, etwas abseits, stehen Parkbänke, umgeben von Blumenrabatten. Es ist ein schöner Julisommertag, über den Baumwipfeln streicht ein leichter Wind, der am sonst blauen Himmel kleine Schönwetterwölkchen vor sich hertreibt. Es sind um diese Mittagszeit nicht viele Spaziergänger im Park unterwegs.

Ein altes Pärchen sitzt auf einer dieser Parkbänke, sie mögen beide über 80 Jahre alt sein, vielleicht ist sie etwas jünger. Sie reden nicht viel und genießen Natur und Umgebung. Es hat den Anschein, als wäre die Zeit für sie stehen geblieben. Irgendwann lächelt sie ihn an und ergreift zitternd seine Hand, als sei es ein stilles Einverständnis für die zurückliegenden gemeinsamen Jahre – für den Betrachter ein unverkennbarer Beweis einer innigen Liebesbeziehung.

Es war das Jahr 1949, als sie sich bei einer Ruderbootregatta am nahen See kennenlernten. Er, Hans, gut aussehend, zu dieser Zeit 20 Jahre alt und angehender Architekturstudent. Sie, Roswitha, war gerade 19 Jahre alt geworden und Buchhalterin im kleinen Familienunternehmen. Roswitha war eine ausgesprochene

Schönheit mit ihren blonden Haaren und einer blendenden Figur. Mit ihrem charmanten Lächeln zog sie alle Blicke der anwesenden jungen Männer auf sich. Hans hatte schon lange ein Auge auf sie geworfen und bisher vergebens versucht, in ihre Nähe zu kommen, aber vielleicht würde es ja am Abend beim Tanz auf der Terrasse des Seerestaurants gelingen.

Und wie der Zufall es wollte, kamen beide an einen Tisch. Von Bekannten der beiden wurden sie einander vorgestellt. Hans war ein charmanter, selbstbewusster, junger Mann, der außerdem auch noch gut tanzen konnte; es blieb deshalb nicht aus, dass er auch der Roswitha gefiel. Hans hatte nur noch Augen für sie, beide ließen kaum einen Tanz aus; es bahnte sich eine Liebesbeziehung an.

Gegen Mitternacht, an diesem milden Sommerabend, spazierten beide hinaus auf den der Terrasse angegliedertem Bootssteg, der weit in den See hinausging. Vom Ufer her wehte ihnen der Landwind den Duft von Clematisblüten zu und wie bestellt ging der Mond auf in dieser sternenklaren Juninacht. Sie gestanden sich ihre Liebe und küssten sich. Für beide war es ein Abend voller Glückseligkeit, an den die beiden sich auch später immer wieder erinnerten – so, als sei dieser Abend unauslöschlich in ihr Unterbewusstsein eingebrannt, in die Sterne geschrieben.

Seither trafen sie sich fast jeden Tag und kamen einander näher. Nach acht Monaten heirateten sie etwas überstürzt. Der Grund dafür war eine Schwangerschaft; sie war bereits im vierten Monat schwanger, für Uneingeweihte noch nicht erkennbar. Der Umstand einer schnellen Hochzeit war der damaligen Moralvorstellung geschuldet; eine Hochzeit mit Kind war seinerzeit in gutbürgerlichen Kreisen verpönt. Deshalb war diese Schwangerschaft für alle Familienbeteiligten eine mittlere Katastrophe und der Ärger vorprogrammiert. Er erst 21 Jahre alt, noch im Architekturstudium begriffen, ohne eigenes Einkommen, und sie, mit 19 Jahren, als buchhalterische Stütze im elterlichen Betrieb, mit einem kleinen monatlichen Lohn, der bei Weitem nicht ausreichte, um eine dreiköpfige Familie zu ernähren.

Ihre Eltern waren, sehr milde ausgedrückt, nicht sonderlich begeistert von einer bevorstehenden Hochzeit ihrer jüngsten Tochter; es gab „Zoff" und viele Tränen. Seine Eltern, insbesondere sein Vater, Studienrat in fester Anstellung, sah alle Hoffnungen, die er sich für seinen Sohn vorgestellt hatte, durch die frühe Bindung schwinden. Letztlich waren er und seine Mutter aber doch mit der Hochzeit, als dem kleineren Übel, einverstanden.

Der Familienrat trat zusammen: Roswitha, Hans und die beiden Ehepaare. Um zunächst einmal dem jungen Paar die Zukunft nicht zu verbauen, musste erst für eine Wohnung gesorgt werden, was zu damaliger Zeit nicht einfach war, denn in den Nachkriegswirren war Westdeutschland gezwungen, trotz der zerstörten Städte circa 13 Millionen Flüchtlinge aufzunehmen; demzufolge waren Wohnungen sehr knapp. Man einigte sich darauf, den Dachstuhl vom Wohnhaus des Familienbetriebes für zwei Zimmer, Küche und Bad mietfrei auszubauen. Bei diesem großzügigen Angebot der Brauteltern wollte auch der Studienrat nicht zurückstehen; er versprach, den beiden bis zum Ende des Studiums seines Sohnes die Lebenshaltungskosten zu bezahlen.

Fünf Monate später kam ein gesunder Junge zur Welt. Während Roswitha ihrem Sohn die Brust gab, stand Hans etwas verstört daneben, trotz unterschwelligem Stolz, konnte noch nicht so richtig fassen, dass er jetzt Vater war, hatte er doch eigentlich überhaupt nicht viel dazu beigetragen; sein Sohn, ein neuer Mensch, entstanden aus der Liebe und einer wundervollen Nacht, ein Gottesgeschenk.

Im Verlauf der Ehe kamen noch zwei weitere Kinder dazu – ein Junge und ein Mädchen –, alle waren gesund. Hans hatte inzwischen sein Studium als Architekt abgeschlossen und war in einem Planungsbüro mit auskömmlichem Verdienst angestellt. Mit der Vergrößerung der Familie stiegen natürlich auch die Raum- und Wohnansprüche. Sie zogen nun schon zum zweiten Mal um, in ein besseres Wohnviertel. Roswitha hatte in der Vergangenheit die Steuergehilfenprüfung abgelegt und war als Halbtagskraft in einem Steuerbüro beschäftigt. Beide verdienten gut und konnten sich somit eine Etagenwohnung mit vier Zimmern leisten.

Sohn Ralf war inzwischen 16 Jahre alt und wollte, dass die Eltern ihm ein Mofa kauften, was der Vater jedoch ablehnte; es gab für ihn, der schon viele Freunde durch Motorradunfälle verloren hatte, für Motorradfahrer nur zwei Möglichkeiten: Krüppel oder Tod. Unter Mithilfe seiner Mutter, die für die Ansichten des Vaters kein Verständnis hatte, wurde das Moped für Sohn Ralf schließlich doch gekauft.

Es verging ein halbes Jahr, als eines Tages zwei Polizeibeamte vor der Tür standen und wegen eines wichtigen Gespräches um Einlass baten. Sie eröffneten der Familie, dass ihr Sohn Ralf in einen schweren Unfall verwickelt worden sei. Bleich vor Schreck, mit tränenerstickter Stimme, fragte die Mutter, ob er noch lebe und wo er jetzt sei. Er sei schwer verletzt, aber er lebe, sagten die Beamten, die Ärzte im städtischen Krankenhaus seien gerade dabei, ihn zu behandeln. Vater Hans, aschfahl geworden, nahm seine Frau in die Arme, sie packten Unterwäsche zusammen und fuhren zum Krankenhaus.

Der leitende Oberarzt bedauerte das Unglück ihres Sohnes und teilte ihnen mit, dass sie die Milz entfernen mussten und bei der weiteren Untersuchung festgestellt hatten, dass der Rückenwirbel ab dem zwölften Wirbelknochen, einschließlich des Rückenmarks, irreparabel durchgeschlagen sei und dadurch ihr Sohn querschnittsgelähmt mit einer lebenslangen Behinderung leben müsse.

Nach diesem Gespräch entfuhr dem Vater ein markerschütternder Schrei, der auf der ganzen Etage zu hören war; Mutter Roswitha brach zusammen und fiel ohnmächtig vom Stuhl, sie musste psychologisch behandelt werden und blieb einen Tag lang im Krankenhaus.

Damit war das bisherige Glück der Familie in eklatanter Weise nachhaltig gestört. Von da an sollte es niemals wieder so sein, wie es einmal war.

Sohn Ralf kam mit dem Leben davon, er wurde rehabilitiert und konnte mithilfe der elterlichen Fürsorge eine Behindertenschule besuchen und Informatik studieren. Er nahm erfolgreich an einer 900-Kilometer-Rollstuhl-Rallye teil und wurde später ein Ass in der höchsten Klasse einer Rollstuhl-Baseballmannschaft. Nach dem Informatikstudium bekam er eine Anstellung bei der Berufsgenossenschaft. Einige Jahre später heiratete er eine ganz liebe Frau, Chemikerin bei der Firma Degussa. Sie kauften sich gemeinsam ein schönes Haus mit Garten und waren somit der elterlichen Fürsorge enthoben.

Jetzt galt Hans' und Roswithas Sorge nur noch ihrer jüngsten Tochter; während beide Söhne diszipliniert erzogen worden waren, wollte das bei der Tochter einfach nicht gelingen.

Nach alter Lebensweisheit ist ein Vater für den Sohn bis zu zwölf Jahren ein Held; er ist der Beste und Größte und kann alles. Ab dieser Lebenszeit verkehrt sich diese Einstellung gegenüber dem Vater genau ins Gegenteil, um dann später wieder in ein inniges Verhältnis überzugehen.

Dieses natürliche Abnabelungsverhalten gab es auch bei Kristin gegenüber ihrer Mutter. Während Kristins Pubertät war Roswitha kaum mehr in der Lage, vernünftig mit ihrer Tochter zu reden, andauernd gab es Zoff, Geschrei und Tränen. Kristin war in diesem Alter eine ungezogene, zickige Göre und nur ein Machtwort des Vaters konnte sie zur Räson bringen.

Das änderte sich erst, nachdem sie ihr Abitur gemacht hatte und ein Lehramtsstudium anstand. Hier war es ihr Großvater – inzwischen Oberstudienrat –, der die Wogen glättete. Sie war nicht nur sein Liebling, sondern er trug auch erheblich dazu bei, dass sie ein sehr gutes Abschlusszeugnis bekam.

Am wenigsten Sorgen machte ihnen ihr ältester Sohn Tim. Er hatte mittlerweile erfolgreich sein Jurastudium abgeschlossen und eine Assessorstelle in einem Rechtsanwaltsbüro bekommen. Er hatte sich verliebt und war mit seiner Freundin in eine Zweizimmerwohnung gezogen.

Roswitha war es, die bisher die Familie trotz allem zusammengehalten hatte – eine nicht immer leichte Aufgabe. Irgendwann stellte sie fest, dass ihr Mann keine rechte Lust mehr hatte, mit ihr zu schlafen; sie vermisste seine liebevollen Umarmungen und seine Zärtlichkeiten. Anfangs führte sie das auf den Stress zurück, den Hans schon seit einiger Zeit infolge des ersten Wirtschaftsabschwungs in der Firma hatte. Immer öfter musste er länger im Büro bleiben, um Ausschreibungen zu bearbeiten, so jedenfalls seine Begründung.

Eines Tages erhielt sie einen Telefonanruf von einem jungen Mann, ob sie wüsste, dass ihr Mann schon seit einiger Zeit ein Verhältnis mit seiner Sekretärin hätte, deren Freund er sei; er leide sehr darunter.

Roswitha fiel aus allen Wolken! Sie war geschockt und wütend zugleich. Um der Sache auf den Grund zu gehen – denn es könnte sich ja auch um ein Missverständnis handeln –, wartete sie, bis ihr Mann wieder einmal Überstunden ankündigte, um dann zum Büro ihres Mannes zu fahren.

Dort sagte ihr der Hausmeister, dass ihr Mann schon am frühen Nachmittag mit seiner Mitarbeiterin das Haus verlassen habe, weil er, wie er sagte, zu einem dringenden Vergabetermin müsse. Daraufhin telefonierte sie mit allen Hotels im Umkreis von 20 Kilometern, um, wie sie sagte, Herrn Kleebaum in einer ganz dringenden Firmenangelegenheit zu sprechen, man möge sie mit dem Zimmer verbinden. Dabei wurde sie fündig, sie meldete sich aber nicht mit Namen, sondern legte einfach den Hörer auf.

Danach strömten ihr in Bächen die Tränen die Wangen herunter. Sie dachte an all die Liebesschwüre, die vielen gemeinsamen Erlebnisse in ihrem Eheleben, an die vielen Sorgen mit ihren Kindern, an die finanzielle Unterstützung während seines Studiums, an all die Entbehrungen am Anfang ihrer Ehe. Es überkam sie eine Wahnsinnswut, sie war tief gekränkt, ihr Heulen ging über in ein furioses Toben und Brüllen, sie riss die Schranktüren auf und schleuderte das Porzellan ihrer Küche gegen die Wand. Dann nahm sie Papier und Stift, schrieb einige Sätze darauf, legte den Zettel gut sichtbar auf den Tisch und packte ihre Koffer. Sie fuhr in eine andere Stadt und buchte in einem Hotel ein Einzelzimmer für vorerst eine Woche.

Dem zurückgekehrten Ehemann war nach dem vielen zerschlagenen Porzellan und dem Lesen ihrer Nachricht klar geworden, dass es nun nichts mehr zu vertuschen gab. Ihm kam plötzlich die Erkenntnis, dass er durch sein ehewidriges Verhalten auf dem besten Wege war, seine Frau zu verlieren.

Ab den Jahren der ersten größeren Wirtschaftskrise 1972 blieben die Aufträge aus dem Inland aus. Das Planungsbüro war gezwungen, einen größeren Auftrag in Ägypten anzunehmen, ein Hochhaus mit 24 Stockwerken. Hans, der versuchte, seine Ehe wieder in Ordnung zu bringen – denn er liebte seine Frau noch immer –, meldete sich bei seiner Firma für eine eigenverantwortliche Bauaufsicht für ein halbes Jahr nach Kairo. Er teilte das seiner Frau mit, denn er hatte sich unter der Vermittlungshilfe seiner Tochter wieder mit ihr versöhnt. Das Honorar für die sechsmonatige Tätigkeit war so hoch wie der Lohn für zwei Jahre als Angestellter des Planungsbüros. Sie wollten sich ein Haus bauen und konnten somit das Geld gut gebrauchen, außerdem entfloh er damit der Versuchung, wieder mit seiner Sekretärin anzubandeln, was der Hauptgrund für Roswitha war, dem Vorhaben zuzustimmen. Die Übernahme der Bauaufsicht war mit der Auflage verbunden, die Arbeiten zu beaufsichtigen und zu leiten. Seine ständige Anwesenheit in Kairo war eine weitere Voraussetzung; einmal im Monat war eine Heimreise für zwei Tage gestattet.

Roswitha – immer noch eine sehr attraktive Frau – hatte einen Verehrer unter den Angestellten des Steuerbüros, aber er hatte bei ihr lange keine Chance gehabt, solange ihre Ehe noch vollkommen intakt gewesen war. Das änderte sich, nachdem Hans sie nicht mehr, wie gewohnt, jeden Abend in seine Arme nahm. Der Arbeitskollege wurde nicht müde, ihr ständig Avancen zu machen, und nachdem sie lange mit sich gerungen hatte, nahm sie schließlich seine Einladung zu einem Abendessen an.

Es war Freitagabend, er holte sie für den Besuch in einem Speiserestaurant von zu Hause ab. Nach dem Abendessen brachte er sie wieder zurück nach Hause. Die Wohnung war leer, die Tochter hatte sich für das Wochenende für einen Besuch bei ihrer Freundin abgemeldet. Roswitha bemerkte beiläufig, dass sie noch eine Flasche Rotwein hätte, die sie nicht gerne allein trinken wolle. Diese unmissverständliche Aufforderung, mitzukommen, blieb nicht ungehört, sie nahm ihn mit in die Wohnung. Dabei kamen sie sich näher und schliefen miteinander, er blieb bis zum Frühstück am nächsten Morgen bei ihr.

Sie hatte dem süßen Gift der Begierde und der Versuchung nachgegeben und den Pfad der Tugend verlassen. Die neuen sexuellen Praktiken ihres Bekannten hatten sie in seinen Bann gezogen; das führte zu weiteren Treffen mit dem Arbeitskollegen. Aber unverhofft kommt oft! Eines Abends stand ihre Tochter vor der Tür, das Popkonzert war ausgefallen, der Hauptakteur der Veranstaltung war nicht erschienen.

Kristin blieb nicht verborgen, was vorgefallen war. Die sich nun anbahnende Tragödie war nun nicht mehr aufzuhalten. Sie schimpfte mit ihrer Mutter, titulierte sie als Ehebrecherin und Hobbyhure. Der Kollege verließ daraufhin fluchtartig die Wohnung und kam auch eine Woche lang nicht mehr zur Arbeit. Die Tochter zog für mehrere Tage zu ihrer Freundin und benachrichtigte ihren Vater, er möge sofort und ganz dringend nach Hause kommen, und bitte unangemeldet.

Irgendwann, mitten in der Woche, kam Hans nach Hause; er wurde von der Tochter abgeholt und auch gleich darüber unterrichtet, was vorgefallen war. Zu Hause gab es eine Riesenauseinandersetzung zwischen Hans und Roswitha, die Ehe stand auf der Kippe. Hans überlegte, seine Arbeitsstelle kurzfristig zu kündigen, mit allen Konsequenzen. Aufgrund dieser abscheulichen Streitereien ließ es sich Hans nicht nehmen, seinen Nebenbuhler gleich im Steuerbüro aufzusuchen. Das führte dazu, dass der Arbeitskollege eine blutige Nase bekam und beide, Roswitha samt Kollege, daraufhin entlassen wurden.

Hans nahm sich einige Tage frei, beide versöhnten sich wieder miteinander, sie schwor unter Tränen, dass sie ihn liebte, und bat ihn um Verzeihung, was ihm mit Rückblick auf seine Affäre vor wenigen Jahren nicht schwerfiel. Von Scheidung und davon, die Arbeitsstelle aufzugeben, war nun keine Rede mehr. Nun, nachdem der Ehefrieden wiederhergestellt war, konnte die Suche nach einem passenden Grundstück fest ins Visier genommen werden und Hans konnte – befreit von bohrenden Zweifeln während seiner Abwesenheit von Heim und Familie – weiterhin seinen Pflichten in Kairo nachkommen.

Ein Grundstück in der Nähe von München wurde gefunden, nach Hans' Rückkehr und nach dem Genehmigungsverfahren konnte mit dem Bauen begonnen werden. Das Haus war mit einer Einliegerwohnung geplant: vorab für Gäste und die Kinder, später als gedacht. Im Haupthaus waren vier Zimmer und im Kellergeschoss ein Schwimmbad vorgesehen, an einen Garten wurde ebenfalls gedacht. So entstand ein ansehnliches Haus in guter Wohnlage.

Roswitha hatte keine neue Arbeitsstelle mehr angenommen; sie hatte sich nun die Betreuung ihrer Enkelkinder zur Aufgabe gemacht, wovon es inzwischen zwei gab, denn die Tochter hatte in der Zwischenzeit zu studieren begonnen, währenddessen ihre Mutter auf den Kleinen aufpasste. Leider kriselte es in der jungen Familie, man befürchtete schon die Trennung.

Die Jahre vergingen. 1980 bis 1981 herrschte wieder eine Wirtschaftskrise. In deren Verlauf und wegen Arbeitsmangels wurde Hans in demütigender Weise entlassen. Für ihn vollkommen unverständlich, hatte er sich doch in den vielen Jahren eine gute Position in der Firma aufgebaut, wie er meinte, aber sein alter Chef war ausgeschieden und hatte die Firma seinem Sohn überschrieben.

Wieder einmal hatte ihm das Schicksal seinen Lebensplan vermasselt. Da stand er nun mit seinen 53 Jahren, ohne reelle Chance auf dem freien Arbeitsmarkt, bei diesen miserablen Voraussetzungen wieder eine qualifizierte Anstellung zu finden. Die Abfindung, die er von seinem Arbeitgeber bekommen hatte, reichte natürlich nicht bis zur Rente, und Arbeitslosengeld zu kassieren, war im zuwider.

Zum Glück suchte das hiesige Bauamt einen Prüfingenieur; er bewarb sich für die Stelle und aufgrund seiner Qualifikation als Architekt und Statiker mit langjähriger Erfahrung bekam er eine Anstellung.

In der Ehe ihrer Tochter, jetzt 29 Jahre alt, kriselte es nun ganz gewaltig. Die Versuche der Mutter, die Ehe zu kitten, waren vergebens, es kam zur Scheidung, wobei die mittlerweile drei Kinder ihr zugesprochen wurden. Nun war Roswitha als bewährte Großmutter wieder gefragt. Der älteste Sohn war acht, der mittlere fünf und das jüngste Töchterchen war gerade mal ein Jahre alt.

Es vergingen weitere Jahre, bis Roswitha schwer erkrankte. Sie musste im Krankenhaus am Knie operiert werden und bekam eine Prothese.

Hans ging es wenige Jahre später auch nicht besser, denn nachdem er in Rente war und keine rechte Aufgabe mehr hatte, bekam er einen Herzinfarkt und daraufhin einen Bypass eingesetzt. Die Kinder gingen inzwischen ihre eigenen Wege und kümmerten sich nur noch selten um ihre Eltern. Diesen kam die Erkenntnis, dass ihnen – sowie allen Eltern – die Kinder nicht gehören. Es ist eine schöne Aufgabe, sie in Liebe zu erziehen, ihnen Geborgenheit zu schenken und sie auf dem rechten Weg zu begleiten. Aber letztlich bleiben die Eltern doch wieder allein und haben am Ende nur sich selbst.

Hans und Roswitha verzehrten ihre Renten, machten viele Reisen und Spaziergänge, vor allem in dem schönen und mit der Zeit erweiterten Stadtpark.

Manchmal, wenn sie im Park auf der Bank sitzen, denken sie darüber nach, wie wohl alles verlaufen wäre, wenn sie sich damals getrennt hätten; Gründe genug hatte es ja gegeben. Dabei gab es Zeiten, wo sie glaubten, nicht mehr zusammenleben zu können. Was wäre dann aus ihren Kindern geworden? Sie wären in einer zerrütteten Familie aufgewachsen und ihnen wäre eine unbeschwerte Jugend gestohlen worden. Ihr Verantwortungsbewusstsein, gepaart mit einem tief verwurzelten christlichen Glauben, hatte sie zur Vernunft gebracht.

Roswitha und Hans saßen schon eine Zeit lang auf der Parkbank, bis die Mittagssonne aus den Schatten der Baumwipfel heraustrat und den beiden ganz schön einheizte. Sie lächelten einander an und besprachen etwas miteinander, wobei sie meinte, er müsse doch jetzt nicht weinen. „Nein, nein", meinte er, „das sind Schweißperlen", und wischte sie sich mit seinem Taschentuch ab.

Diese Kurzgeschichte ist ein schönes Beispiel dafür, wie sich ein altes Ehepaar rückblickend darüber klar wird, in der Ehe nicht immer alles richtig gemacht zu haben. Nichtsdestotrotz haben sie in Verantwortung füreinander und gegenüber ihren Kindern und trotz vieler Unwägbarkeiten sowie persönlicher Entgleisungen an ihrer Ehe festgehalten.

Der Familienschatz

Es war der Winter 1945, die russische Armee stand schon kurz vor Berlin, es war demnach nur eine Frage der Zeit, bis Berlin fallen würde und der russischen Armee der Weg nach Westen offen stand. Deshalb überlegte sich die Familie von Lühr, dass es nun höchste Zeit sei, die Sachen zu packen und zu fliehen. Die Vorbereitungen für die Flucht hatten sie schon seit Längerem getroffen; es war nicht leicht, sich vorzustellen, ihre geliebte Heimat Mecklenburg zu verlassen. Aber diese schmerzliche Entscheidung, ihren Gutshof in der Nähe von Teterow aufzugeben – mitsamt dem schönen Schloss, dem See, dem Park und den Nebengebäuden sowie dem umfangreichen landwirtschaftlichen Besitz –, stand fest. Denn dass sie ihren Besitz nicht behalten könnten, nachdem die Russen das Land besetzt hatten, darüber bestand bei den von Lührs kein Zweifel. Für die Kommunisten waren sie „Kulaken", und man wusste von Säuberungsaktionen in den 30er–Jahren in Russland von Vertreibung und Erschlagung der Großgrundbesitzer.

Kurz vor ihrer Flucht hatten die von Lührs ihren Safe geleert und sämtliche in all den Jahren angelegte Wertpapiere, Aktien amerikanischer, kanadischer und deutscher Großkonzerne, eine wertvolle Münzsammlung sowie einige Barren Gold ausgeräumt. Einer seiner zuverlässigsten Mitarbeiter, der später noch eine wichtige Rolle spielen sollte, musste auf von Lührs Anweisung nachts im Haus ein verborgenes Verlies bauen. Dafür wurde eine zweite Wand errichtet und so getarnt, dass es nicht auffallen konnte.

Dieser Kubus von circa 25 Kubikmetern Volumen war mit einer Tür versehen. Vom Schreiner wurde der gesamte Raum, so auch diese neue Wand, mit einer Wandvertäfelung versehen; nur die Tür blieb offen, diese wollte Herr von Lühr zum Schluss selbst zumauern und vertäfeln. Der Maurer und der Schreiner mussten auf die Bibel schwören, diese Arbeiten respektive diesen Raum geheim zu halten, solange die von Lührs lebten. Frau von Lühr hatte zwischenzeitlich ihr Personal angewiesen, das wertvolle Porzellan, Silber- und Goldbestecke, Lüster, Kerzenleuchter und die wertvollen Kunstwerke, Bilder und so weiter zusammenzustellen.

Am Abend, nachdem die Bediensteten alle auf ihren Zimmern waren, versperrten Herr und Frau von Lühr die Türen und packten alles in Tischgarnituren ein und anschließend in die vorbereiteten luft- und wasserdichten Blechkisten, um diese in dem vorbereiteten Raum zu verstauen. Zum Schluss kam der teils jahrhundertealte Familienschmuck, einschließlich Schweizer Franken und amerikanischer Dollars, mit hinein. Als Letztes wurde von Herrn von Lühr selbst die Tür zugemauert und die Wandvertäfelung festgeschraubt.

In diesen unruhigen Zeiten war es ein viel zu großes Risiko, alle Wertsachen mitzunehmen oder via Bahn transportieren zu lassen; wer weiß, was alles auf dem Fluchtweg durch einige Besatzungszonen geschehen könnte! Die Lührs trauten weder den Russen noch den Engländern noch den Amerikanern. Dies alles wurde getragen von der Überlegung, eines Tages ihren Besitz wieder übernehmen zu können.

Ihre große Sorge galt der Flucht: Was sollten sie mit ihrem umfangreichen Viehbestand machen, mit den Kühen, den Pferden und den Schweinen? Nach ihrem Realitätsverständnis war ihnen beiden klar, dass ihre Flucht wenig glanzvoll sein würde. Die

Gedanken an die Flucht wurden überschattet mit der Sorge, was dabei alles geschehen könnte und wie sie das alles seelisch verkraften würden.

Einigen ihrer 15 Bediensteten, die nicht fliehen wollten oder konnten, gab Herr von Lühr die allerletzte Anweisung, sich um das Vieh zu kümmern – es sei egal, was sie damit machen wollten, auch konnten die Bediensteten nach dem Wegzug von den von Lührs das Schloss bewohnen.

Kurz vor der Abfahrt kamen sie noch einmal alle zu einem Abschiedsessen zusammen. Danach erhoben sich alle zum gemeinsamen Gebet und dem abschließenden Lied „Nun danket alle Gott", wobei Frau von Lühr das Lied vorzeitig abbrechen mussten, weil das Singen in ein Schluchzen überging und sie sich davonschlich. Man verabschiedete sich nochmals, wünschte einander viel Glück und ging dann auseinander.

Die Flucht mit ihrem alten Opel P4 verlief reibungslos, und weil sie kein großes Gepäck dabeihatten, wurden sie überall durchgelassen.

Herrn von Lührs Eltern waren noch vor Kriegsausbruch verstorben und ihre Kinder – Knaben von fünf und acht Jahren – konnten die Vorgänge, die um sie herum geschahen, noch nicht begreifen. Die Eltern von Frau von Lühr bewirtschafteten in der Nähe von Düsseldorf ein landwirtschaftliches Gut von 220 Hektar – kein Vergleich zu den 3.800 Hektar, die sie selbst hatten aufgeben müssen. Zu ihnen wollten sie hinziehen. Die Vorbereitungen für den Umzug dorthin waren schon weitgehend abgeschlossen. Ein kleiner Anbau an der südlichen Seite des Hauses, eine kleine Küche mit integriertem Wohnzimmer, wie das im Rheinland üblich war, eine Kammer für die beiden Buben und ein Schlafzimmer. Das reichte fürs Erste.

Ihre Eltern nahmen sie in der vorbereiteten Wohnung herzlich und mit großer Freude auf. Beim Zusammenleben gab es keine großen Probleme, wenn man von den manchmal unangebrachten Sticheleien des Schwiegervaters einmal absah. Mit der Zeit hatte man gelernt, einander zu akzeptieren. Die Kinder wurden in Düsseldorf-Ratingen eingeschult. Mittels einer Umschulung – unter dem damaligen Kultusminister Paul Mikat – wurde Frau von Lühr später Deutschlehrerin in einer Grundschule. Herr von Lühr half seinem Schwiegervater bei der Bewirtschaftung des Hofes.

Als dann am 08.05.1945 der Krieg mit der Kapitulation zu Ende ging und Deutschland in Besatzungszonen eingeteilt war, überlegten die von Lührs nicht lange und versuchten wieder in ihre alte Heimat Mecklenburg zurückzuziehen. Nach sechs Monaten war es zunächst einmal Herr von Lühr allein, der versuchte, die politische Lage zu sondieren.

Die Enttäuschung war sehr groß, als er bei seiner Ankunft feststellen musste, dass sein Schloss von Politoffizieren der russischen Besatzungsmacht besetzt war. Alle ehemaligen dagebliebenen Bediensteten waren verschwunden.

Bei seinem zweimonatigen Aufenthalt in der „Sowjetischen Besatzungszone", so nannte sich jetzt seine ehemalige Heimat, war ihm vom Besatzungsgremium unmissverständlich mitgeteilt worden, dass sein Landgut jetzt dem Staat gehöre, weil er es verlassen und somit aufgegeben habe. Außerdem sei er nun kein ostdeutscher Staatsbürger mehr, und nachdem er beiläufig erklärte, er werde warten, bis die Zeit reif sei, und dann wiederkommen, wurde Herr von Lühr aufgefordert, umgehend das Land zu verlassen. Um der Gefahr zu entgehen, eingesperrt zu werden, reiste er sofort zurück.

Nach alldem war Herrn von Lühr klar geworden, dass er seine Heimat für lange Zeit nicht mehr wiedersehen würde. Diese intrigante russische Machtelite hatte ihn eiskalt enteignet; sie definierten sich als die neuen Herren und machten, was sie wollten.

Inzwischen waren 45 Jahre vergangen. 1989 kam die Wende und ein Jahr später die Wiedervereinigung, herbeigeführt durch die ostdeutsche Bevölkerung selbst, mit Montagsdemonstrationen und völlig ohne Gewalt – ein einmaliger Vorgang in der deutschen Geschichte. Der unbändige Freiheitswille der ostdeutschen Bevölkerung kam nicht aus Gewehrläufen, sondern von Kerzen in den Händen der Menschen. Die Grenzöffnung aber wurde letztlich ausgelöst durch ein Missverständnis von einem ostdeutschen Mitglied der SED-Zentrale, Günther Schabowski. Urplötzlich war damit die Grenze zu Westberlin auf. Unter dem Geläut der Berliner Kirchenglocken war allen vernehmlich, dass die Freiheit sich auf Dauer nicht unterdrücken lässt.

Die beiden Alten von Lührs waren inzwischen verstorben, Herr von Lühr wurde 81 Jahre und Frau von Lühr 77 Jahre alt. Der älteste Sohn der beiden hatte in einer Düsseldorfer Bank einen hochdotierten Posten im mittleren Management. Der jüngere Bruder war in die Fußstapfen seines Vaters getreten und hatte als Agraringenieur und Abteilungsleiter in einer landwirtschaftlichen Versuchsanstalt eine Anstellung gefunden. Nach der Wende bemühte er sich sofort, den elterlichen Besitz wieder zurückzugewinnen. Es gelang ihm aber nur, das leer stehende, heruntergekommene Schloss mit Park und See wieder in seinen Besitz zu überführen, nachdem er sich mit seinem Bruder über die Erbfolge auseinandergesetzt hatte.

Von Bund und Land wurden Fördergelder beantragt und auch reichlich gewährt. Aber um das stark sanierungsbedürftige Schloss wieder in den vorherigen Zustand zu versetzen, fehlte ihnen noch entsprechendes Eigenkapital, das sie nicht hatten. Er war sich aber mit der Familie darüber einig, das Erbe anzutreten.

Ein Flügel des Schlosses wurde zunächst so eingerichtet, dass er mit Frau und Tochter, zwar spartanisch, aber trotzdem darin wohnen konnte. Nicht zuletzt waren sie dem Drängen der inzwischen erwachsenen Tochter nachgekommen. Der riesige, fünf Hektar große, wunderschöne Park mit altem Baumbestand und der kleine See, der zum Grundstück gehörte, hatten es ihr angetan. Was die Natur im Park und am See betraf, war in 45 Jahren nichts verändert worden. Das kam der jungen Familie von Lühr jetzt paradoxerweise zugute.

Alfons, der ehemalige Maurer des Gutshofes der von Lührs, war inzwischen 72 Jahre alt geworden. Er war nach der Flucht in den Westen in seinem erlernten Beruf als Maurer untergekommen, inzwischen geschieden und alleinstehend. Eines Tages hörte er von einem Busunternehmen, das eine Fahrt nach Mecklenburg plane. Er meldete sich zu dieser Fahrt an, weil er hoffte, noch einmal in seine damalige Heimat zu kommen. Dazu würde er eine Begleitung benötigen, denn er war inzwischen fast erblindet, konnte nur noch hell und dunkel und Schattenhaftes erkennen. Eine Begleitung war schnell gefunden und somit konnte er die Fahrt antreten.

In der mecklenburgischen Stadt Waren an der Müritz waren vier Tage Aufenthalt geplant. Am zweiten Tag nach seiner Ankunft machte sich Alfons mit seinem Begleiter auf den Weg, das Schloss in der Nähe von Teterow aufzusuchen, jedenfalls soweit dies sein Handicap zuließ. Mithilfe des Begleiters kamen sie zum Schloss, und nachdem er sich dem jungen Herrn von Lühr zu erkennen gegeben hatte, wurde er herzlich empfangen und für einen ganzen Tag mit seinem Begleiter eingeladen.

Bei Gesprächen am abendlichen Kaminfeuer kam auch seine Erblindung zur Sprache. Er bräuchte einen guten Augenarzt für eine Operation, denn bisher hätte ihm keiner der aufgesuchten Ärzte eine erfolgreiche Operation in Aussicht stellen können.

Frau von Lühr empfahl ihm einen inzwischen weltbekannten Augenarzt in Moskau, dem der Ruf vorausging, auch schwierigste Augenoperationen erfolgreich durchzuführen. Alfons ging auf ihren Vorschlag ein, nachdem ihm Herr von Lühr die dafür anfallende Fahrkosten-Finanzierung zugesagt hatte.

Nach fünf Monaten besuchte Alfons, inzwischen erfolgreich operiert, die von Lührs im Schloss, um sich zu bedanken. Beim gemeinsamen Mittagessen, zu dem Alfons eingeladen wurde, geschah etwas Sonderbares. Alfons, wieder sehend, schaute sich im Raum um. Sein Blick fiel auf die Wandvertäfelung. Er erinnerte sich plötzlich wieder an die Tage vor der Flucht und dass er eine Wand für einen abgetrennten Raum habe mauern müssen. Alfons stand auf und betrachtete die Wandvertäfelung ganz intensiv. Dann erklärte er der staunenden Familie von Lühr, er hätte damals per Eid auf die Bibel schwören müssen und sei verpflichtet worden, ein Geheimnis zu wahren, dass sich nämlich hinter dieser Vertäfelung ein geheimer Raum befinde, wofür er damals eine Wand hätte erstellen müssen. Dieser Eid sollte so lange Bestand haben, bis keiner der Auftraggeber mehr lebe, was ja jetzt der Fall sei. Deshalb könne er frei darüber sprechen.

Ungläubig hörten die von Lührs zu, doch Alfons ließ sich nicht beirren. Er berichtete über das Geschehen mit solcher Hartnäckigkeit und Überzeugung, dass sich die von Lührs entschlossen, das ganze Schloss von einem Architekten vermessen zu lassen. Und tatsächlich konnte eine Zwischenwand festgestellt werden. Es war nun ganz sicher, dass diese Wand im Erdgeschoss kein tragendes Bauelement war und ohne Gefahr für das Gebäude entfernt werden konnte.

Bauarbeiter wurden beauftragt, den Abriss der Wand vorzunehmen. Die ganze Familie von Lühr schaute gebannt zu, wie die Bauarbeiter mit ihren Presslufthämmern bei der Arbeit waren. Dabei ging es zunächst einmal darum, die Wandvertäfelung abzunehmen und die zugemauerte Tür ausfindig zu machen. Nachdem diese gefunden war – 1,50 Meter hoch und 80 Zentimeter breit –, wurde die Tür aufgebrochen. Herr von Lühr ging als Erster mit einer Taschenlampe hinein und kam kurz darauf zurück, um sich weiteres Werkzeug zu holen. Er blieb eine ganze Weile im Versteck. Als er herauskam, voll mit Staub, ging er auf seine Frau zu und umarmte sie stumm. „Was hast du gefunden?“, fragte sie. „Das sage ich dir später, aber so viel kann ich dir jetzt schon mitteilen: Über Eigenkapital für die Finanzierung brauchen wir uns keine Sorgen mehr zu machen.“

Die gründliche Inventur ergab, dass einige der deutschen Aktien nur noch einen geringen Wert hatten, aber dafür waren die amerikanischen und kanadischen Wertpapiere erheblich im Wert gestiegen. Mit den Goldbarren, den Dollars, der Münzsammlung, den Kunstwerken und den Schweizer Franken – alles noch gut erhalten – kam man auf einen überschlägigen Wert von fast zwei Millionen DM. Den Familienschmuck würde sie gerne behalten wollen, meinte Frau von Lühr. Er wurde daraufhin nicht bewertet. Auch Alfons ging nicht leer aus, er bekam als Finderlohn 20.000,00 DM.

Unter Zuhilfenahme des Denkmalschutzamtes und eines wohlwollenden Bauamtes konnte das Schloss außen wieder so hergerichtet werden, wie es ursprünglich ausgesehen hat. Um eine nachhaltige Bewirtschaftung des riesigen Gebäudes zu garantieren, wurde das Innere als Hotel-Restaurant mit 45 Doppel- und Einzelzimmern sowie mit einem Appartement ausgebaut. Der Park und der See wurden für die Touristen freigegeben.